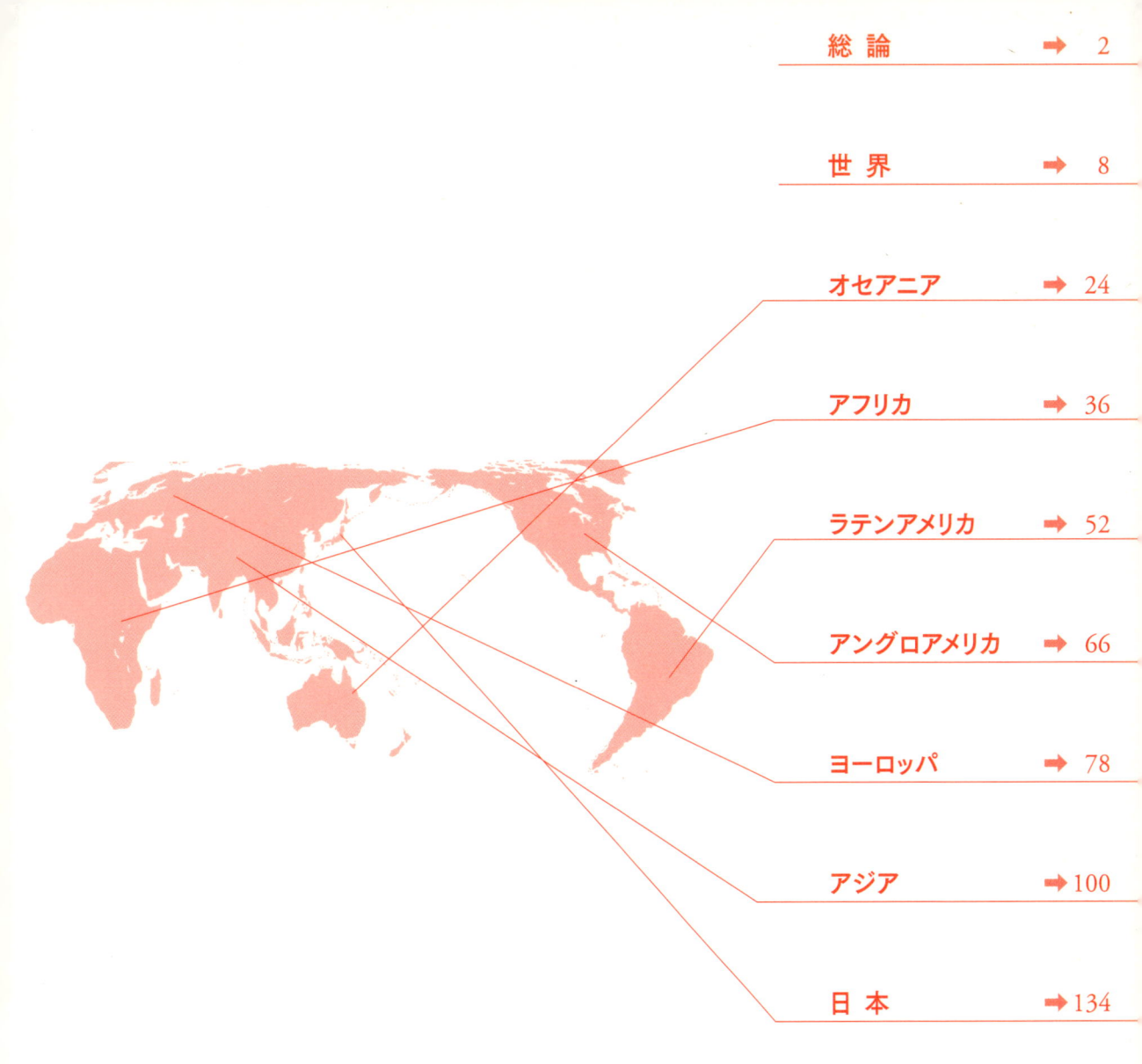

総論	➡ 2
世界	➡ 8
オセアニア	➡ 24
アフリカ	➡ 36
ラテンアメリカ	➡ 52
アングロアメリカ	➡ 66
ヨーロッパ	➡ 78
アジア	➡ 100
日本	➡ 134

図説 世界の地域問題 ➡

REGIONAL PROBLEMS IN THE WORLD

漆原和子・藤塚吉浩・松山 洋・大西宏治 編

ナカニシヤ出版

まえがき

　「世界の地域問題」を一冊の本として出版するこの企画は，教育現場で地域問題を取り扱い，その理解を深めたいと考える教師を主な読者として想定している。教材となる資料を自ら収集し，自分なりに消化したうえで教えるには，多くの時間を必要とする。そのため，教師自らが調べられる地域問題には限りがある。くわえて，今日の世界中の地域問題を体系的に集めようとするとさらに膨大な時間を要するし，その地域問題の多くが時間とともに移り変わっていくものであるという難しさもある。

　そこで，まずは地域における問題を正確に理解し，解決法を探る叡智を育むことが重要であると考えた。編者を中心とする十数名によって，世界の地域問題を一冊の本にまとめるという企画を立てたところ，この企画の呼びかけに賛同した45名の執筆者が，それぞれが最も得意とするテーマを担当してくれることになった。

　本書では，できるだけ多くのテーマを紹介したいという考えから，テーマごとに見開きで完結させるよう試みた。紙幅の限られた中で十分に紹介しきれなかったとの思いが，各執筆者にはあったかもしれない。さらに深く知りたい読者は，巻末の文献を参考にしてほしい。

　本書のもう一つの試みは，地域問題の面的広がりがわかるように，できるかぎり図化を試みたことである。新しく作図したものも多く，その地域問題を分かりやすく解説するために様々な工夫を施した。また，その地域を調査し，そこに長く関わってきた執筆者によって，将来予測や展望も加えてもらった。

　これらの工夫によって，読者の皆さんも，巻末の参考文献を手にしつつ，その地域問題を検証することができるだろうと考えた。もちろん，執筆者たちとは異なった観点からの将来展望があって良いと考えるし，別の意見をお持ちの方は是非ナカニシヤ出版を通じてご意見をお寄せいただきたい。

　編者一同，これだけ多岐にわたる地域問題があることを再認識し，それらが深刻化していることをこの企画を通じて知ることができた。さらに，本書を編集しつつ，問題解決の必要性を痛感した。本書を通じて，それぞれの地域問題の解決への糸口をつかむ読者が生まれることを期待したい。

　　2007年8月

編者一同

目　次

まえがき　*i*

総　論
1. 世界の地域問題　*2*
2. 地域問題発見の視点　*4*
3. 地図表現で異なってみえる地域問題　*6*

世　界
4. 世界の変動地形と地震災害　*8*
5. 世界の気象災害　*10*
6. 世界における氷河の後退　*12*
7. 世界自然遺産の危機　*14*
8. 世界の都市システム　*16*
9. 世界の工業化——工業生産の偏在性　*18*
10. 世界各国の女性労働力の偏在　*20*
11. 南極氷床と海洋変動　*22*

オセアニア
12. オーストラリアにおいて強まる「自然の砂漠化条件」　*24*
13. オーストラリアにおける砂漠化の進行　*26*
14. 太平洋地域におけるカツオ・マグロ資源の管理と利用　*28*
15. 地球温暖化の被害を受けるツバル　*30*
16. オーストラリアの多文化主義と移民問題　*32*
17. 留学生の急増とグローバル都市・メルボルン　*34*

アフリカ
18. アフリカですすむ市場自由化と民主化の影響　*36*
19. アフリカにおけるHIV／エイズ拡大の社会的影響　*38*
20. サヘルの干ばつ・砂漠化と人々の生活　*40*
21. アフリカ牧畜民のくらしと民族紛争　*42*
22. アフリカ農業問題　*44*
23. アフリカの高山における氷河の後退と植生の遷移　*46*
24. ナイロビの都市スラム問題　*48*
25. 南アフリカ共和国・アパルトヘイト都市　*50*

ラテンアメリカ

26 南北アメリカ大陸の氷河の消長　*52*
27 ユカタン半島のマングローブ枯死林の形成と再生　*54*
28 ブラジルにもある亜熱帯収束帯——背中合わせの野火と豪雨　*56*
29 ブラジル・パンタナールのエコツーリズムとその課題　*58*
30 アルゼンチンにおける都市への人口集中と地域格差　*60*
31 ペルーにおける遺跡の盗掘・破壊と共存　*62*
32 リマにおける肥大化するスラム（プエブロ・ホーベン）　*64*

アングロアメリカ

33 貿易摩擦による日系企業の北米進出　*66*
34 大規模灌漑の発達と食糧基地の形成　*68*
35 フィードロットの発展とオガララ帯水層の危機　*70*
36 肥満大国のアメリカ　*72*
37 高齢化の進むフロリダ州　*74*
38 ニューヨーク市におけるジェントリフィケーション　*76*

ヨーロッパ

39 永久凍土消失にともなう諸問題　*78*
40 温暖化によるスイス・アルプスの変化　*80*
41 ロシアとシベリアの人口問題　*82*
42 東ヨーロッパの経済停滞地域とロマ問題　*84*
43 革命後の南カルパチア山地における土地荒廃　*86*
44 カルスト台地の裸地化と緑化　*88*
45 ポーランド国境の地政学——東部国境の3つの意味　*90*
46 政治体制に翻弄された上シロンスク工業地帯　*92*
47 少子化時代のスペインにおける外国人の急増　*94*
48 スペインのワイン産業と地理的呼称制度　*96*
49 ロンドンのインナーシティ問題　*98*

アジア

50 ヒマラヤ・カラコルムの自然と環境問題　*100*
51 中央アジア・パミール高原の自然と環境問題　*102*
52 中央アジアのバルハシ湖流域における水資源問題　*104*
53 南アジアの牧畜民と自然保護区　*106*
54 インドにおける人口増加と女性の教育　*108*
55 インドにおけるIT産業の地域的展開　*110*

56	スリランカにおける2004年津波災害と地下水	*112*
57	タイ南部における2004年津波災害時の住民の避難行動	*114*
58	ベトナムの海岸侵食と地域社会問題	*116*
59	ジャワ島における稲作の脆弱性	*118*
60	海賊行為と沿岸漁業	*120*
61	東南アジアの破壊的漁業——魚毒漁と爆薬漁	*122*
62	東南アジアのマングローブ林——環境破壊と修復の企て	*124*
63	東アジアの都市間競争	*126*
64	韓国における大規模干拓事業と地域感情	*128*
65	中国の三農問題	*130*
66	ハルビンにおける歴史的町並みの保全	*132*

日　本

67	日本の氷河地形の保全	*134*
68	日本の重化学工業の再編と工業都市の動向	*136*
69	日本における米軍基地の不均等分布	*138*
70	風水思想がもたらす集落景観とその崩壊	*140*
71	海を渡る獣害——高知県宿毛市沖の島の事例	*142*
72	高知市における浸水地域の変化	*144*
73	中国地方の過疎・高齢化と限界集落問題	*146*
74	百瀬川扇状地の治水と地下水	*148*
75	砺波平野の屋敷林の変化——2004年23号台風被害による消失	*150*
76	関東平野におけるスギの衰退と大気汚染	*152*
77	南房総における耕作放棄地の拡大と棚田の保全	*154*
78	山形市における郊外の商業開発	*156*
79	山形県酒田市飛島における高齢化	*158*
80	函館市における中心市街地の空洞化	*160*

あとがき　*162*
文献一覧　*163*
キーワード一覧　*171*
英文タイトル一覧　*173*
執筆者一覧　*174*

図説 世界の地域問題

REGIONAL PROBLEMS IN THE WORLD

1 *General Remarks* 世界の地域問題

1 地域問題の視点

地域問題の定義はこれまで多くの研究者によって述べられている（例えば，川島，1988；石原・森滝，1989；小金澤，1992；竹内，1998）。竹内（1998）は，地域問題とは「広義の資源」の配分システムに関わる問題としている。本書では，この視点にさらに自然現象が強くはたらいて人間活動に何らかの支障をきたす場合も含めて，地域問題を扱うことにした。本書では，それぞれの執筆者が人間活動によって生ずる負の事象があらわれると考えた地域問題を主として取り上げた。

地域問題を認識するにあたり，地域のスケールへの配慮が重要である。すなわち，スケールが変わると，認識される事象が異なる場合がある。例えば，マクロスケールの世界規模の視点や，大陸規模のメソスケールの視点からは，インナーシティ問題のようなミクロスケールの地域問題は認識されない。本書では地域のスケールに配慮し，地域問題を世界規模のもの，大陸の中のものに大きく区分し，それを図1に示した。そして，大陸の中の地域問題は，大から小のスケールへと配列するとともに，地域的なつながりを重視した項目の配列とした。

図1では，ほぼ全世界が網羅されており，全世界に地域問題があることがわかる。また，地域問題についてその要因から類型化を試みると，自然現象が主因のもの，人間活動が主因のもの，両者が相互に関わり合って発生するものがあることがわかる（図2）。本書では，それぞれの地域問題について，客観的な視点から，自然現象や人間活動を多角的・総合的にとらえ，地域に内在する問題に言及した。

2 自然現象にともなう地域問題

自然現象にともなう地域問題は，地震災害や気象災害のように，人間の力の及ばないエネルギーやメカニズムにより発生する問題と，主に人間活動により生じてきている問題とに二分されるわけではない。自然現象を主体とするものでさえ，人間活動がそこになければ地域問題にはならない。人間活動を主とするものにも，背景に自然条件の厳しさなどが反映されている場合がある。すなわち，自然的な地域問題と人文的な地域問題とは複雑に関係している。

まず，自然現象にともなう地域問題について取り上げると，この中には，特異な自然条件がなければ起こりえない地域問題もある。もちろん，その自然条件が生起する地域の人間活動に負のインパクトを与えた時に，これははじめて地域問題となる。

このうち，マクロスケールの自然を主体とした地域問題には，地震災害や気象災害などがある。しかし，大地震が発生した地域にとっては，メソスケールのスマトラ沖地震のように，その被害の及ぶ範囲は限られてくる。気象災害では，エルニーニョ現象はインドネシアの干ばつのようなメソスケールの問題を引き起こす。また，過去の気候変化が生んだ地形が地域問題のベースとなっている例として，入植によってオーストラリアの砂漠化が促進されたことが挙げられる。一方，アフリカでは，半乾燥の自然条件に加えて，過剰な人間活動により砂漠化が進んでいる。さらに，近年の温暖化に関連した地域問題もあり，それは時間とともに変化している。

3 人間活動にともなう地域問題

「広義の資源」の配分に格差があっても，地域問題を問題として提起する主体がなければ，地域問題は顕在化しない（竹内，1998）。人間活動にともなう地域問題は，経済格差，文化的な多様性，社会的体制の相違に起因する場合が多い（図2）。

経済資源の空間的配分に関わる問題とは，例えば，世界における工業生産の偏在であったり，海洋における水産資源の問題であったり，都市

図1　本書で扱った地域問題一覧

数字は本書の項目番号

自然要因	地震	4, 56, 57
	気象災害	5, 28
	地球温暖化	6, 11, 15, 23, 26, 39, 40, 67
	自然環境	7, 50, 51
	砂漠化	12, 13, 20
	マングローブの開発	27, 62
	土地荒廃	43, 44
	水資源	35, 52, 58, 72, 74
	大気汚染と植生	76

人文要因		経済格差	文化的多様性	社会体制の相違
	環境		29	
	農牧業	22, 34, 53, 59, 65, 71, 77	48	64
	水産資源	14, 60, 61		
	民族		16, 21, 42	
	都市	8, 24, 38, 49, 63, 78, 80	66	17, 25
	工業	9, 33, 46, 55, 68		
	健康			19, 36
	人口			41, 47
	性差			10, 54
	貧困	30, 32		
	高齢化			37, 73, 79
	国家間	18		45, 69
	景観	75	31, 66, 70	

図2　世界の地域問題の類型

数字は図1と対応し，本書の項目番号を示している。

内部でのスラムの問題であったりする。

文化的な多様性に関わる問題では，沖縄の風水的には重要とされている集落の林も，米軍にとっては必要とされないことが挙げられる。また，一日に必要な熱量すら確保できない極貧困者の多いラテンアメリカ諸国がある一方で，肥満に悩む人の多いアメリカ合衆国がある。

社会的体制に関わる問題では，国家的プロジェクトの干拓事業を行う韓国政府と地域開発を望む地域住民の認識の差から起因する問題がある。また，エコツーリズムを推進する自治体が，観光客の流入により自然破壊をおこす問題や，複数の国にちらばるロマの問題などがある。

地域問題は，人間活動と自然現象の複数の要因が相乗的に作用し，問題が深刻になっていくものが多い。地域問題とは，時間の経過とともに人間活動の変化により引き起こされるものであり，そこに自然現象が大きく影響している場合，軽微な場合，全く関わっていない場合があることが，本書により明確である。

本書では，各項目の終わりには，筆者の視点からの将来展望を示すようにした。それぞれの地域問題は，地理的視点からのみ解決できるわけではないが，学際的な分野からの多大なエネルギーが必要となるであろう。20年後，30年後には，本書で扱った地域問題の多くが解決し，問題地域ではなくなっていることを願いたい。

（漆原和子・藤塚吉浩・松山　洋・大西宏治）

2 地域問題発見の視点
General Remarks

1 問題発見の論理

我々はどのようなときに地域にかかわる「問題」を発見するのだろうか。地理学者は，どのように問いを発見・展開し，地域問題を見つめているのだろうか。ここでは地域問題発見の視点について，地理学者が解いていく問題（問い）をメタ的に捉える視点と英国中等教育地理教科書における問いの視点から整理してみよう。

そもそも問題とは，現実にある状況や事実を認識したときに，これまで自分の中にあった知識等からイメージしていたあるべき姿（理想，目標）と現実との間にギャップがあるときに認識される（図1）。

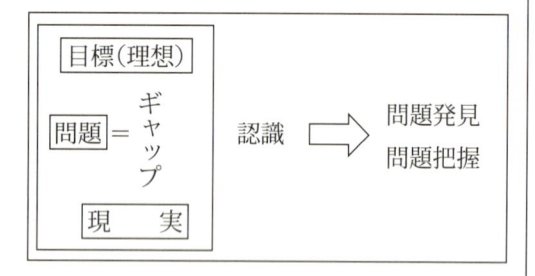

図1 問題の認識構造 佐藤（1984）による。一部改変。

そのような問題をそれぞれの関心領域の中で再構成しながら一定のまとまった問いの構造が作り上げられ，さらにそれらを解いていく過程が研究となる。一定の構造を持った問いのまとまりを解いていくことによって，研究対象に対しての一定の知識が形成されるのである。

2 地理学者の問いの発見

では，実際に地理学者はどのように問いを構成しているのだろう。具体的に論文を分析してみよう（図2）。実際に論文中にこれらの問いが明示されているわけではない。しかし，論文中で証明された事柄を一つずつ問いの形に変換していくことによって，このような問いの構造があることがわかる。

図2 抽出した問いの構造 （藤塚，1990）

立地や分布を対象とする研究の場合，研究対象となるものがどのように立地し，分布するのかという空間的な広がりの把握に加え，その展開過程をとらえる時間的な要素を加える形で問いが形成されていることが多い（吉水，2002）。また，これらの直接的な問いの背後には当然「なぜ」という疑問が暗示されている。例えば，「京都市の常住人口はどのように変化

したのか」，そして「事業所従業者数はどのように変化したのか」という現象を明らかにするための中核的な問いを立て，その後「なぜそのような変化が見られるのか」という原因を，更新された建築物の用途と容積率別の分布図という主題図を用いて明らかにしている（図3）。もちろん，この主題図を作成するためには，「非居住機能の建築物はどのように更新されたか」という問いによって建築物や土地の用途変更とその分布を明らかにし，都市の内部構造の変容との関係について検討している。さらに，暫定的土地利用になりやすい駐車場についても，その立地展開を明らかにした上で，都心部の空間変容が歴史的都市としての特性を失う方向に作用していると結論づけている。つまり，居住機能を持たない建築物の増加によって，町が本来持っていた住みながら働くという機能が失われることにつながるのである。このように，記載内容を問いに変換することで，どのように問題を発見しているのかが明確になる。

3 英国中等地理教科書から

日本の義務教育では地理科は存在せず社会科であり，その内容構成上の特徴の一つは社会構造の把握である。一方，英国では社会科ではなく地理科が存在し，これは，1991年に制定された第一次ナショナルカリキュラム以降一貫して科学知習得型の教育課程である。

ナショナルカリキュラムの「学習プログラム」第1アスペクトは，「地理的探究と技能」と題されており，地域の調査法などが書き込まれている。例えば，項目1の「地理的質問」では，「どのように，そしてなぜ景観は変化するのか。変化の影響は何か。それらについてどう考えるか」という地理的な問いの扱いが示される。項目2の「調査の適切なシーケンス」では，地域問題についての見解と事実に関する証拠収集，結論に達するためにそれらをどのように使用するかという調査法が示される。項目3の「証拠の収集と記録・提示」では，国に関する統計，河川の性質に関するデータの収集がそれぞれ例示され，地理調査や地理的探究のためにどのような視点と方法が必要かを整理している。

それらを反映して作成されるのが教科書であるが，中等教育段階の地理教科書では各項目のタイトルが問いの形で示されることが多い。ベストセラー教科書である *Key Geography* シリーズでも，学習課題を問いの形で提示している。このように書物に書かれている事柄やフィールドで巡り会った現象を再度問いの形に変換することによって，地域問題がくっきりと浮かび上がってくることがある。

図3 用途と容積率からみた更新された建築物の分布を示す主題図 （藤塚，1990）
図中の数字は，許容容積率を示す。
白ぬきの記号は，建築主が従前と同じもの。
黒ぬりの記号は，建築主が従前と異なるもの。
建築計画概要書（1979・82・85年度）を資料として，現地調査により作成。

（吉水裕也）

3 地図表現で異なってみえる地域問題
General Remarks

1 世の中にあふれる地図

最近，いろいろなテーマの地図帳が書店に並ぶようになった。その中には現代世界や日本で発生する社会問題を地図化して説明しようとする地図帳もみられる。

それらの地図の中には，ある特定のテーマ（主題）を表現するために作成された地図がある。そのような地図を主題図と呼ぶ。これに対して様々な用途に用いることができる地形図などは一般図と呼ばれる。

現在，データさえあれば容易に多様な表現の主題図が作成できるようになり，インターネット上にもたくさんの主題図が掲載されるようになった。しかし，それらの地図の中には，意図してか意図せずにか，自分に都合のよい地図表現をしてしまっているものも散見される。誤解を招く地図表現は，地図の読み手を混乱させることが多い。このような誤りは，主題図作成に対する知識の不足から生じる場合が多い。

地図を漫然と眺める人は，「地図は客観的であり，正しいものである」と思いがちである。しかし，世界を紙面上に表現するためには様々な制約があり，作成者の意図を伝えるために作成者の都合に合わせて地図は描かれている。モンモニア（1995）は『地図は嘘つきである』の中で「ひとつの地域についてのデータからは何種類もの地図が作成可能である。1枚の地図は，その中のたったひとつに過ぎない」としている。

2 主題図の表現からみえることが変わる

一つのデータでいくつもの表現の地図が作成可能であり，その地図から読み取れることが変わる。

図1は人口の絶対値を階級区分図（コロプレスマップ）で表し，図2は絶対値を記号表現したものである。図1の場合，国の面積の大小を考慮せずに塗り分けている。このような図

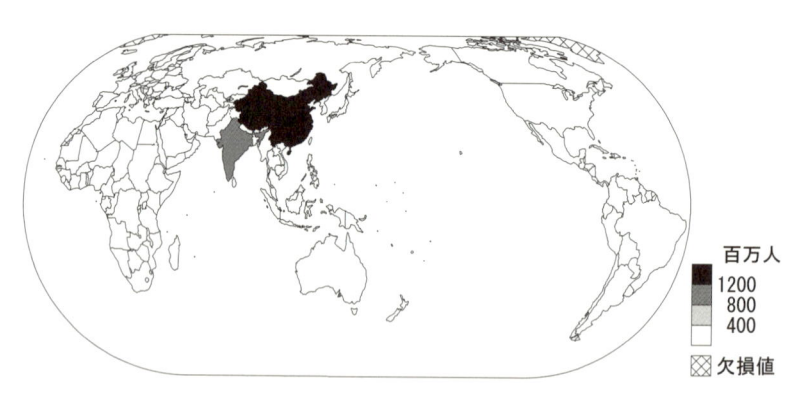

2004年推計値。

図1 人口の階級区分図

世界国勢図会により作成。

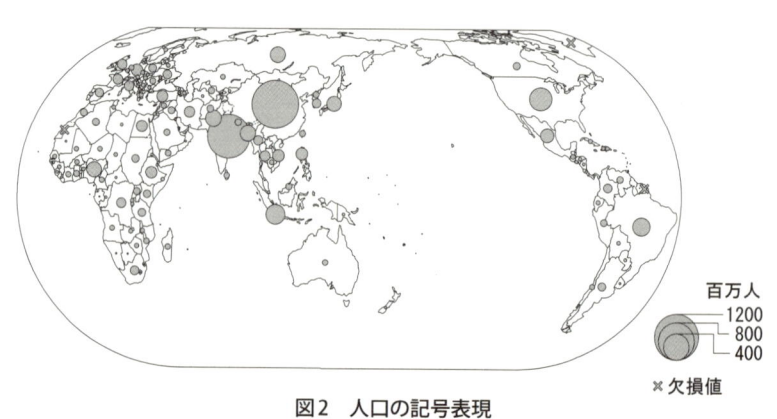

2004年推計値。

図2 人口の記号表現

世界国勢図会により作成。

を読む場合，面積単位が異なるため，人口密度を推定するなどして地図を解釈する必要が生じる。このような絶対値を表現する場合，図2の方が直接的な表現であり，表現としては適当である。このように，地図表現により，読み取り方が変わることがわかる。

次に，図3，4は国民総所得（GNI）のデータを用いて地図を作成したものである。図3は絶対値を記号で表現し，図4は1人当たりのGNIを階級区分して表現している。

図3は各国の経済規模を確認することができる主題図である。ただ，各国の経済状況を考える場合，背後にある人口規模を考える必要がある。そのためには図4のような1人当たりのGNIを算出し階級区分図にする必要がある。その結果，1人当たりのGNIの高い地域は北アメリカやヨーロッパなどに偏在していることがわかる。ただし，アラスカ州はアメリカ合衆国の一部であることから，アメリカ合衆国のデータを反映しており，アラスカ州の現況を反映しているわけではない。主題図はこのような点も留意してみる必要がある。

また，図4のような階級区分図は階級の区分を恣意的に行って主題図を作成することもできる。主題図を読み解くには様々なことを確認しながら，地図の伝えたいことを読み取り，解釈する必要がある。

3　地図から地域問題を読み解くために

ここまでみてきたように，地図作成者の意図に合わせて地図表現の方法を工夫しなければ，意図が伝わらなかったり，読み手に誤解を与えてしまったりする危険がある。また，作成者は意図的に誤った地図表現を用いて，読み手の理解を実際とは異なる方向に導くことも不可能ではない。

このような問題を回避するためには，地図を作成する側はデータを誤解ないように伝えるための地図表現を考慮しなければならない。また，地図の読み手は，示された地図がどのような意図で作成され，何を表現しようとしているのかを正しく読み取る技能を身につけねばならない。

このように，主題図を読み描きする際，データの特徴とそれに適合する地図表現がどのようなものであるのかを絶えず考えねばならない。世界の地域問題を主題図から考えるためには，示された主題図を鵜呑みにするのではなく，注意深く読み取り，そこで示されている事柄を理解していく必要がある。

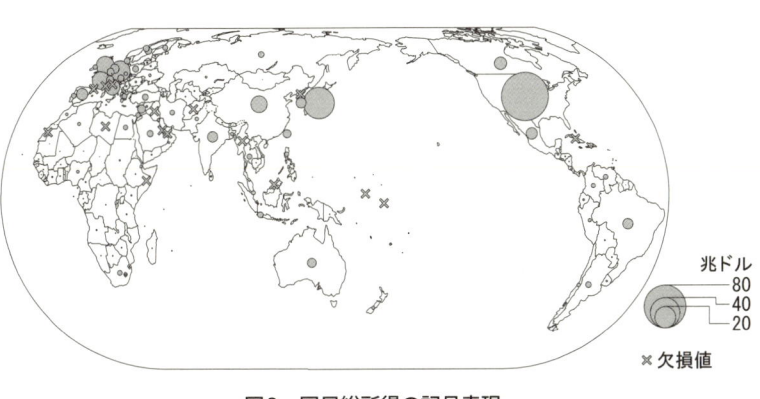

図3　国民総所得の記号表現
統計年次は2002年。　世界国勢図会により作成。

図4　1人当たり国民総所得の階級区分図
統計年次は2002年。　世界国勢図会により作成。

（大西宏治）

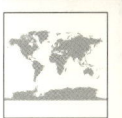

4 World 世界の変動地形と地震災害

1 世界の地震災害

アメリカの地質調査所の被害地震データベースによると，1900年以降に発生した地震で死者の数が1,000人を超えたものは125におよぶ（2007年5月現在[1]）。図1はそれらの地震の震央分布を示したものである。これを見ると，環太平洋造山帯や，東南アジアからヨーロッパアルプスへとつらなるアルプス・ヒマラヤ造山帯に沿った地域に集中していることがわかる。

これらの地震の発生のメカニズムや分布は，地球科学の「プレートテクトニクス」の考えで説明されている。これによれば，地球の表面には地殻と上部マントルからなる厚さおよそ100kmのプレートとよばれる岩盤が10数枚分布しており，それらが剛体的に移動することによって地震，火山の活動，山脈や海溝の形成といった地殻変動の原因となる。

プレートは，それを構成する岩石の相違により玄武岩質の海洋プレートと花崗岩質の大陸プレートに区別される。これら2種類のプレートが接する海溝ではプレート境界型地震が発生し，地震の規模を示すマグニチュード（M）でみれば7.5〜8あるいはそれ以上で，地震動だけではなく，時には津波により沿岸域に大きな被害が及ぶ。津波の押し寄せる様子が報道された2004年のスマトラ地震はM8.6であった。日本の近海でも北海道南東沿岸から東北沖にかけての千島海溝・日本海溝や，さらに関東から四国沖の南海トラフと呼ばれる海底地形に沿って発生した歴史地震と被害が知られている。

一方，海洋プレートと大陸プレートの境界部から内陸寄りの地域や大陸プレート同士が接している地域において，深さおよそ20kmの地震発生層で生ずる地震として内陸直下型地震とよばれるタイプもある。1906年のアメリカ・カリフォルニア州のサンフランシスコ地震，20世紀中期にトルコで複数発生した地震，また1995年の兵庫県南部地震や2005年のパキスタン地震がその例である。内陸直下型地震のMはほとんどの場合8よりも小さいが，震源域が都市部に近接すると家屋の倒壊率30%以上というような甚大な被害を及ぼすことがある。

こうした地震による被害を減らすためには，過去に発生した地震の研究データをもとに行われる地震危険度評価を知ることが有効である。

2 変動地形

地震は，プレートの移動により地殻に蓄

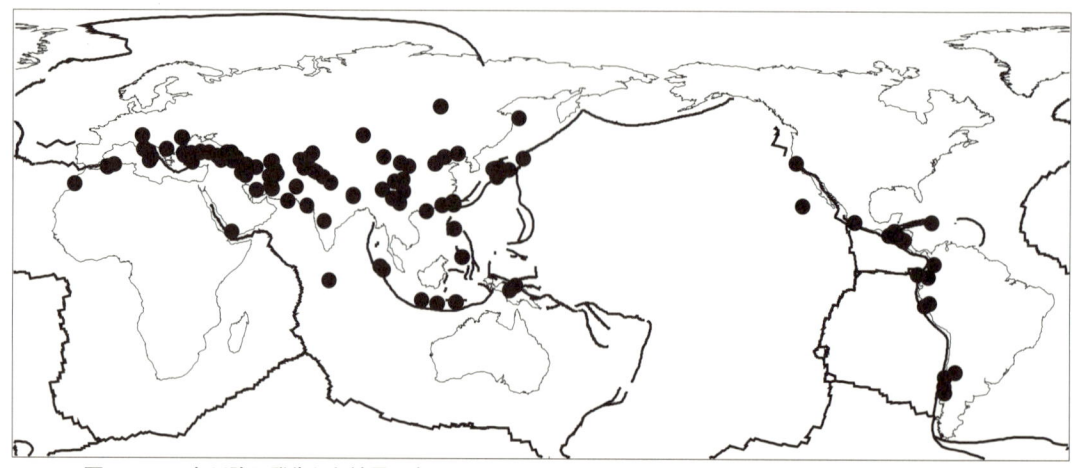

図1　1900年以降に発生した地震の中で1,000人以上の死者を伴ったものの震央分布とプレート境界

アメリカ地質調査所の資料により作成。

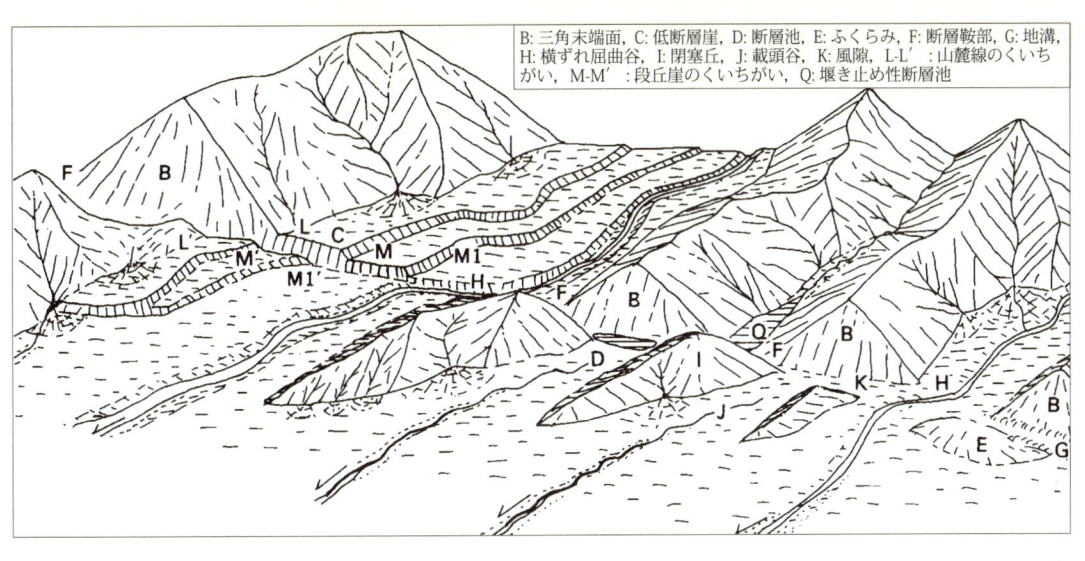

図2 断層による変位地形の諸例　　活断層研究会（1991）による。一部改変。

B: 三角末端面, C: 低断層崖, D: 断層池, E: ふくらみ, F: 断層鞍部, G: 地溝, H: 横ずれ屈曲谷, I: 閉塞丘, J: 載頭谷, K: 風隙, L-L': 山麓線のくいちがい, M-M': 段丘崖のくいちがい, Q: 堰き止め性断層池

えられた歪エネルギーが断層での岩盤のずれにより急激に放出される現象であり，Mがおよそ7よりも大きな地震ではそのずれが地表に出現する。海溝でプレート境界型地震が発生した場合にずれが海底にまで達すると，海水が持ち上げられて津波の発生となる。一方，内陸直下型地震では，兵庫県南部地震の際に淡路島の野島断層に沿って田んぼの畦や道路にずれが生じた例のように，地表地震断層と呼ばれる変位が観察される。このように，地震の発生など地球の内部エネルギーに起因して生じた地形を変動地形とよぶ。変動地形は，1回の地震発生に関連する比高数メートル程度の低断層崖や道路の水平方向のずれなどのスケールの小さなものから，同じ断層が繰り返し地震を発生させることでずれが累積することによる山地と低地の分化や山脈・海溝の形成といった大きなスケールのものまで多様である（図2）。これらは，陸上および海底地形図の読図，空中写真判読，物理探査手法，また断層を人工的に掘削して地層を露出させた壁面でずれを探るトレンチ調査などが主な調査手法となる。

こうした変動地形の調査結果をもとに，将来も地震を発生させることが予想される断層が「活断層」と定義されている。活断層の分布については，日本では『新編日本の活断層』（活断層研究会，1991）や『活断層詳細デジタルマップ』（中田・今泉編，2002）によってカタログ化されている。諸外国でも，例えば日本と同様に被害地震が多発するアメリカやイタリア，ニュージーランドなどで活断層の分布図が公開されている。さらに，パキスタン，バングラデシュ，トルコなどの国々でも，日本をはじめとする変動地形の専門家の協力の下で活断層の調査がすすめられている。

3 地震の危険度評価

地震の危険度評価とは，活断層や地震活動のデータを用いて，将来の地震の（1）発生場所，（2）地震の規模，（3）地震発生時期の推定を行うものである。代表的な例として，日本では文部科学省・地震調査研究推進本部の「全国を概観した地震動予測地図」，また世界を対象としたものでは国際的な研究協力のもとで作成された「Global Seismic Hazard Assessment Program」[2]が挙げられる。こうした成果は，国や地方自治体の防災・減災対策の基礎資料や原子力発電所など重要構造物の立地審査などに利用されている。さらに，「天災は忘れた頃にやってきた」と言わずにすむように，変動地形学や地震学の知見に基づく地震危険度評価を日常でも活用する術を考える必要がある。

---

1) http://earthquake.usgs.gov/eqcenter/top10.php
2) http://www.seismo.ethz.ch/gshap/

（隈元　崇）

5 World 世界の気象災害

1 気象災害

　気象災害は，通常その場所ではあまり起こらないような大雨や強風などの激しい大気現象が生じたり，その土地での平均的な気候とは大きく異なる降水や気温の状態が続いたりすることによって起こる。したがって気象災害の発生には，気候による地域性がみられる。

　表1は世界における1974～2003年の30年間における自然災害の発生件数を，大陸別および原因別に示したものである。湿潤変動帯に位置するアジアでは，地震・津波と共に洪水や強風などの気象災害の発生が多い。

　気象災害の原因としては，数日程度の時間スケールでは，台風やハリケーンなどの熱帯低気圧や，急激に発達する温帯低気圧などがあり，これらは広い範囲に大雨や強風をもたらすほか，海岸部には低い気圧と強風に伴って，高潮を発生させることがある。日本で気象災害史上最大の死者・行方不明者5,098人を出した1959年9月の伊勢湾台風の場合も，高潮による被害が大きかった。一方，集中豪雨とよばれる狭い範囲での大雨の集中は，山間部での土砂災害や，都市部での洪水災害をもたらす。発生範囲が狭く寿命も短い，雷や雹，竜巻なども，局地的に大きな被害を与えることがある。

　他方，時間スケールが長い気象災害として，長期間の少雨の持続による干ばつがある。1年の雨が雨季に集中しているモンスーン地域では，モンスーンの雨季に少雨が持続すると大きな被害が出る。また，稲作の北限地域に近い日本などでは，通常は高温になる夏の気温が十分に高くならない冷夏には冷害となる。一方，通常はあまり夏が高温にならないヨーロッパでは，高温な夏に熱中症などの被害が生じ，猛暑となった2003年の夏には，フランスでは高齢者を中心に3万人以上の死者がでた。また，冬に小麦を耕作する冬小麦地域では，冬の気温が低いとウインターキル（冬枯れ）となる。

　現在，世界各国で毎日欠かすことなく気象観測がなされ，天気予報や季節予報が出されているのも，このように顕著な大気現象の出現を事前に予測し，社会に適切に伝えることによって，気象災害による被害を最小限に食い止めようとする努力の所産である。しかし，スケールの小さい現象や長期にわたる異常天候の持続などの予測は現在なお困難で，近年も図1に示すような気象災害が世界各地で発生している。

2 時代や場所で変化する気象災害

　一方，気象災害は災害を受ける側の条件によっても大きく変化する。時代や場所が異なると社会的背景が変化し，たとえ同じような大雨が降ったとしても，いつでもどこでも同様の被害が出るとは限らない。

　例えばモンスーンアジアの多くの河川では，下流部の沖積低地は，古くは洪水が頻発する低湿地で人口も少なく，洪水が起こっても被害はそれほど大きくなかった。それが18世紀ころになると，土木技術や治水技術の発展によっ

表1　大陸別にみた自然災害の原因

	アフリカ	アメリカ	アジア	ヨーロッパ	オセアニア	世界合計
干ばつ	333(30/36)	233(21/14)	280(26/11)	197(18/23)	49(4/13)	1,092(100/17)
洪水	412(16/45)	653(26/39)	1,079(42/42)	318(12/37)	91(4/25)	2,553(100/40)
強風	132(7/14)	595(30/36)	801(41/31)	246(13/29)	181(9/50)	1,955(100/31)
地震・津波	30(5/3)	138(21/8)	356(55/14)	86(13/10)	34(5/9)	644(100/10)
火山	11(9/1)	48(39/3)	50(41/2)	6(5/1)	8(7/2)	123(100/2)
合計	918(14/100)	1,667(26/100)	2,566(40/100)	853(13/100)	363(6/100)	6,367(100/100)

カッコ内は世界合計に占める割合（％）と大陸合計に占める割合（％）。　　　　　　　　Guha-Sapir et al.（2004）の資料により作成。

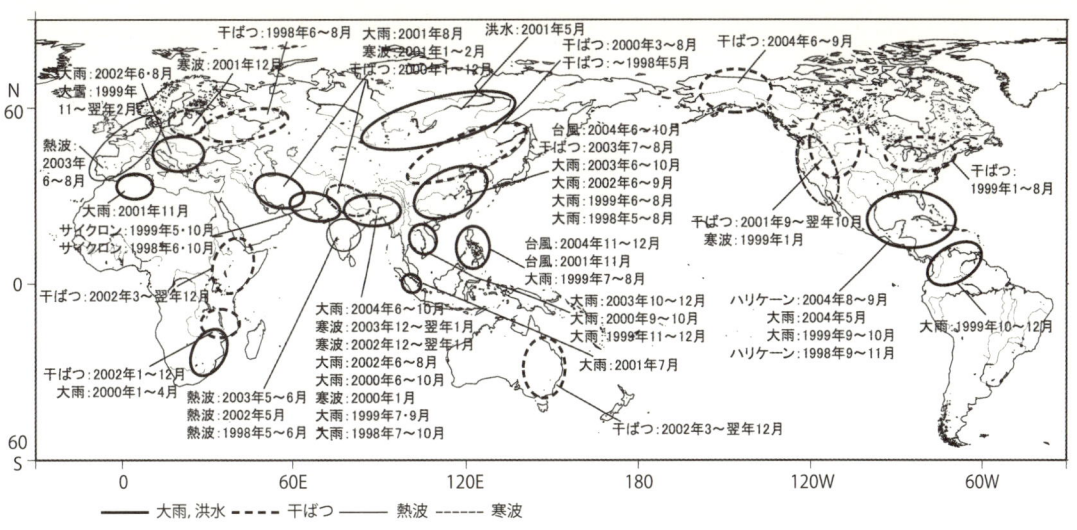

図1　近年の世界の主な気象災害

気象庁（2005）により作成。

て，沖積低地にも水路や堤防がつくられ，大規模な水田耕作が可能になった。ただし水田の場合，洪水被害を受けて収穫が減ずることはあっても，人工構築物が少なく，被害額はあまり大きくはならなかった。ところが20世紀後半になると，交通の至便性などのために，沖積低地に人口が集中するようになり，都市の中枢となる施設も多く立地するようになった。これらの施設の建設に際しては，堤防などの防災施設が整備される。しかし，施設の設計を超える大雨の発生や不十分な保守などのために洪水を招くことがあり，このような場合には，死者数は多くなくても，被害額がたいへん大きくなる。一方，発展途上国では防災施設が不十分な状態のままで沖積低地などにある大都市に人口が集中し，災害の発生数・被災者数が増加する傾向にある。

海岸部での都市化は世界的に進んでおり，そこでの被害が拡大する様相を示している。2005年にアメリカ合衆国南部を襲ったハリケーン・カトリーナの場合，死者・行方不明者はアメリカ合衆国史上3位の1,800人程度であったのに対し，被害額は約810億ドルと史上最悪であった。Blake et al.（2007）の資料によると，合衆国での死者数統計で上位10位までのハリケーンのうち，1960年以降にあたるのはカトリーナだけである。一方で，被害額での上位10位の発生は全て1989年以降であり，近年の被害額増加が著しい。被害額の増加は，世界の先進国で一般的に認められ，また，経済発展が著しい東南アジアや中国などにもみられはじめている。

3　地球温暖化の影響で被害が増加する？

気象庁（2005）やIPCC（2007）などの報告によると，地球全体の平均気温は20世紀の100年間に約0.7℃上昇した。この主な原因は，人間活動に伴って大気中に放出された二酸化炭素などの温室効果気体の増加による地球温暖化とみられている。

気温が上昇すると大気中に含まれる水蒸気の量が増加し，より豪雨が発生しやすくなる危険性がある。観測データからは，気温ほど明瞭な上昇傾向は認められないものの，豪雨頻度の増加を指摘する報告が世界各地から出されている。ただし，このような変化の原因が，自然の気候変動によるものなのか，人間活動の影響によるものなのかを区別することは難しい。また人間活動の影響についても，地球温暖化以外に大気汚染物質の増加や土地利用の変化なども考慮する必要がある。

気候モデルによる将来の変化予測では，地球温暖化の進行によって豪雨頻度が増加する結果が多く出されている。地球温暖化は海面上昇も引き起こすため，沿岸部では洪水や高潮などの気象災害の増大も懸念されている。

（松本　淳）

6 世界における氷河の後退
World

1 世界の氷河の後退・縮小

　世界各地で氷河末端の後退が報告されている。しかし，TVなどでしばしば見られる氷河の末端が崩落するシーンは，必ずしも氷河の後退を意味しない。前進傾向にある氷河でも下流部では常に氷が消耗するため，氷河時代でも同じような光景が見られたのである。氷河の末端変動を知るためには，末端位置を長期にわたって比較することが必要である。

　世界の氷河の情報を集めているWorld Glacier Monitoring Serviceの資料（IUGG（CCS）-UNEP-UNESCO, 2005）によると，末端位置の変動が観測されている世界各地の542氷河のうち，1996～2000年の間で末端が後退傾向にある氷河が401（74%）を占め，前進傾向の氷河は37（7%），前進と後退を繰り返したり，ほぼ停滞している氷河は104（19%）にすぎない（図1）。

　氷河の後退には二つの原因があると考えられている。一つは長期的な気候の温暖化である。世界各地の氷河は，小氷期と呼ばれる14～19世紀の寒冷期に前進したことが知られている。小氷期の寒冷化に対応して拡大した氷河は，その後の気温上昇に対応して縮小する。そのため，地球温暖化を考慮しない自然の気候変化であっても，小氷期以降の縮小が続いている可能性は否定できない。そしてもう一つが地球温暖化である。一つの氷河の末端を長期にわたって観測すると，近年になって末端の後退速度が加速傾向にあることが確認される。ネパールヒマラヤのAX010氷河では，1990年代以降，後退速度が増加していることが報告されている（写真1；内藤，2001）。

　末端が後退している氷河の多くは，氷厚も薄くなり，氷の体積が縮小する。これは，1年間で氷河に供給される雪の量（涵養量）を，氷が

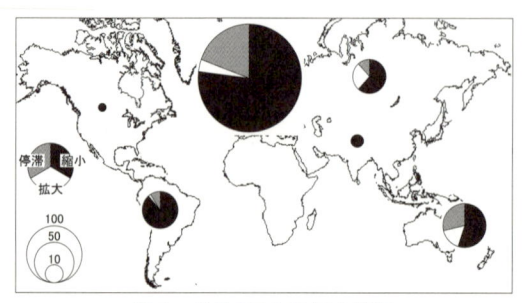

図1　世界の氷河の縮小状況
WGMSの資料により作成。

写真1　AX010氷河の末端位置の変化
1978年～1999年の21年間に約110m後退している。名古屋大学雪氷圏変動研究室提供。

融ける量（消耗量）が上回って，蓄積されてきた氷が融氷水として流出していることを意味する。長期間，質量収支が観測されている氷河の半数以上で，年間の質量収支が負の傾向にあることも確認されている（青木，1999）。

2 氷河の縮小が引き起こす問題

氷河の質量減少による融氷水の流出は，全球的，地域的に様々な問題を引き起こす。その中で全球的な問題が海面上昇である。氷河は水を陸上に貯留するダムの役割を果たしている。氷河の縮小で貯留されていた氷が融出すると，海水量が増加して海面上昇を招く。近い将来，地球温暖化によって世界各地の氷河が縮小し，海面上昇が起こることが予測されている[1]。海面上昇によって，標高の低い国々では高潮災害や国土の消失が危惧され，日本でも砂浜海岸の後退など，さまざまな影響が起こる。

一方，乾燥地では水資源問題が発生する。氷河は，冬の降雪を蓄積して消耗期に流出させることにより，夏の河川流量を確保してきた。しかし，氷河が縮小・消失すると，冬の降雪は春の雪解けとともに流出してしまい，夏の河川流量が減少する。乾燥地において河川流量の減少はオアシスの渇水を招くなど，流域の農業，飲料水の確保に大きな影響を及ぼす。

氷河の後退・縮小は，山岳地域に洪水を引き起こすことがある。小氷期に拡大した氷河はその末端部にモレーンを形成した。氷河の後退にともなって，氷河末端とモレーンの間の凹地が湛水し氷河湖が形成される場合がある。この氷河湖が決壊し，下流に洪水被害をもたらすのが氷河湖決壊洪水（Glacial Lake Outburst Flood：GLOF）である。地球温暖化による氷河の縮小は氷河湖の急速な拡大を招き，GLOFによる被害を拡大させると考えられている。

これら，氷河の縮小による海面上昇，水資源問題，GLOFでは発展途上国が大きな影響を受ける。氷河の縮小の引き金となる地球温暖化の原因の多くは日本を含む先進国にあるため，先進国は問題解決に取り組む必要がある。

3 気候変動と氷河

氷河では，降雪量（涵養量）と気温（消耗量）とのバランス（質量収支）によって氷の

表1　氷河変動と質量収支

消耗量＼涵養量	増加	±0	減少
増加	★	縮小	縮小
±0	拡大	停滞	縮小
減少	拡大	拡大	★

★の場合，収支によって拡大・停滞・縮小のいずれの場合もあり得る。

体積が変化し，末端位置が決まる。つまり，氷河の拡大・縮小と涵養量・消耗量の変化の関係は，表1のようにまとめられる。

ここで注意すべきことは，気温が上昇（消耗量が増加）しても，氷河は必ずしも縮小・後退するばかりではないということである。

南極では，現在の気温が極めて低いため，今後100年間に予想されている程度の地球温暖化（3℃程度）では気温が氷の融点を超えることはなく，消耗量の増加はさほど多くない。一方，気温上昇による海面温度の上昇で蒸発量が増加し，降水量（涵養量）が増加すると考えられている。その結果，地球温暖化に伴って南極の氷河は拡大し，海面上昇に負の寄与（-0.1 cm）をすると考えられている（IPCC，2001）。

ヒマラヤでは，夏期モンスーンによる降雪で氷河が涵養されている。ネパールヒマラヤでは夏季の気温上昇は消耗量を増加させるだけでなく，低標高域の氷河では雪が雨に変わり涵養量をも減少させるため，氷河末端が気温変化に敏感に反応する（上田，1983）。いわば，氷河が地球温暖化のセンサーの役割を果たす。一方で，夏季の気温上昇はモンスーンの強化を引き起こすため，降水量は増加する。そのため，高標高域の氷河では消耗量の増加を涵養量の増加が上回る可能性がある。事実，インドヒマラヤでは日射量が増大した時期に氷河が拡大したことが指摘されている（Owen et al., 2001）。

地球温暖化と氷河変動の関係を考える際には，温暖化がその地域にどのような気候変化をもたらすかをよく考える必要がある。

---

1) IPCC（2001）によると，2100年までの海面上昇予測値（中間値）である42 cmに対し，氷河・氷床の融解は15 cmの寄与を持つ。残りは海水の熱膨張である。

（青木賢人）

7 World 世界自然遺産の危機

1 世界自然遺産とは

　世界遺産は，世界自然遺産，世界文化遺産，世界複合遺産に区分される。世界遺産に登録された830件（2007年4月現在）のうち163件が世界自然遺産（以下，自然遺産と呼ぶ）である。自然遺産は，顕著な普遍的価値を有する地形や地質，生態系，景観，絶滅のおそれのある動植物の生息地などを含む地域に相当し，国際協力を通じた保護のもと，国境を越え今日に生きる世界の人びとが共有し，次世代に受け継ぐべきものである。自然遺産は，文化遺産や複合遺産と同様に，年々増加する傾向にある（図1）。地域別にみた場合，アラブ諸国で自然遺産の登録数が著しく少ないという特徴がある。

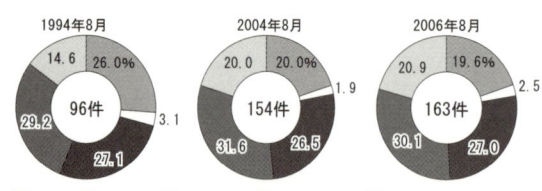

図1　地域別にみた世界自然遺産の登録件数の変化
ユネスコの資料により作成。

　「世界の文化遺産及び自然遺産の保護に関する条約」（通称「世界遺産条約」）の第2条によれば，自然遺産とは，(1) 無生物または生物からなる特徴ある自然地域で，観賞上・学術上顕著な普遍的価値を有するもの，(2) 地質学的・地形学的形成物および脅威にさらされている動植物の種の生息地・自生地として区域が明確に定められている地域で，学術上・保存上顕著な普遍的価値を有するもの，(3) 自然の風景地および区域が明確に定められている自然地域で，学術上・保存上・景観上顕著な普遍的価値を有するものである。
　ここで，自然遺産登録の選定基準に「地形形成において進行しつつある重要な地学的過程，あるいは重要な地学的・自然地理学的特徴を含む，地球のさまざまな時代の歴史を示す顕著な例であること」とあり，地学的基準が明記されている。さらに，生物の生息・生育地としての「場」，すなわち「ジオ」の存在が強調されている。

2 自然遺産の意義

　定義や選定基準から，自然遺産は，生

図2　地形や地質などの地学的価値が大きいと判断される世界遺産（2005年8月現在）
2005年8月現在の世界自然遺産および複合遺産のなかで地形・地質の重要度が高いと判断される遺産をまとめたもので，数字はそれぞれの国・地域における登録数。
渡辺（2005）により作成。

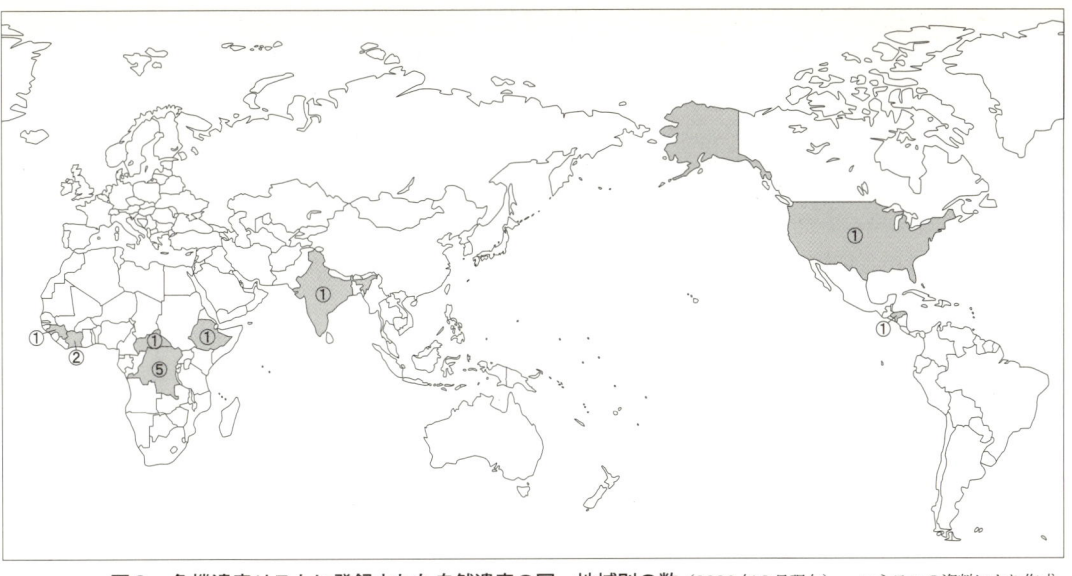

図3 危機遺産リストに登録された自然遺産の国・地域別の数 （2006年8月現在） ユネスコの資料により作成。

物多様性（Biodiversity）と地学的な多様性（Geodiversity）の両者を重視していることがわかる。これまで国立公園などの自然保護地域で重要視されてこなかった，地学的な多様性を登録基準に明記している点で，特に自然遺産の存在意義は大きいといえ，自然遺産は，生物偏重の立場をとらない枠組みになっている。図2に，自然遺産（複合遺産を含む）のなかで，特に地学的な価値が大きいと判断されるものの分布をまとめた。

　世界遺産の存在は，国立公園などのように自国が管理しきれないケースや誤った管理が行われているケースなどに対して，国際的に「監視」できる点においても，大きな価値をもっている。

3　自然遺産の地域的問題点とその原因

　自然遺産が開発途上国に存在している場合，自然遺産の維持・管理に必要な資金を自国で調達できない可能性がある。図3に，「危機遺産リスト」に入れられた自然遺産の登録数を示した。危機遺産リストへの登録理由には，武力紛争，大規模工事，都市開発，観光開発，森林伐採，商業的密猟などがある。コンゴ民主共和国では，地域紛争による難民流入や密猟などの理由により，五つの自然遺産すべてが危機遺産リストに登録されている。

　一方，これまでの人為的な理由とは別に，温暖化に関連した災害や生態系の破壊が，自然遺産を危機リストに追加する理由として，2006年頃から盛んに議論されるようになっている。例えば，氷河をかかえる地域では，温暖化によって氷河湖が急速に拡大して決壊することが多く（氷河湖決壊と呼ぶ），自然遺産登録地域でも氷河湖決壊による自然遺産の破壊が懸念されはじめている（ネパール・ヒマラヤのサガルマータなど）。このほかにも，ウォータートン・グレーシャー国際公園や，キリマンジャロ国立公園，グレートバリアリーフなどが，温暖化によって危機遺産に登録される可能性があるという。

4　世界自然遺産維持のために

　自然遺産の登録件数が年々増加していること（図1）は，それぞれの国・地域が，自然遺産登録による観光化をすすめたいという思惑をもっていることと関係していることが多い。しかし，たとえ観光収入が得られるようになったとしても，観光開発による環境破壊を防止する必要が生じ，自然遺産の維持・管理に莫大な資金を投入しなければならなくなる。何よりも，自然環境が破壊されては，何のために自然遺産登録が行われたのかわからなくなってしまう。

　自然遺産については，人為的な理由による問題（危機遺産）が開発途上国で多いことが従来から指摘されている。しかし，温暖化に関係した災害や生態系の破壊が増加しており，自然遺産を維持・管理するのは，先進国あるいは途上国を問わず，容易なことではなくなりつつある。

(渡辺悌二)

8 World 世界の都市システム

1 都市システム研究とは

都市を地理学的に研究する分野を都市地理学という。都市地理学には都市を点としてみる視点と面としてみる視点がある。前者の代表は中心地研究や都市システム研究であり，後者の代表は都市内部構造研究である。

都市システムとは都市の相互結合関係のことである。都市システムと言っても，それは一義的なものではなく，分析に用いる指標によって結果は異なってくる。

2 経済的中枢管理機能からみた都市システム

ここで取り上げる経済的中枢管理機能（民間大企業の本社・支所）は国家的な都市システムを検討するのに効果的である。また，この機能は都市システムの国家間比較にも効果的である。

表1は経済的中枢管理機能を用いて首都

表1　各国の都市体系の比較一覧

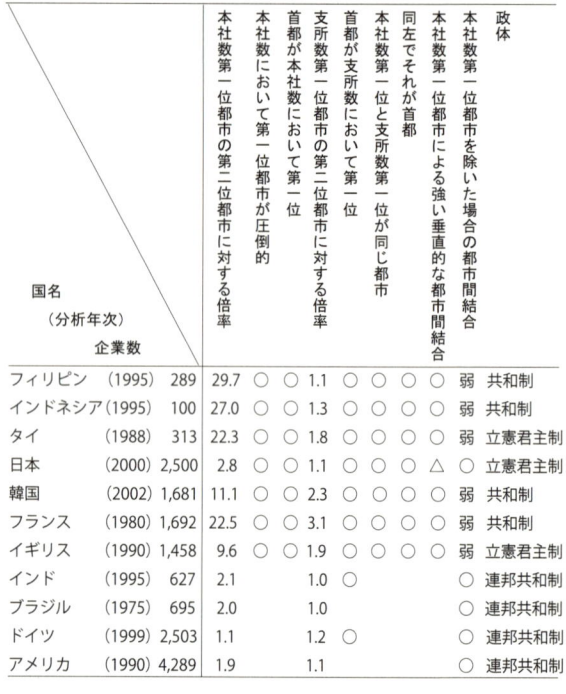

国名 （分析年次） 企業数	本社数第一位都市の第二位都市に対する倍率	本社数第一位都市において第一位	支所数第一位都市において第一位	首都が本社数第一位と支所数第一位が同じ都市	首都が本社数第一位	本社数第一位と支所数第一位が同左でそれが首都	本社数第一位都市を除いた場合の都市間結合による強い垂直的な都市間結合	政体
フィリピン (1995) 289	29.7	○	○	1.1	○	○	○ 弱	共和制
インドネシア (1995) 100	27.0	○	○	1.3	○	○	○ 弱	共和制
タイ (1988) 313	22.3	○	○	1.8	○	○	○ 弱	立憲君主制
日本 (2000) 2,500	2.8	○	○	1.1	○	○	△ ○	立憲君主制
韓国 (2002) 1,681	11.1	○	○	2.3	○	○	○ 弱	共和制
フランス (1980) 1,692	22.5	○	○	3.1	○	○	○ 弱	共和制
イギリス (1990) 1,458	9.6	○	○	1.9	○	○	○ 弱	立憲君主制
インド (1995) 627	2.1		○	1.0	○		○	連邦共和制
ブラジル (1975) 695	2.0			1.0			○	連邦共和制
ドイツ (1999) 2,503	1.1			1.2	○		○	連邦共和制
アメリカ (1990) 4,289	1.9			1.1			○	連邦共和制

政体については，二宮書店の『データブック　オブ　ザ　ワールド』による。

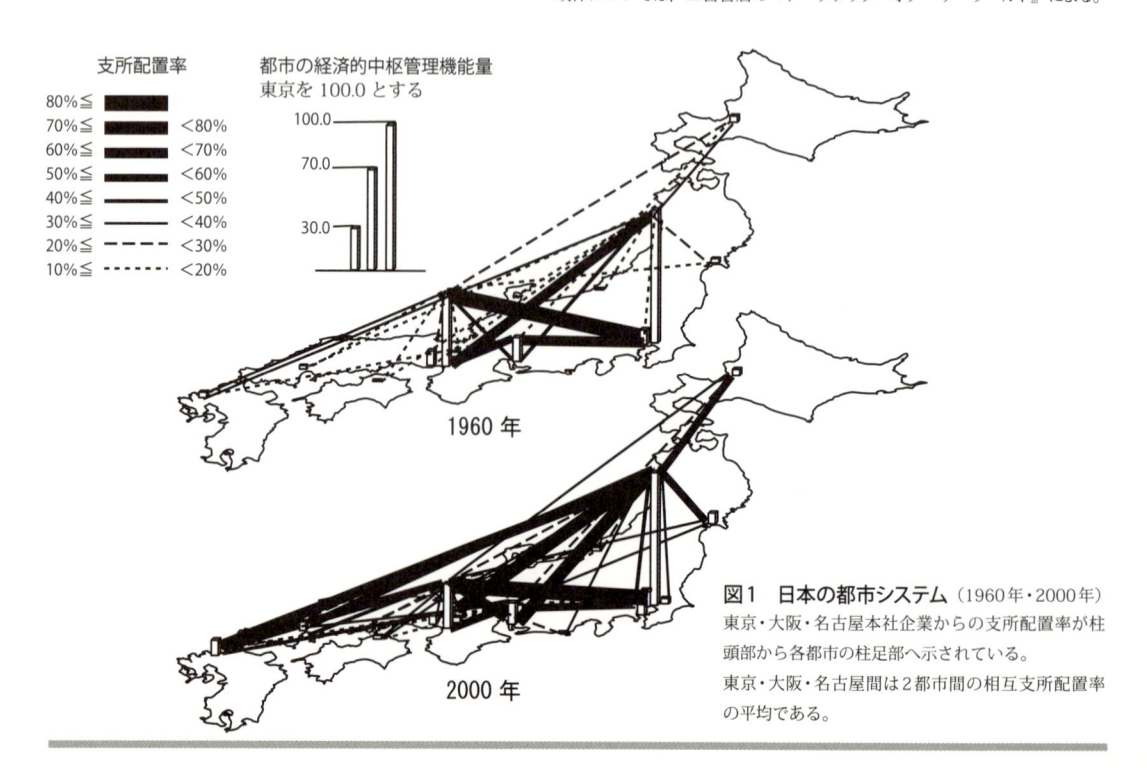

図1　日本の都市システム（1960年・2000年）

東京・大阪・名古屋本社企業からの支所配置率が柱頭部から各都市の柱足部へ示されている。
東京・大阪・名古屋間は2都市間の相互支所配置率の平均である。

支所配置率
80%≦
70%≦　＜80%
60%≦　＜70%
50%≦　＜60%
40%≦　＜50%
30%≦　＜40%
20%≦　＜30%
10%≦　＜20%

都市の経済的中枢管理機能量
東京を100.0とする

を中心に各国の主要都市を位置づけたものである。この表から，「首都が本社数においても支所数においても第1位の国では，本社数第1位の都市，すなわち首都による強い垂直的な都市間結合がみられ，首都を除くと都市間結合は弱い」という国々（Aタイプ）と，反対に「首都が本社数においても支所数においても第1位の都市ではなく，本社数第1位都市による強い垂直的な都市間結合がみられない」国々（Bタイプ）とに大きく二分できることがわかる。

日本では「東京一極集中」という表現があるように，東京への高次都市機能の集中が問題になるが，大阪の都市機能も比較的強いために，その都市システムはAタイプのグループに入るものの，首都による強い都市間結合は同じAタイプのグループの他の国々ほどではない。

図1は1960年と2000年の日本の都市システムを示したものであるが，この2つの図から，①日本の都市間の結びつきは，この40年間に強くなったこと，②東京の地位がより高くなったことがわかる。

図2・3は2002年の韓国の都市システムを示したものであるが，①ソウルの影響力が強いことが明瞭であるとともに，②ソウルを除くと都市間の結合は弱いことがわかる。

図4は1999年のドイツの都市システムを示したものであるが，日本や韓国とは違って，首都ベルリンが圧倒的な地位にはないことが明らかである。

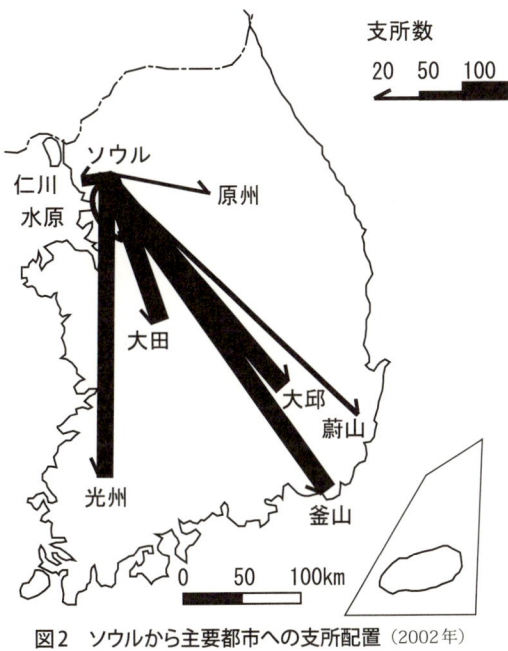

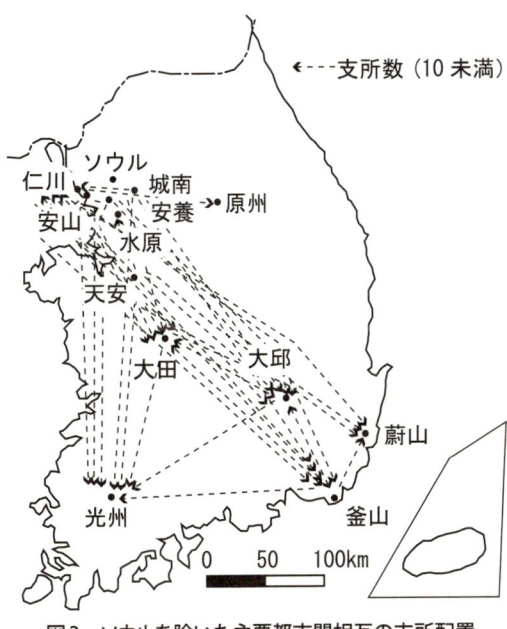

図2　ソウルから主要都市への支所配置（2002年）

図3　ソウルを除いた主要都市間相互の支所配置（2002年）

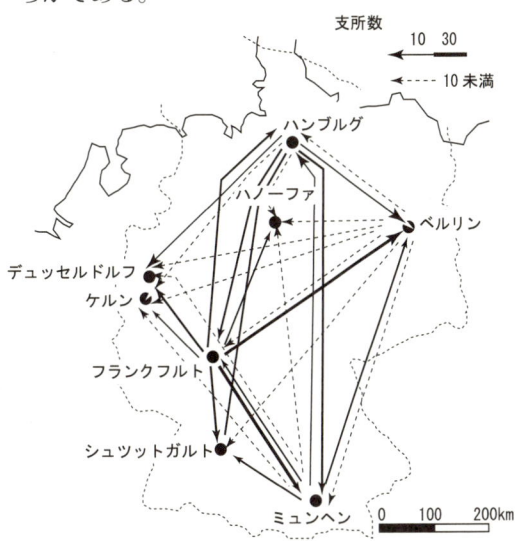

図4　ドイツ主要都市の支所配置（1999年）

3　都市システムの差異をもたらすもの

では，このような都市システムの差異はどこに由来するのであろうか。再度表1をみると，Bタイプの国々が連邦制の政体であるのに対して，Aタイプの国々はそうではないことがわかる。都市システムには政治体制が大きく関係しているのである。

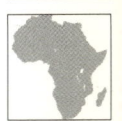

（阿部和俊）

9 World 世界の工業化
——工業生産の偏在性

1 工業化の動向

第二次世界大戦後，世界における工業生産の集中する地域は，地理的にみて大きく変動してきた。工業の成長中心は，戦前の西ヨーロッパから戦後にはアメリカ合衆国に移動し，その後，1960年代に入ると日本の経済成長が顕著となった。

一方，発展途上国のなかでも日本を除くアジア諸国では，戦後，輸入代替型の工業化が促進された。しかしながら，市場の狭小性により，次第に輸出指向型の工業化へとシフトしていった。とくに，韓国，台湾，ホンコン，シンガポールなどのアジアNIEsの諸国は安価な労働力を背景として外国資本と技術を積極的に受け入れつつ工業化を急速に推進した。その結果，工業製品の輸出量が増大し，急速な経済成長がもたらされた。そのほかのASEAN諸国においても，輸出加工区を設けるなど外国企業の誘致を進め，輸出指向型の工業化が促進された。

近年では，中国の工業化が著しく，1980年代の改革開放政策後，沿海部を中心に経済特区が設けられるとともに外国企業による投資が活発化し，家電製品や自動車などの耐久消費財の生産が爆発的に拡大した。それにともない，中国は「世界の工場」と称されるまでの工業国へと成長を持続させている。また，インドやロシア，ブラジルなどの諸国も工業生産の拡大を続けており，工業生産の成長中心はアジアを軸としながらも，次第にその構図を変化させつつある。

2 工業生産の地理的不均等性

工業生産はほとんどの国や地域で行われているとはいえ，工業生産の活発な地域とそうでない地域とが存在する。2005年における工業付加価値額からみた国・地域別の対世界シェアを示した図1によれば，工業生産の盛んな地域は三つに大別できる。一つ目は「ブルーバナナ」と称されるようなドイツやフランス，イタリア，イギリスなどのEU諸国である。二つ目はアメリカ合衆国を中心とした北米地域である。そして，三つ目は，日本や中国，韓国を中心とした東アジアの地域となる。

工業生産は先進諸国に集中する傾向にあるが，近年，先進諸国内部においても工業の立地変動がみられる。従来，工業生産の中心は炭田などの原料産地に形成された原料立地型の重化

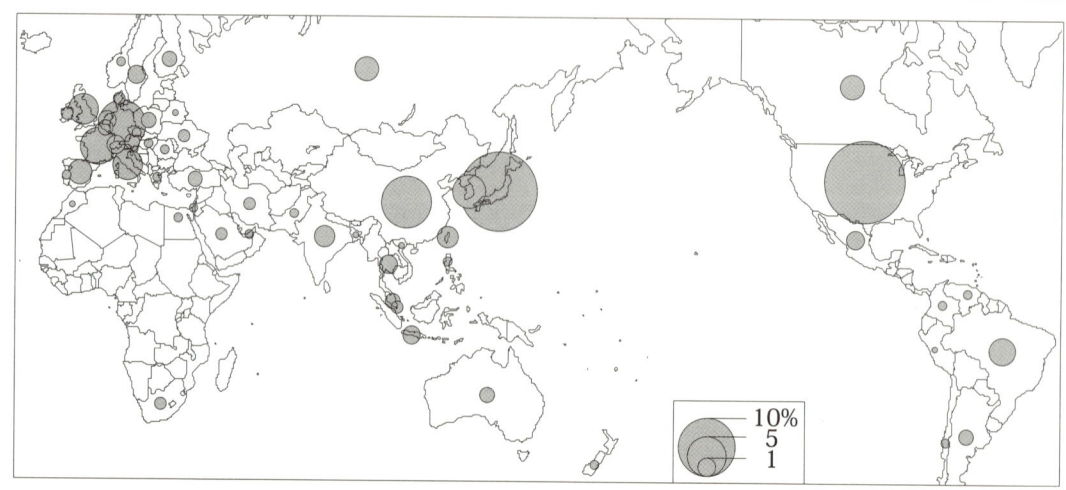

図1 工業付加価値額からみた世界の工業生産分布（2005年）

工業付加価値額の対世界シェアが0.1％以上の国・地域を示している。　　　　　　　　　UNIDOの資料により作成。

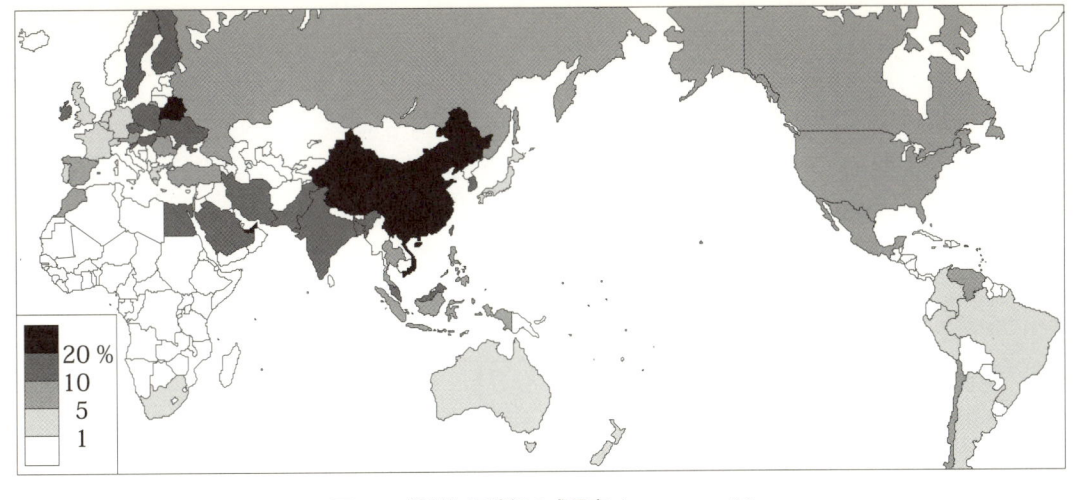

図2 工業付加価値額の成長率（1995〜2005年）

工業付加価値額の対世界シェアが0.1％以上の国・地域を示している。　　　　　　　　　　　　　　　　　　　　　　　　　　　UNIDOの資料により作成。

学工業地域と巨大な消費市場を背景として大都市圏に形成された市場立地型の大都市圏工業地域であった。近年では海外からの安価で良質な資源の輸入量が拡大したこともあり、重化学工業地域は臨海部へとシフトし、耐久消費財の生産にみられるような機械工業も大都市圏周辺部へと移動しつつある。

工業付加価値額の対世界シェアの最も高い国はアメリカ合衆国である。同国は、近年、その値を漸減しつつある（ディッケン、2001）が、依然として世界の中では最も工業生産の盛んな国として位置づけられよう。これに拮抗するシェアを有する国は日本であり、これ以下、中国、ドイツ、フランスと続く。以上の上位5ヶ国で全世界の工業付加価値額のうちの約6割を占めることになり、工業生産は特定の国々に集中しているといえよう。

3 近年における成長格差

前章でみたように工業生産の地理的な不均等性が理解されるが、近年、中国や東南アジア諸国、インドなどの工業生産は飛躍的に増大し、これまで以上にアジアを中心とした工業生産の構図へとシフトしつつある。その一方で、東ヨーロッパやロシアなどの国々においても工業化が進行しつつある。

図2は1995〜2005年における工業付加価値額の成長率を示したものである。これによると、アジアにおいては中国やベトナム、インドなど比較的成長率が高い国が多い。また、西アジアの産油国においても、資源開発に依存しない経済構造を目指すべく工業化が推進されている。

一方、東ヨーロッパ諸国やトルコなど、ヨーロッパの外縁部にあたる地域においても比較的高い成長率を有する国が少なくない。とくに、ポーランドにおける工業生産は、ベルギーなどに匹敵する規模にまで成長している。

このように、工業生産の成長中心は、それまでの工業生産の中核地域から外縁部や隣接する国々へと次第にシフトしつつあり、世界の工業生産の分布は変動しつつある。

こうした工業生産の世界的な変動は、日本とアジア諸国にみられるような国際分業の進展や企業の多国籍企業化などによるところが大きい（鈴木、1999）。先進国の多くは労働集約的な部門を発展途上国へと移管しており、産業構造の転換と国内産業の空洞化も懸念されてきた。その一方で、発展途上国の中には、中国やインドなど、経済成長にともなって巨大な消費市場が形成され、そうした国々では自動車や家電製品などの耐久消費財工業の成長が著しく、巨大な市場に誘引された外国企業の進出も相まって工業生産の成長地域として発展しつつある。

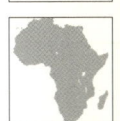

（北川博史）

10 World 世界各国の女性労働力の偏在

1 女性の労働問題

性差別撤廃にむけて世界規模で各国が動き出したのは1975年の国際婦人年であった。性差別撤廃という世界行動計画の目標達成のため，1976〜1985年が「国連婦人の十年」として設定され，その期間に各国は，労働法等の批准に取り組んだ。しかし，現在もなお労働条件や労働環境の問題は深刻である。

図1は女性労働力率を国別に示したものである。労働力率が高い国はスウェーデンとアフリカの一部，低い国はアフリカとアジアに多くなっている。

図1 女性労働力率（1996〜2005年）　ILOの資料により作成。

凡例：75%以上／50〜74／25〜49／0〜24／データなし

女性の労働力率が高い要因の一つは，女性が働きやすい労働環境が形成されていることにある。欧米諸国で最も労働力率が高いスウェーデンは福祉国家として社会制度が確立されており，女性が仕事を続ける条件が整っている。

第二の要因は，国家の生産力が低いため，女性が生産労働に不可欠となっていることにある。アジア・アフリカで労働力率の高い国は，ネパール，カンボジア，モザンビーク，タンザニア，エチオピアなどであり，こうした国で女性たちは重要な生産労働力となっている。アジア・アフリカで労働力率の低い国に関しては，女性の労働が生産労働として数値化されていない可能性も高い。そのため先進国と第三世界諸国との比較を単純に行うことはできない。

2 年齢階級別労働力率

年齢別に労働力率を検討すると，女性たちの働き方が理解できる。日本では女性が結婚・出産を機に仕事をやめる人が多い。

図2はアジアにおける年齢階級別女性労働力率の比較である。欧米を示した図3に比べて多様なパターンがみられる。特徴的なのは，日本と韓国に見られるM字型就労パターンである。20〜30歳までは労働力率が上昇するものの，30歳代で急激に下がり，その後再び上昇する。結婚・出産を契機に一度職場を離れ，再就職をする形態である。

日本においては，1986年の男女雇用機会均等法の施行，1997年の改正を経て，女性は労働市場へと進出してきたが，現在なおM字型就労パターンが見られる。いったん離職すると，正規雇用での再就職が非常

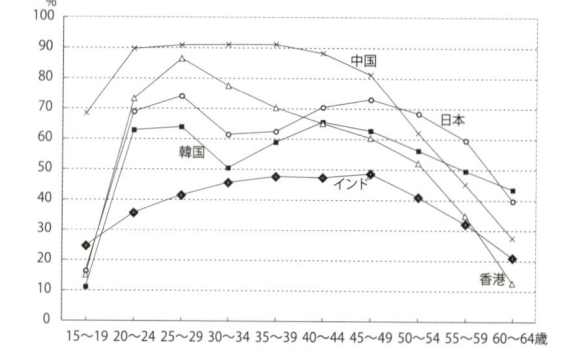

図2 アジアの年齢階級別労働力率
（2004年。ただしインドは2001年，中国は1990年）
ILOの資料により作成。

に困難であるという課題を抱えている。その結果，再就職は非正規雇用となる場合が多い。

日本がM字型就労パターンを示すのは，母の役割が重要視されているためである。家事労働，特に育児は「愛の奉仕」と位置づけられる傾向がある。日本と同様にM字型就労パターンを示す韓国でも性別に基づく役割意識が強く，その背景には儒教思想がある。韓国では男性と女性の領域分化が明確なため，女性の労働進出は日本以上に困難である（瀬地山，1996）。一方，中国は全く異なるパターンにある。女性の労働力化，集団化を特徴とした社会主義化が進められた結果，女性を伝統的な家族関係から切り離し，労働市場に積極的に参加する政策が進められてきたのである（瀬地山，1996）。

欧米の年齢階級別労働力率については，チェコで女性労働力率が高く，資本主義国と共産主義国の間に差がみられる（図3）。そしてアジアと欧米を比較すると，欧米のほうが労働力率が高く，国による就労パターンの差があまり大きくはない。イタリアは女性労働力率が低いものの，いずれの国も台形型就労パターンを示しており，育児等での離職はみられない。労働力率の高いスウェーデンでは，年齢にかかわらず一定して高い値を示しており，女性の就労が安定している。欧米諸国でも以前はM字型就労パターンであったが，1980年代以降徐々にみられなくなっていった。

男女間の賃金格差をみると（いずれも2003年），男性を100としたときの女性の値は，日本66.8，韓国63.5に対し，スウェーデン88.2，イギリス82.6となっており，M字型就労パターンと賃金格差との関連がみられる。このように，女性の労働力率の差は，各国の経済状況の差だけではなく，宗教や社会慣習，政治体制などの違いが密接に関係しているのである。

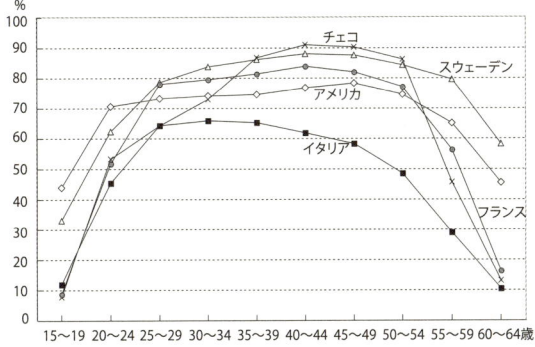

3　労働形態

労働形態には正規に就労するフルタイム労働と，時間給で就労するパートタイム労働がある。表1から非正規雇用の割合を検討すると，OECDの平均値では近年パートタイム労働者が増加している。

表1　パートタイム労働者の男女別割合　　（単位：％）

年	1994 男	2004 男	1994 女	2004 女
アメリカ	8.5	8.1	20.4	18.8
イギリス	7.0	10.0	41.2	40.4
オランダ	11.3	15.1	54.5	60.2
韓国	2.9	5.9	6.8	11.9
スウェーデン	7.1	8.5	24.9	20.8
日本	11.7	14.2	35.7	41.2
OECD平均値	5.3	7.4	20.1	25.4

OECD Employment Outlookにより作成。

オランダの場合ワークシェアリングが進んだ結果，パートタイム労働者が多い。日本でも男女ともにパートタイム労働者が大幅に増加している。これは，フリーターの増加だけではなく，企業のリストラとの関連も深い。

パートタイム雇用は，いわば基幹労働力の補助的な役割として，また雇用の調整弁として機能してきた。その役割を担ってきたのは女性であった。パートタイム雇用は各国の労働システムを示すと同時に女性の地位を示す指標でもある。

4　労働力率偏在の背景

女性の労働を考えることは，女性がどのような地位にあるかを検討することでもある。男性は生産労働に，女性は家事労働をはじめとする再生産労働に就くことがシステム化されてきた。これは，女性が社会に参加することを抑制する力にもなる。また宗教や政治体制による影響も大きい。地域間格差の是正が今後の課題となるが，同時に，女性のさらなる労働への参加が期待される。

（影山穂波）

図3　欧米の年齢階級別労働力率
（2004年。ただしイタリアは2003年）　　ILOの資料により作成。

11 南極氷床と海洋変動
World

1 南極観測50年と国際極年

　1957〜1958年の国際地球観測年（IGY・第3回極年）を契機に，南極大陸から少し離れたオングル島に建設された昭和基地は，半世紀にわたって日本の南極観測の拠点となってきた。2007年には，4回目の国際極年（IPY2007〜08）が提唱され，半世紀に一度行われる地球規模の観測計画が進行している。IPY2007〜08の特徴は，極域研究の意義や重要性を世界中の中高生に啓発する活動が盛り込まれていることである。現在の昭和基地にはインターネット環境が整備され，観測データの即時発信が可能となっており，極地観測の最前線から，教育現場と直接交流することにも用いられている。

2 地球温暖化と南極氷床

　昭和基地と国内の小中学校や博物館とのネット交流の際によく尋ねられる質問は，地球温暖化と南極氷床の融解への懸念である。地球上の淡水の9割以上を貯える南極氷床が温暖化で融けだしたら世界の陸地は水没してしまうのではないか，と不安に思われているのである。
　地球は46億年の歴史の中で何度も寒冷期と温暖期を繰り返してきたが，氷床は，その盛衰に伴って水を大陸上に固定したり海洋に戻したりすることで，海水準変動の大きな要因となってきた。しかし問題はそう単純ではなく，IPCCの報告書では，南極は十分に寒いので多少暖かくなった程度では融解せず，むしろ

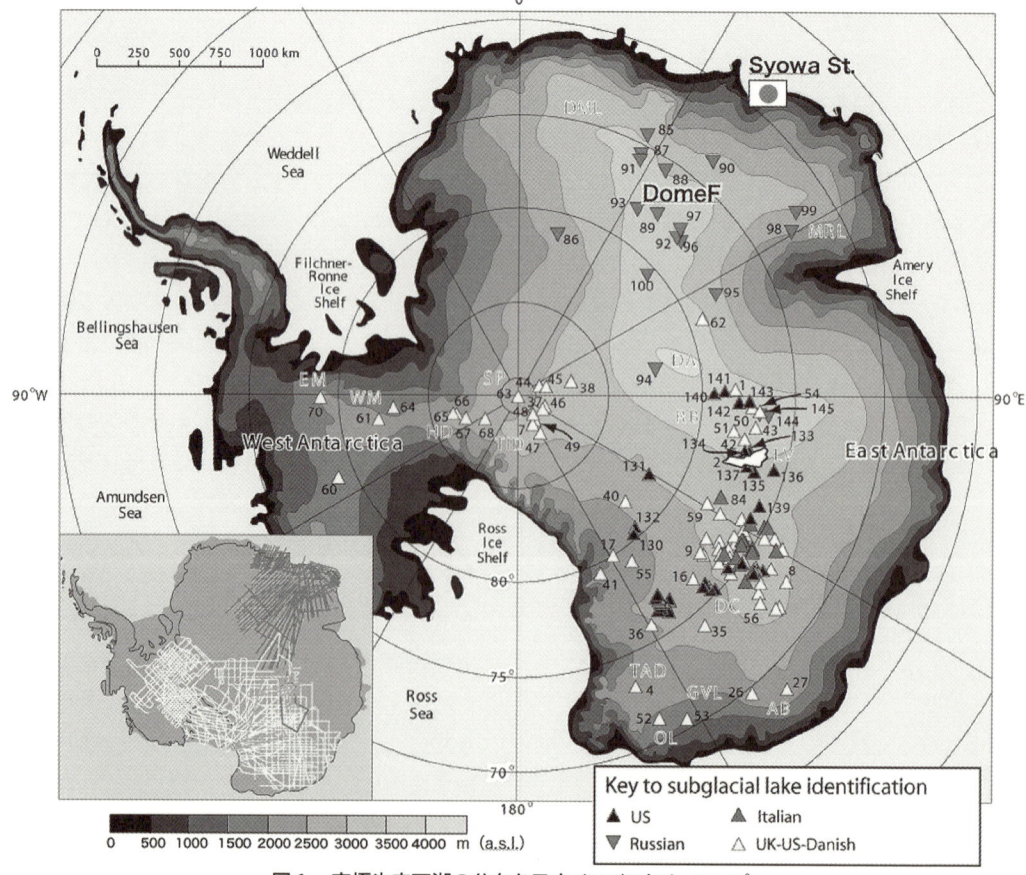

図1　南極氷床下湖の分布を示すインベントリーマップ
左図は氷床探査実施ルート。図中の番号は氷床下湖の番号。

Siegert et al.（2005）により作成。

海からの水蒸気供給が増えて成長するだろうとみられている。その一方で，最近では人工衛星GRACEを用いた重力異常の観測によって，南極氷床の体積が減少していることも突き止められている。また「氷床の融解が逆に寒冷化を引き起こす可能性がある」という，一見矛盾するような仮説も提唱されている。

3 温暖化が氷期を招く？

氷床から淡水が海洋に供給されると，海水は冷やされ塩分濃度も希釈される。もし，こうしたプロセスが急激に大量に発生すると，高緯度海域で海流の沈み込みが抑制され，低緯度から暖流が北上しなくなって寒冷化が引き起こされる。実際，1万4千年ほど前，最後の氷河期が終わって現在に至る温暖化が進行しつつある途上で急激な寒の戻りがあったことが分かっており，北半球のローレンタイド氷床の下にあった湖，あるいはその周囲に形成されていた氷河せき止め湖からの急激な真水の流出が原因ではないかと言われている。氷床は，温暖化で融解する一方で，氷床内外の真水に影響を与える事で，逆に寒冷化を進行させてしまう可能性もあるのである。

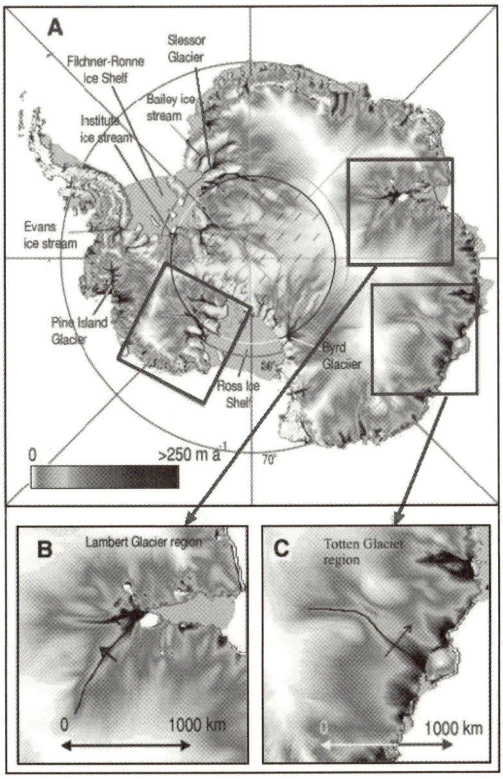

4 氷床の安定性──氷床下湖と氷流

ローレンタイド氷床はすでに消え去ってしまったが，南極には現在も氷床があり，その下には数百個もの湖が存在している（図1）。最近，これらの湖は孤立・安定しているのではなく，氷床底面に水路を作って比較的短期間に移動していることがつきとめられた。もしかしたら，水路が氷床末端まで到達して，氷床下の水を海洋に大量かつ急激に放出してしまうかもしれない。このようなことが南極で発生すれば，過去にローレンタイド氷床地域で起きたように，地球規模の気候変動が誘発されるのは間違いない。また，餅形をした氷床の一部には，谷氷河状の高速の流れをなす「氷流」が存在し，氷床からの氷の流出の9割を担っている（図2）。この氷流も氷床下湖と密接に関係して氷床の安定性を左右しているのではないかと考えられ始めた。現在進行中の温暖化の影響で最も心配しなければならないのは，南極氷床の融解よりも，氷床下湖や氷流のような不安定要因が，温暖化の影響で活発化してしまう可能性なのである。

5 昭和基地の優位性

昭和基地の守備範囲には，「しらせ氷河」という南極で最も速く流動している氷流がある。また，この源流域に相当するドームF（図1のDomeF）では，日本の観測隊が3,000m以上の深層氷床掘削を行い，72万年前に遡る氷床コアの採取に成功し，7つの氷期・間氷期サイクルの気候変動を解明できると期待されている。さらに，氷床周縁部の海岸露岩域からは，過去に氷床底を流れた水流侵食地形も報告されており，その水源ともなりうる氷床下湖がドームF付近に存在するという報告もある。

本格的な科学調査が始まって半世紀を過ぎたとはいえ，氷床の安定性や過去から将来にわたる環境変動への南極氷床の寄与の解明など，昭和基地周辺には，環境変動メカニズムを解明するための有望なフロンティアが残されており，注意深い調査が続けられている。

図2 南極氷床の流動速度
Bamber et al.（2000）により作成。

（澤柿教伸）

12 Oceania
オーストラリアにおいて強まる「自然の砂漠化条件」

1 最近の乾燥地の拡大

湿潤や乾燥の度合いを示す指標には幾つかの計算方法がある。比較的単純でわかりやすいのは，UNESCOの定義による乾燥指数（Aridity index）である。乾燥指数は，降水量（P）と，気温条件から計算される蒸発散量（ETP）との比で表され，P/ETPが0.03未満を極乾燥，0.03以上，0.20未満を乾燥，0.20以上，0.50未満を半乾燥，0.50以上，0.75未満を半湿潤，0.75以上を湿潤としている。極乾燥，乾燥，半乾燥地域が，広い意味での「乾燥地」になる。

オーストラリアの半乾燥地域での気象観測の実施は，アデレードで1839年，多くは1880年代以降であり，ウエスタンオーストラリアの州都パースでも1876年からである。当初は，郵便局で気象観測を行っていた。

大陸南東部の穀倉地帯であるマレー川の中・下流域の広大なユーカリ低木林地域で，乾燥化が顕著に現れたのは，20世紀初頭である。乾燥指数を1881～1910年間の平均値と1911～1940年間の平均値を比べると，この間に，乾燥地は50～100 km以上拡大した（図1）。1970年代前半に，降水量は一時的に回復したが，現在も乾燥化が進んでいる。半乾燥地域に広がる小麦畑では飛砂をはじめとする深刻な砂漠化が発生しているが，砂漠化の原因は人為的インパクトだけではなさそうだ。

2 砂丘は「過去の気候の置き土産」

オーストラリア大陸は内陸から海岸にかけて同心円状に降水量が増加し，極乾燥地域～乾燥地域～半乾燥地域～半湿潤・湿潤地域へと変化する。植生も降水量の分布に対応して，極乾燥と乾燥地域には草原とアカシア低木林が，半乾燥地域にはユーカリ低木林が，半湿潤・湿潤地域にはユーカリ高木林が広がっている。不思議なことに，半乾燥地域のユーカリ低木林地帯にも，多数の砂丘が見られる（図2）。

オーストラリアでは，氷期・間氷期の繰り返しに対応して，砂漠も拡大・縮小を繰り返した。最終氷期の極相期には，現代の半乾燥地域も砂漠となっていて，砂丘が形成された。最終氷期の極相期以降，温暖・湿潤化し，1万年前に現在とほぼ同じ気候になったが，気候はその後も温暖・湿潤化を続け，7千～4千年前に，「ヒプシサーマル期（The Hypsithermal）」と呼ばれる，現在よりも高温で，湿潤な気候になった。

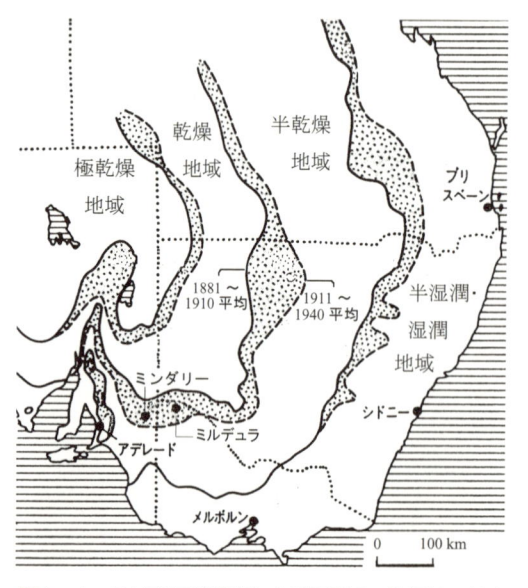

図1 オーストラリア南東部における最近の乾燥地の拡大
（Gentilli, 1971）

図2 オーストラリア南東部の気候地域と砂丘の分布
（大森，1980）

図3 マレー・マリー（ミルデュラ）とアデレードの月降水量残差和の経年変動と飛砂との関係 (Ohmori et al., 1983)
PD I および PD II は，開拓によって発生した砂丘の再活動期。

ヒプシサーマル期には，砂漠は現在よりも縮小し，湿潤化した部分では，砂丘はユーカリ低木林に覆われて，固定砂丘となった。ヒプシサーマル期以降，小さな寒暖を繰り返しながら，自然史的には，寒冷・乾燥化してきている。砂丘は「最終氷期の置き土産」であり，ユーカリ低木林は「ヒプシサーマル期の置き土産」であると言うことができる。

3 降水量変動と飛砂との関係

小麦畑の開拓地は，ユーカリ低木林に覆われた砂丘地帯である（写真1）。開拓に伴って多くの砂丘で飛砂が発生した。主な原因は，開拓のための樹木の伐採であるが，飛砂の激しい年と穏やかな年とが繰り返されている。

飛砂が発生するのは，砂丘の地表面の乾湿や植生が関係するが，このような地表の状態に影響を及ぼすのは，数ヶ月以上におよぶ乾燥である。こうした乾燥の状態は，その土地の平均月降水量と実際降った月降水量との差（残差）を求め，それを順次たし合わせた月降水量残差和がどのように変化しているかを分析することに

よって理解できる。月降水量が平均値より少ない月が続けば，残差和は減少し，乾燥した時期であったことがわかる。逆に，残差和が増加する時は，月降水量が平均値を上回った月が続いた時で，湿潤な時期を示す。なお，月降水量残差和が同じ−100 mmでも，平均年降水量が2,000 mmの地域と200 mmの地域とでは，平均的な降水状態に対する乾燥の度合いは異なる。土地ごとの乾燥の度合いを求めるには，月降水量残差和をその土地の平均年降水量で割った値に1,000をかけた値（‰：パーミル）で表す。

観測期間（アデレード：1839年1月〜1979年12月，マレー川流域：1889年8月〜1979年12月）の平均値を用いて計算したマレー川流域の月降水量残差和の経年変動と飛砂との関係（図3）をみると，激しい飛砂が発生するのは，1〜数年間，月降水量残差和が継続的に減少し，その総和がその地域の平均年降水量の500〜600‰を越えるほど乾燥した「降水量減少期」であることがわかる。そして，この降水量減少期に，乾燥地は急速に拡大した。

砂丘は乾燥した時代の遺物であり，それを固定しているユーカリ林は湿潤な時代の遺物である。乾燥化した現在，砂丘は動きやすく，また，ユーカリ林は，いったん伐採されると元には戻りにくい。乾燥地の拡大は砂漠化を発生させやすい自然条件を作り出している。開拓は，こうした自然条件を考慮して慎重に行なう必要がある。そうしなければ，結局は，「砂漠化」という自然からの手ひどいしっぺ返しを受けることになる。

写真1 ユーカリ低木林に覆われた砂丘と，開拓地（上方）
（1980年撮影）

（大森博雄）

13 Oceania
オーストラリアにおける砂漠化の進行

1 深刻な砂漠化

「オーストラリアでは，農民からも研究者からも，「乾燥しているから，木を切れば砂丘は動くものだよ」とよく聞かされる。砂漠化防止のために，農地に植栽を進める，作付け回数を減少させる，家畜の頭数を制限するなど，農民に対して様々な制約が要求される。一戸当りの土地所有面積が1,033haと大きいとはいえ，一家の収入確保を計り，経営を維持するためには，必然的に所有地の拡大が必要となり，行政もこの方向を砂漠化対策の一方法として推進している。しかし，その結果，農村人口は減少し，農村の中心地の商業活動は衰退する。農民の日用品，農具その他の購買先は商品数の少ない農村の商店から地方中心都市へと向かうことになる。螺旋的に下降する農村の経済・社会活動はやがて，郵便，電話，道路管理，学校そして電力の供給などのサービスをも破壊していく。かくして，「自然の砂漠化現象は人文・社会現象を『砂漠化』させることによってはじめて防止される」（Williams, 1978）と言われることになる」（大森，1986）。オーストラリアの穀倉地帯の砂漠化はその後も拡大し，道路跡と名前だけが残った昔の農村の中心部の跡地を各地に見ることができる。

2 マレー・マリーの砂丘の再活動

土壌や河川水の塩性化，土壌侵食，飛砂は砂漠化（desertification）の三大現象といわれる。どの現象が最も深刻かという軽重があるわけではないが，飛砂は広域的に被害をもたらすため，その防止対策が強く求められている。

大陸南東部のオーストラリア最大の川であるマレー川の中・下流域には，広大なユーカリ低木林が広がっている。マレー・マリーと呼ばれ，オーストラリアの代表的な穀倉地帯である。

オーストラリアの半乾燥地域は最終氷期（極相期は約18,000年前）の頃，砂漠となってお

写真1 マレー・マリーの再活動砂丘（1980年撮影）

り，砂丘が形成された。これらの砂丘はその後ユーカリ林に覆われて，現在は固定砂丘となっている。小麦畑の開拓は砂丘を覆っていたユーカリ林の伐採から始められた。樹木が伐採されると，砂層の地表面は乾燥する。同時に風が地表を直接吹くことになり，飛砂が発生する。固定砂丘が再び活動するので，「砂丘の再活動」と呼ぶことが多い（写真1）。再活動砂丘の風上側では激しい風蝕が起こり，風下側では運ばれてきた砂が堆積して，農耕地や林を埋めていく。風下側では薄いが広く砂層が堆積するので，荒廃した土地の面積は大きなものとなる。入植以降の新聞記事によると，1930年代には，強風によって砂嵐が発生し，砂が羊の毛の中に入り込み，その重みで動けなくなった羊が砂に埋もれて多数死んだこともある。

3 砂丘の再活動の閾値（しきいち）と開発可能な砂丘

ところで，開拓された土地ではどこでも再活動砂丘が見られるかというと，そうではない。再活動砂丘は広大な農牧地の中に，一列あるいは数列が群となって，パッチ状に分布している（図1）。一列，二列であっても，再活動砂丘の面積は10haや20haは小さい方で，時には100ha以上にもなり，被害は甚大である。どうして再活動砂丘はパッチ状の分布になるのだろうか。どのような条件の場所で砂丘は再活動するのだろうか。この分布に砂丘の再活動を

図1 マレー・マリーの農耕地でパッチ状に発生する砂丘の再活動（Ohmori and Wasson, 1985）

ミンダリー，ハリドンは名前だけの集落跡地。

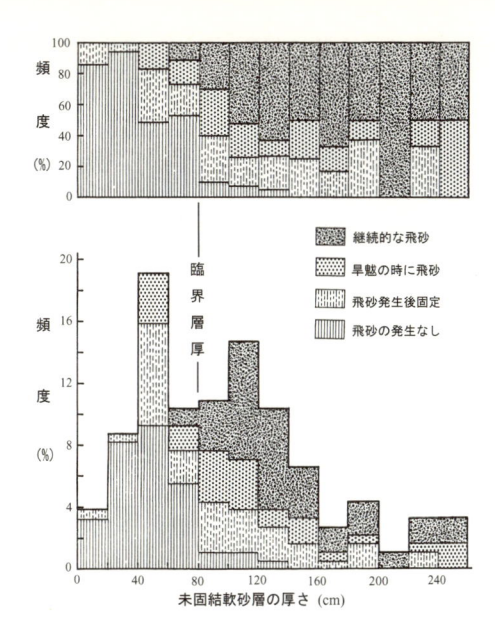

図2 未固結軟砂層の厚さと砂丘の活動形態との関係
（Ohmori and Wasson, 1985）

上図は厚さごとに100％，下図は全体を100％で表現。

発生させないためのヒントがある。

　砂丘を構成する砂層は石英質砂層と石灰質砂層とに大別できる。石英質砂層は未固結で粘土分が少なく，透水性が高く，乾くとさらさらする。石灰質砂層は粘土分が多く，透水性が低く，乾くと石灰分が固結して石灰化する。飛砂を起こすのは，主として石英質砂層であることがわかった。この石英質砂層は「未固結軟砂層（loose sand）」と呼ばれ，未固結軟砂層の厚さは砂丘ごとに異なる。

　一方，砂丘の活動形態をみると，Ⅰ：飛砂が発生して以降，現在まで活動が継続している砂丘，Ⅱ：飛砂発生後植生に覆われたが，干ばつの時には再び飛砂が発生するということを繰り返す砂丘，Ⅲ：開拓後飛砂が発生したが，その後植生によって固定されてしまった砂丘，Ⅳ：開拓しても飛砂が発生しなかった砂丘，の四つの活動形態に分けられた。

　未固結軟砂層の厚さごとに，活動形態Ⅰ～Ⅳの砂丘が占める割合を見ると（図2），未固結軟砂層の厚さが40cm以下の場合はⅣの砂丘がほとんどを占め，開拓しても飛砂が発生しない場合が多い。未固結軟砂層の厚さが40cm以上，80cm以下の場合には，ⅢとⅣの砂丘が70％以上を占め，開拓しても飛砂が発生しないか，発生してもすぐ収まってしまう。しかし，未固結軟砂層の厚さが80cmを越えるとⅢとⅣの砂丘の割合は急激に小さくなり，ⅠとⅡの砂丘が60％以上となる。特に，Ⅳの「飛砂の発生しない砂丘」の割合は10％以下となり，代わりにⅠの「継続的に活動を続ける砂丘」の割合が30％以上になる。未固結軟砂層の厚さが80cmを越えると，厚くなればなるほど飛砂現象は激しくなる。すなわち，未固結軟砂層の厚さが80cmを越える砂丘では，開拓するとそのほとんどで飛砂が発生し，しかも継続的に活動したり，干ばつのたびに活動を再開する砂丘が多いことがわかる。したがって，砂丘の再活動に対する閾値（臨界層厚）は「未固結軟砂層の厚さが80cm」と判断される。マレー・マリーの開発においては，未固結軟砂層の厚さが80cmを越える砂丘を除いて開拓すべきであり，そうすることによって砂丘の再活動の発生が防止でき，持続的で健全な農牧業を行うことができる。

　砂漠化の原因や発生過程，地表現象のタイプや被害の大きさは地域によって大きく異なる。砂漠化の発生過程には，解明されていないことの方が多く，防止対策は試行錯誤の段階である。地域ごとの「砂漠化の閾値」の解明が急がれる。

（大森博雄）

14 Oceania 太平洋地域におけるカツオ・マグロ資源の管理と利用

1 カツオ・マグロの資源

近年，欧米や中国をはじめ世界中で水産物の需要が拡大する一方で，マグロ資源は乱獲されて枯渇の危機に瀕している。特に，ミナミマグロやクロマグロ（大西洋）が顕著である。三大洋別のカツオ・マグロ漁獲量では太平洋海域が突出しており，近年，300万トンに達する勢いである。

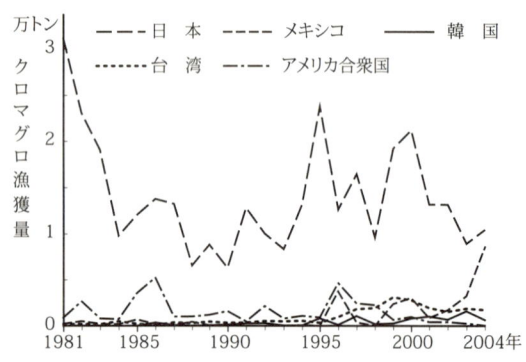

図1　太平洋海域のクロマグロ国別漁獲量（1981～2004年）
ISCの資料により作成。

魚種別には，最高級魚のクロマグロの年間漁獲は最大3万トン程度で周期的に変動している。日本や台湾，韓国が延縄，旋網で，アメリカ合衆国とメキシコが旋網でそれぞれ漁獲する（図1）。近年，漁獲の約90％は2歳魚以下の未成熟の小型魚で，資源減少が懸念され，日本やメキシコで蓄養が始められた。同様に，ミナミマグロの資源も問題視される。公海域で日本や台湾，韓国が，沿岸域でニュージーランドなどが延縄や旋網で漁獲してきたが，1980年代後半より漁獲量は2万トンを割り込み，ピーク時（1961年）の3分の1以下となった。刺身や缶詰原料となるビンナガマグロは日本など遠洋漁業国に加えて，フィジーや米領サモア，ソロモン諸島など南太平洋島嶼国が竿釣りや延縄，曳縄で漁獲している。近年は島嶼国の漁獲量が伸びている。キハダマグロも，1990年代にイルカ混獲原料缶詰の不買で減少したが，その後，80万トンを超えている。漁法の主流は1980年代初めに延縄から大規模な旋網へ変化した。メバチマグロの漁獲量は中西部太平洋海域で顕著に増加している。漁法は延縄のほか，1990年代から浮き魚礁による旋漁が急増し，小型魚を漁獲するようになった。熱帯域を産卵域とし，北緯・南緯約40度までを分布域とするカツオは1990年代から100万

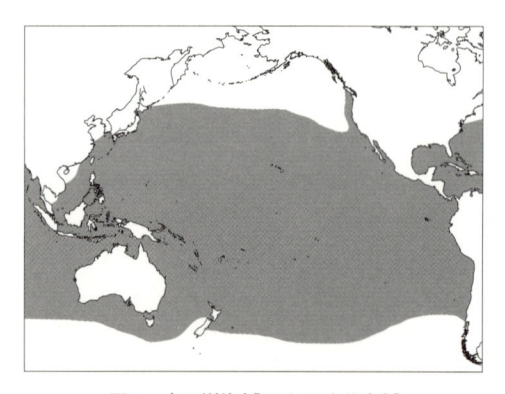

図2　太平洋海域のカツオ分布域
水産庁の資料により作成。

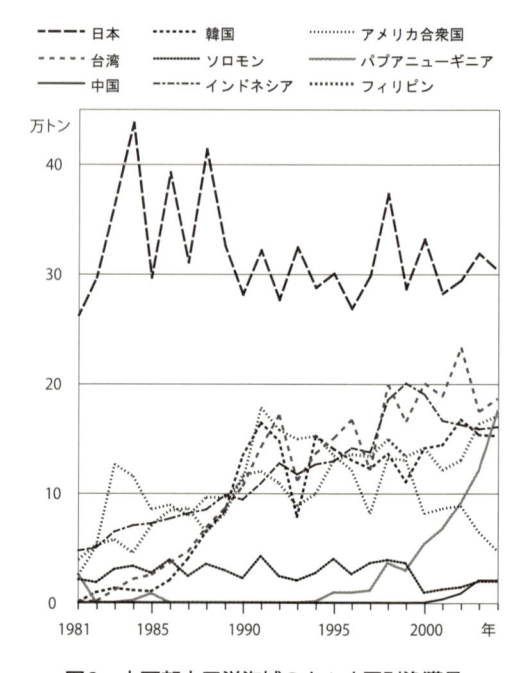

図3　中西部太平洋海域のカツオ国別漁獲量
（1981～2004年）　SPCの資料により作成。

トンを超えている（図2）。東部海域では、エクアドルやメキシコ、アメリカ合衆国などが旋網で漁獲して缶詰原料にしている。中西部海域では、日本や韓国、台湾が竿釣りや旋網で漁獲して刺身や鰹節、缶詰の原料にしている（図3）。

2 国際的な資源管理

世界中の海域において過剰な漁獲にさらされたマグロは、高度回遊性魚種であるため、各国の単位でなく、回遊範囲の海域ごとに地域漁業管理機関を設立して、関係国の協力で貿易制限などの取り組みを行い、乱獲防止と資源管理を強化するようになった。太平洋海域には、WCPFC（中西部太平洋まぐろ類委員会）があり、日本など22ヶ国とEC、台湾が加盟している。現在、FOC（便宜置籍船）によるIUU漁業（違法・無報告・無規制の操業）が問題視される。そのため、マグロ資源のデータ収集や漁船登録、監視などの制度が設けられ、近年、漁獲規制を遵守する漁船以外からのマグロ輸入を認めないポジティブリスト措置も導入された。

1982年の国連海洋法条約による200海里漁業水域で海洋大国となった島嶼国は、カツオ・マグロ漁業資源に関する保全・管理・開発の権益を得るために、南太平洋地域内でその連携を図った。1979年に設立されたFFA（フォーラム漁業機関）は南太平洋島嶼国など17ヶ国・地域で構成され、島嶼国の漁業権益を行使する機関で、水産の情報収集や調査研究、水産政策の援助と助言、島嶼国の入漁手続き代行、国際機関との協議・調整などを業務とする（図4）。

3 資源の活用と開発

排他的経済水域の一つが200海里漁業水域であり、ソロモン諸島を筆頭に南太平洋島嶼国がそれを設定した。島嶼国全体の200海里漁業水域の総面積は太平洋の約3分の1に相当する3,000万km²ほどの広大なものである。キリバスの場合、陸地面積の約4,400倍の約360万km²に及ぶ。

島嶼国は外国漁船の操業に際して漁業協定を締結し、登録料と入漁料を徴収している。日本は9ヶ国との間で漁業協定を締結した（図4）。入漁料は、カツオ・マグロの延縄漁船と竿釣り漁船で漁船単位の水揚げ金額の5％、旋網漁船で一定額の年間許可料の場合が多い。南太平洋海域で操業する外国漁船が毎年、1,500隻以上に及び、入漁料は島嶼国の大きな外貨獲得源になっている。

島嶼国は、資源ナショナリズムの具現化を図るべく、直接的に漁業開発に参画する方策を持っている。自力の企業化を最終目標に、沖合海域のカツオ・マグロを対象に海外企業との合弁事業を進めている。海外企業には安定的な漁獲と加工が、島嶼国には膨大な外貨獲得の機会が得られる。鮮魚や冷凍魚として輸出する合弁企業はミクロネシア連邦やパラオ、キリバスなどにある。日本やアメリカ合衆国、台湾などとの合弁企業が、刺身原料として日本へ、缶詰原料としてアメリカ合衆国や東南アジアへ輸出している。缶詰加工プラントが米領サモアとフィジー、ソロモン諸島にある。これらの缶詰の消費は島嶼国では1％程度にすぎず、その大部分は欧米や日本などへ輸出されている。日本資本との本格的な合弁事業はソロモン諸島とパプアニューギニアにあったが、現在はすべて撤退した。しかしながら、ソロモン諸島では鰹節（荒節）製造が行われている。

南太平洋海域のカツオ・マグロ資源は、大西洋に比べ、クロマグロを除く資源にまだ余裕があるという見方もあるが、漁業者の経験知では、資源の減少が不可避の状態にある。持続可能な水産振興を前提とすれば、大規模商業型漁業と、沿岸海域の自給的な漁業で均衡のとれた資源の管理と開発が求められている。

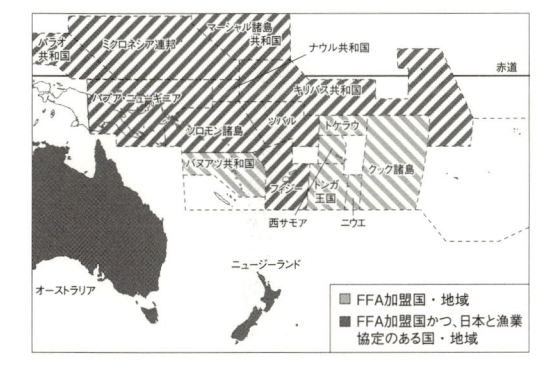

図4　南太平洋地域の漁業協力
米山（2005）などにより作成。

（若林良和）

15 Oceania 地球温暖化の被害を受けるツバル

1 地球温暖化と海面上昇

国連のIPCC（「気候変動に関する政府間パネル」：Inter-governmental Panel Climate Change）の第3次評価報告書（2006年2月）によれば，今世紀末の地球の平均気温は現在よりも1.4～5.8℃上昇すると予測している。過去100年間の年平均気温（平年差）が0.67℃の上昇だったことからみても，地球温暖化は顕著である（図1）。その原因は，石油や石炭など化石燃料の利用増大，森林破壊の進行で，二酸化炭素やメタンなど温室効果ガスの排出量が大幅に増加したことにある。その結果，豪雨や熱波など異常気象，干ばつ，砂漠化，海面水位の上昇が生起し，農作物への被害，陸地の水没，生態系の変化，伝染病の増加など重大な影響が出始めている。今後も地球温暖化が進行すれば，近未来に問題が深刻化し，人類の脅威となる可能性は高い。

地球上の海面上昇は，過去100年間で約20～30cmであったが，IPCCによると，今世紀中に最大で1mほど上昇するという。その原因は，不確定な要因があるものの，地球温暖化により，氷河や氷床，氷冠が融解し，また，海水が熱膨張することにある。その影響を受けているツバルは「地球温暖化で最初に沈む国」といわれる。

2 海岸侵食と陸地浸水

ハワイとオーストラリアのほぼ中間にあるツバルは，人口約1.1万人の島嶼国で，面積26km²と沖縄県の与那国島に相当し，世界で4番目の小国である。多くの島が珊瑚礁のリング状に隆起した環礁であり，標高は最高約4m，平均2m以下である。国際空港のほか首都機能が集積するフナフティ環礁のフォンガファレ島は，全長4～5km，幅400～500mの島で低平である（図2）。ツバルは，国土が狭くて天然資源も乏しいために，経済基盤も脆弱で，確固たる財政基盤がない。海面上昇で問題になる最高潮位は，ツバルの場合，2000年代に入ると常時3mを越えるようになった。

1990年代まで問題視されたのは海岸侵食であった。海流や波などによって海岸が削り取られ，陸地は徐々に減少する。通常の侵食が

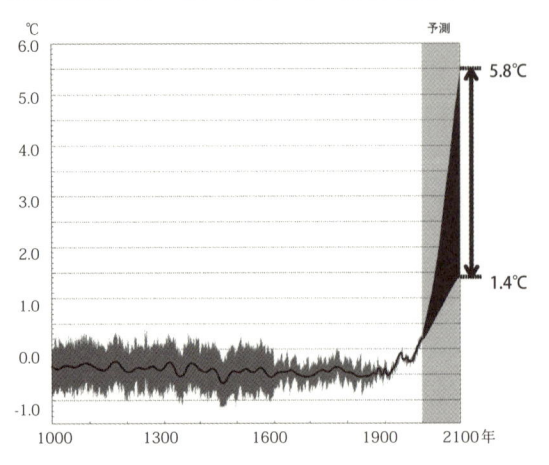

図1 地球の気温変動（1000～2100年）
IPCCの資料による。

図2 フナフティ環礁

100年間で5cm程度であるのに，ツバルでは，その程度の侵食は1日で進む場合もある。それは，隆起珊瑚礁の石灰質の部分よりも海面の位置が高くなると，サンゴの死骸や有孔虫の殻の砂は軽いために流失してしまうからである。陸地が一日で水面下に入って海になることさえある。そして，島の海岸線から砂浜が消えて岩場となり，また，ヤシも根元が侵食を受けて海側に傾き，倒木している島も多い。さらに，海岸侵食で流失した土砂がサンゴに影響を与え，サンゴの消失が進むと，海岸侵食をさらに加速させるという悪循環に，ツバルは陥っている。

1999年ごろから，地下淡水層へ進入した海水が湧出して，陸地浸水，さらに，洪水となる問題が新たに発生した。多くの島が隆起珊瑚礁であるため，海面が上昇することで，海面より低くなった地面の下から，地中に留まった地下水と海水が噴き出る。大潮の時期には，浸水が1m近くに達し，洪水状態に陥ることもある（写真1）。こうした洪水は自然環境の破壊，さらには，国家財政や国民生活に被害を与えている。たとえば，フナフティ島の北にあるアマック島には，外貨獲得源として貴重な外国船員を約300人輩出しているツバル国立海員養成学校があるが，この校地内での浸水も激しく，教育に支障をきたしている。土壌は肥沃でないために，農作物はプラカ（タロイモの一種）やココナッツなどに限られる。それで，海面上昇による塩分の強い水がプラカの畑に侵入して収穫できず，自給自足の農業と生活に打撃を与えている。

写真1　浸水被害を受けるツバル （2002年）
全国地球温暖化防止活動推進センターウェブサイトより
(http://www.jccca.org/)

3　ツバルと国際社会の対応

ツバル政府は，国連など国際会議で国内の窮状を報告し抜本的な対策を求めており，国民の移住計画や国際的な損害賠償請求を検討している。政府は，島での居住が不可能となることを想定して，環境難民ともいわれるツバル国民の海外移住を2000年2月に計画し，政治的・経済的に関係の深いオーストラリアとニュージーランドに受入を要請した。オーストラリアは受入拒否したが，ニュージーランドは年間75人を上限とした受入に合意した。ただし，これは毎年，ツバル人に労働ビザを発給し，実質的な永住権を付与するものである。ニュージーランドは，国際関係や国内事情を考慮して，難民ではなく，労働者として受け入れている。それから，温室効果ガス排出国のアメリカ政府やオーストラリア政府，欧米の石油会社や自動車会社など排出企業に対して，損害賠償請求を起こす動きもある。

世界的には，地球温暖化を抑制するために，1997年12月に「京都議定書」が合意された。各国が多様な取り組みに着手しているものの，温室効果ガスの排出量は増加している。また，排出量ベースで多くを占めるアメリカや中国，インドなどが排出抑制の義務を負っていないため，効果的な防止になっていない。

地球温暖化の最前線にあり，国家存亡の危機に直面しているのはツバルに限らない。南太平洋地域では，キリバスやマーシャル諸島，フィジー，トンガでも被害が発生している。また，インド洋のモルディブも「絶滅危惧国」と称して国連などで国土消失の是正を訴えている。地球温暖化の問題は，先進国が温室効果ガスを排出し，途上国が被害に遭い，南北問題の様相を呈した状況にある。

温暖化防止策が不十分な現在，温室効果ガスの排出を効果的に削減するには，まず，政治的に地球規模での国際協調や国際協力が，そして，技術的にバイオマスや太陽光発電など石油燃料の代替となるクリーンエネルギーの開発が，それぞれ不可欠になっている。

（若林良和）

16 Oceania
オーストラリアの多文化主義と移民問題

1 多文化主義の導入と移民の出身国の多様化

多文化主義（Multiculturalism）とは，個人や集団がもつ固有の文化を尊重し，文化的相違が不利にならない公正な社会をめざす理念をさす。かつて白豪主義を標榜しヨーロッパ系白人以外の移民を排除してきたオーストラリアがこの理念を正式に採用したのは，1973年のことであった。

多文化主義の導入によりオーストラリアの移民政策は大きく変わった。まず入国審査の基準から「人種」が外された。1940年代半ばから60年代にかけて，移民受け入れの範囲はアングロ・ケルト系から非英語圏出身者を含めたヨーロッパ系に広げられており，ハンガリーやチェコスロバキアなどの東ヨーロッパからの難民（1947～1951年）およびイタリア・ギリシャを中心とする南ヨーロッパの国々から労働移民（1950～60年代）が受け入れられていた。1973年にはこうしたヨーロッパ系への限定も撤廃されたのである。

審査基準の変更はアジア系移民の入国を促し，1970年代から1980年代にかけて，ベトナムからの難民と香港からのビジネス移民が増加した。他に，オーストラリア人男性と結婚したフィリピンからの移住者が著しく増えている（Jupp, 1998）。このようなアジア系移民の受け入れにより，オーストラリア国民の出生国別構成は過去30年間で大きく変化した（表1）。近年はスーダンや南アフリカ共和国などのアフリカ大陸からの移住者も増加し，オーストラリア社会における民族文化の多様化はさらに進展している。

2 多文化主義政策批判の興隆

多文化主義の導入は，オーストラリアの福祉政策にも大きな影響を及ぼした。多文化主義導入を決定したウィットラム労働党政権（1972～1975年）は低所得の移民を対象とした福祉政策や多言語サービスを実施し，続くフレイザー自由党・国民党連合政権（1975～1983年）は非英語圏出身の移民に向けた多文化サービスを大幅に拡充した。しかし，1980年代半ばに入ると，このような多文化サービスの提供はオーストラリア社会の主流派を自認する人々（アングロ・ケルト系オーストラリア人）の反発を招き，1990年代後半に多文化主義批判は頂点を迎えた。

1990年代後半の多文化主義批判を拡大させたのは，下院議員のポーリン・ハンソンである。1996年に初当選した彼女は，議会での初めての演説においてアボリジニへの特別支援や移民への多文化サービスの廃止およびアジア系移民の受け入れ制限を求め，その名を一躍人々に知らしめることとなった。彼女の主張は，人種差別的であるとして厳しい批判にさらされる一方，多くの人々の共感を呼び，これを追い風に1997年にはワンネーション党（Pauline Hanson's One Nation Party）が結成された（関根，2002）。

こうした情勢を受けて，ジョン・ハワード率

表1　国別海外出生人口主要14ヶ国　単位：千人（%）

	国名	1971年	2004年
1	イギリス	1,081.3(8.5)	1,190.9(5.9)
2	ニュージーランド	74.1(0.6)	442.2(2.2)
3	イタリア	288.3(2.3)	227.9(1.1)
4	中国（香港・台湾を除く）	17.1(0.1)	182.0(0.9)
5	ベトナム	-(-)	176.6(0.9)
6	ギリシャ	159.0(1.3)	128.7(0.6)
7	インド	28.7(0.2)	128.6(0.6)
8	フィリピン	2.3(0.02)	125.1(0.6)
9	ドイツ	110.0(0.9)	116.1(0.6)
10	南アフリカ	12.2(0.1)	109.2(0.5)
11	マレーシア	14.4(0.1)	97.8(0.5)
12	オランダ	98.6(0.8)	88.7(0.4)
13	レバノン	23.9(0.2)	84.3(0.4)
14	香港	5.4(0.04)	76.5(0.4)
	海外出生者総数	2,546.4(20.0)	4,750.9(23.6)
	オーストラリア人口総数	12,719.5(100.0)	20,111.3(100.0)

（　）内はオーストラリアの総人口に対する割合。2004年は推計値。
ABS（2006）により作成。

いる自由党・国民党連合政権（1996～2007年現在）は多くの多文化サービスを廃止あるいは縮小し，文化の多様性の尊重よりも国家への忠誠心を強調する政策を続けてきた。しかし多文化主義批判は収まらず，次に説明するように，「主流派」を自認するオーストラリア人の一部が「寛容の限界」を暴力で訴えるに至る。

3 深まる亀裂——クロヌラビーチの暴動

2005年12月11日，シドニー南部のクロヌラビーチ（図1）で，アングロ・ケルト系とみられる若者集団による暴動が発生した。ビーチに集合した若者たちは人種差別的なスローガンを唱え，その後暴徒と化して中東系の通行人に襲いかかり，周囲の自動車や建物を次々に打ち壊した。この暴動の発端は，前週に起きたクロヌラビーチでの数名のレバノン系の若者によるライフセイバーへの暴行事件である。これに対して地元の若者の間で報復を呼びかけるメールが回り，ビーチに集まった約5,000人の若者が上記の行動に出たのである（ABC, 2005）。

暴動を起こした若者たちは，シドニー南西部郊外に在住するレバノン系の若者を標的としていた。2001年のセンサスによれば，レバノン生まれのシドニー在住者の総数は51,956人[1]，居住分布は工業地区である南西部郊外に偏っている（図1）。特にバンクスタウンにはシドニーにおけるレバノン生まれの人口の約5分の1が在住し，レバノン系住民の集住地区として知られる。

なぜこの地区のレバノン系の若者が標的になったのだろうか。原因の一つに挙げられるのは，「主流派」オーストラリア人によるアラブ系ムスリムに対する潜在的な敵意である。イスラム教過激派が関わった2001年9月11日のアメリカ同時多発テロ事件および翌年のバリ島での爆破事件[2]により，オーストラリア国内ではアラブ系ムスリムを脅威とみなす人々が増えていた（Kabir, 2004）。さらに，2001年頃からシドニー南西部郊外のレバノン系の若者による白人女性への集団強姦が大きく報道され[3]，この地区のレバノン系の若者はオーストラリア社会にとって有害な集団であるという見方が強まっていた。このように醸成された敵意が，ライフセイバーへの暴行事件を契機に噴出したと考えられる。

クロヌラビーチの暴動に対しては，これに反対するためにメルボルンで大規模な反人種差別のデモ行進が組織された。しかし一方で，国旗をモチーフにしたバッヂなどを衣服やカバンにつけて暴動への共感を示す行為が流行するなど，主流派を自認する若者の間で広まったのはむしろ排他的なナショナリズムのようにみえる。深まる民族間の亀裂を克服する方策として，多文化主義に回帰するのか，それとも民族文化の多様性を突き抜ける共通の理念を作り上げていくのか。多民族国家オーストラリアの模索は続く。

---

1) レバノン系の若者の多くは，オーストラリア生まれの移民二世であるため，この統計には含まれていない。
2) 2002年10月12日，バリ島（インドネシア）のパブが爆破され，88名のオーストラリア人が犠牲となった。
3) レバノン系の若者による集団強姦の件数は他の民族集団に比較して必ずしも多くなく，このようにメディアが強姦事件でレバノン系の若者を集中して取り上げるのは民族的偏見に基づくものとする報告もある（Kabir, 2004 p.298）。

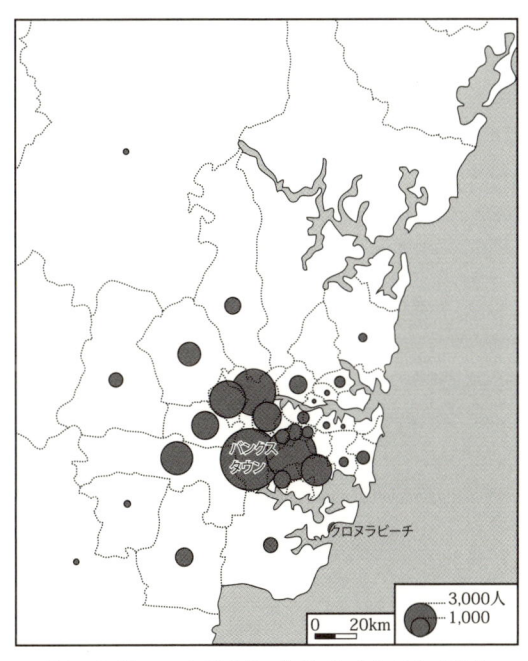

図1　シドニー：LGA別レバノン生まれの人口分布
CRC（2003）により作成。

（吉田道代）

17 Oceania 留学生の急増とグローバル都市・メルボルン

1 オーストラリアのグローバル都市

オーストラリアで最も有名な都市はと聞けば，まずはシドニーの名を挙げる人が大半ではないだろうか。また，オーストラリアで最もグローバルな都市はどこかと聞かれれば，やはりシドニーと答える人が多いだろう。もちろん，これは間違いではない。オセアニアの金融センターとして成長するシドニーは，確かに「世界都市」である（Connell, 2000）。

しかし，オーストラリアを代表する世界的イベントの多くはシドニーではなくメルボルンで開催されている。南半球初のメルボルン夏季オリンピック（1956年），テニスの全豪オープン，F1グランプリ，競馬のメルボルンカップ等々である。メルボルンは，2001年のセンサスでは都市圏人口約313万人を擁する国内第2位の大都市である。メルボルンは確認されているだけで170以上の民族グループが共存する多文化共生都市である。19世紀中盤以降のゴールドラッシュ期にはイングランド・アイルランド系とイタリア系，中国系の移民が，第一次世界大戦期にはギリシア等の南欧系が，第二次大戦期には北欧や東欧系の多くの移民がオーストラリアに渡った。都心（CBD）に隣接したカールトン地区にはイタリア人街が，また，CBDおよび北部郊外にはギリシア人街が形成され，そしてCBD東部のリッチモンドにはベトナム系移民が集住する。CBDには規模の大きなチャイナタウンがあるほか，郊外鉄道の拠点駅の周辺にはいくつもの中国系コミュニティが点在している。

2 メルボルンにおける留学生の急増

ところで，金融のみが「グローバルな都市」の要件とは言えないだろう。メルボルンはオーストラリア国内では「万年2番手」なのだろうか。O'Connor（2004）によれば，メルボルンはもともと留学生の多い都市であった

が，とくに1990年代を通じてアジア系留学生が急増したことにより，従前にも増してグローバル化したという。図1は，主要国における受け入れ留学生（大学，大学院）の出身地域を示したものである。この図によれば，留学生数からみるとオーストラリアは世界第5位である（2003年）。アジア系留学生の多さはすべての国に共通することであるが，オーストラリアの場合はアジア系の留学生が全留学生の77％に及ぶ。

図2は，メルボルンにおける1991年と2001年の大学生数を示している。CBDの北に隣接してメルボルン工科大学（RMIT）が立地し，その北側にはメルボルン大学が立地する。両大学とも市内を縦横に走るトラム網で結ばれており，交通アクセスは良好である。1991年の学生の分布をみると，主として上記2大学の周辺に集まって居住しており，学生の多い街区は，全居住者に占める学生の割合も高いことがみてとれる。1991年の時点ではメルボルン市内に居住する大学生数は5,857人であった。この中で，CBDに居住する大学生数は総数でも97人に過ぎなかった。2001年の状況をみると，大学生数の急増の様子が顕著に表れ

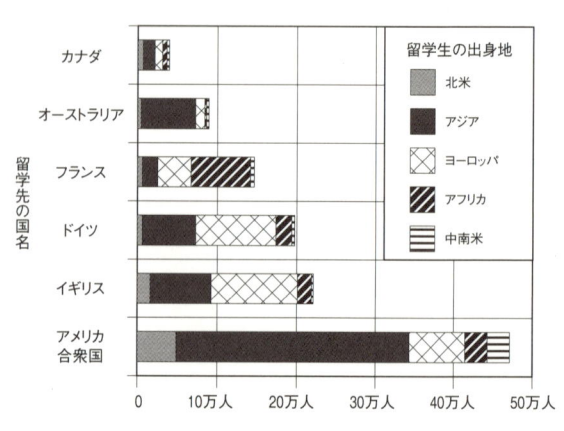

図1　留学生の出身地と留学先（2003年）
O'Connor（2004）により作成。

ている。大学生の居住地は両大学の周辺にとどまらず，CBDや南部に隣接するサウスバンク地区を含めたメルボルン市内全域に拡大した。2001年におけるメルボルン市内の大学生数は12,707人に拡大し，さらにCBDに居住する大学生数は2,059人にのぼる。

こうした留学生の急増は，オーストラリア政府による1980年代後半の大きな政策転換に起因する。すなわち留学生の受入方針は，従前のオーストラリア政府による国費留学生（大学院生）中心から，自ら学費を支払う学部生を中心とした受入へと大きく方向転換された。メルボルン大都市圏に立地する主要な大学では，全定員に占める留学生の割合は，1990年代初頭に

は20％を，そして1997年以降は25％を超えて推移している（O'Connor, 2004）。この数字はシドニーを大きく上回る。

3 メルボルンはグローバルか？

Tsutsumi and O'Connor（2006）によれば，メルボルンのCBDでは過去10年に住居機能が戸数・床面積とも10倍以上に急増した。このようなCBDにおける優良住宅の出現は，ジェントリフィケーションの視点から議論されることが多い。ところが，メルボルンでは，図2に示した通り，CBDに出現した優良高層アパートの主たる入居者は，ヤング・エグゼクティブやDINKS（子どものいない共稼ぎ世帯）と並んで留学生が挙げられる。例えば，メルボルンCBDの高層アパートの1室（2ベッドルーム，定員4人）を半年以上の契約で入居する場合，1ヶ月の家賃は10万円前後で賃借が可能である。例えば，この部屋で出身国の同じ4人が共同生活を送る場合，快適な都心居住が1人当たり25,000円程で実現することになる。オーストラリアの学生は週20時間までのアルバイト就労が許可されている。レストランでの平均的な時給は10〜13豪ドル（1豪ドルは約93円，2007年2月現在）程度のため，このアルバイト収入だけでも十分に家賃負担が可能である。

メルボルンはアングロ・サクソン系の文化を基軸としつつも，ヨーロッパ各国の文化が融合し，さらにはアメリカとアジアの文化が付加された多文化共生都市である。急増した留学生がCBDの高層アパートに居住し，同時に増加した各国レストラン等にてバイリンガルな即戦力としてパートタイム雇用に従事している。主要な大学がCBDに近接して立地するメルボルンでは，留学生の急増は，雇用や都市内部構造の変化に直結する大きなインパクトがある。多くの留学生が都市に異文化性や多様性を付加することで，経済的視点と比べて遜色のない，文化的なグローバル都市が出現している。留学生の増加とその影響という視点からみれば，メルボルンはニューヨークやロンドンと並ぶ世界トップクラスのグローバル都市といえるだろう。

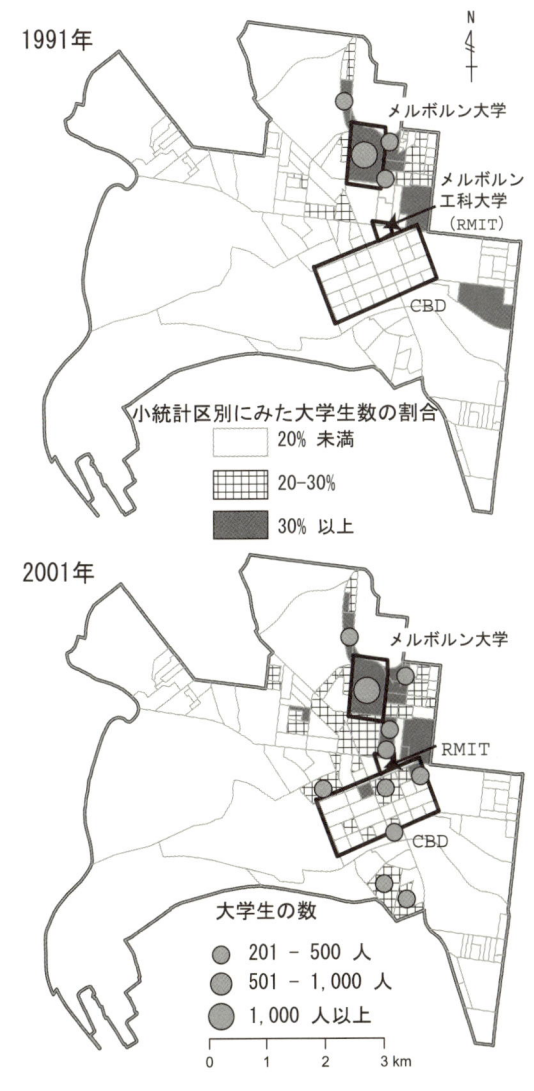

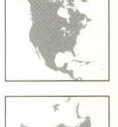

（堤　純）

図2　メルボルンにおける大学生（1991, 2001年）
オーストラリア統計局（ABS）国勢調査データにより作成。

18 アフリカですすむ市場自由化と民主化の影響

1 市場自由化の背景——対外債務問題

1980年代にアフリカ諸国において相次いで市場自由化が実施されるようになった背景を理解するためには、1973年と1979年の二つのオイル・ショックに端を発する1970年代の債務問題を理解しなければならない。

2回のオイル・ショックで産油国に蓄積された膨大な黒字は、その約5割（1,000億ドルを大幅に超える額）がオイル・マネーとしてユーロ市場に流れたといわれる。

このオイル・マネーが、先進国はもとより石油を産出しない発展途上国、とりわけラテンアメリカに大量に流れた。債務を膨らませていたラテンアメリカ諸国は1970年代末までに返済問題に直面することとなった。1982年にまずメキシコが借入債務の元利支払いの困難に直面し、続いてブラジル、アルゼンチン、ベネズエラが債務返済の困難に直面した。この時のメキシコとブラジルの債務額は800億ドルを超えていた。

アフリカ諸国が抱える対外債務の額は（産油国ナイジェリアを除けば）メキシコやブラジルで問題になった額と一桁も違う規模のものであった。1988年に熱帯アフリカ諸国が返済すべき債務は210億ドルであった。しかしアフリカ諸国は債務返済比率が高い水準（たとえば、対国民総生産比ではアフリカの対外債務は平均90％。メキシコ、ブラジルは60％以下）にあるという理由から、債務危機がさけばれるようになった。

こうして国際金融システムの崩壊を恐れたIMFは、世界銀行と協力して債務危機の解決に乗りだすことになった。そしてとられた対策が構造調整政策の実施である。

2 構造調整政策の開始——市場の自由化

IMFが示した処方箋は、輸入の抑制と輸出の奨励により貿易収支を黒字にし、それにより金利支払いが行えるようにしようというものであった。そのため、通貨の切り下げ、政府の財政支出の削減、政府関係機関の縮小・民営化、各種規制の撤廃、補助金の削減などが必要と考えられた。これらの政策を採用することを条件に、IMFと世界銀行が協調して構造調整融資を行うことになった。国際機関が、一国の経済政策に条件を付けること（コンディショナリティ）に対し、政府も国民も反発した。政府は、自らの権力基盤が崩壊することを恐れて反対し、国民は国家の主権侵害だとして反対した。しかし、結局1980年代に多くのアフリカ諸国で構造調整政策が開始され市場の自由化が推進された。

3 構造調整政策の影響

図1に示したのは主要アフリカ諸国における対外債務の変化である。1970年代に急増しはじめ、1990年代中頃に頂点をなし、その後停滞ないし減少に向かっている。この点に関する限り構造調整計画は一定の効果があったといえよう。

図2に示したのは、ナイジェリアとザンビアの自由化前後の為替レートの変化である。この急激な通貨の切り下げにもかかわらず輸出はあまり伸びず、逆に輸出品の価格高騰が国内

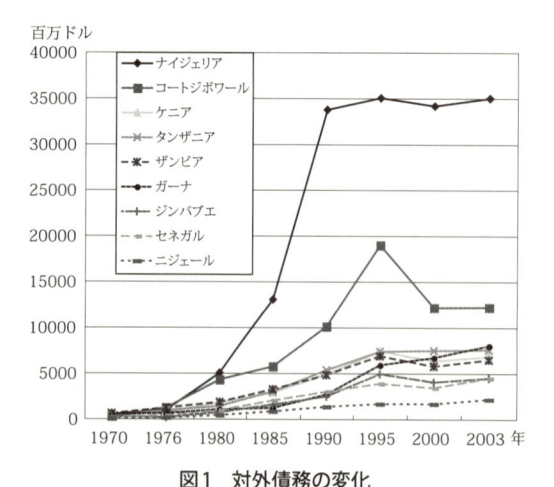

図1 対外債務の変化
World Bank, World Development Report の資料により作成。

図2 ナイジェリアとザンビアの通貨の切り下げ
Andersson, et al.（2000），Central Bank of Nigeria（1995）の資料により作成。

インフレを引き起こし，構造調整計画実施中の1980年代は，多くの国で国内生産が停滞した。そのことを指して「失われた10年」ということがある。市場の自由化は必ずしも経済の活性化に結びつかなかったのである。

4 国際政治の変化とアフリカの政治

1980年代末には政治的変革の波がアフリカを襲った。1989年のベルリンの壁崩壊と，それに続く1991年のソ連の崩壊のインパクトの影響である。

1962年のキューバ危機の後ソ連は，アフリカに対する軍事的援助を拡大した。その結果，1965年以降，サハラ以南アフリカ地域に対するソ連の軍事援助額はアメリカ合衆国のそれを上回ってきた。1960年代に政治的独立を達成したアフリカ諸国の政治的支配者の中には，社会主義体制に共感する指導者も多く，ソ連の進出を歓迎する国が少なくなかった。

これに対しアメリカ合衆国では，社会主義拡大に対する脅威を理由にアフリカに対する経済援助拡大を主張する意見と，アフリカの経済発展は基本的に旧宗主国が取り組むべきであるとするリベラル派の意見が対立し，一貫した政策がとられない状況が続いていた。

アフリカ諸国の政治的支配者たちは，国際政治に見られるこのような複雑な二極構造を巧みに利用して，国内的には一党制支配や軍事独裁といった政治体制を維持してきた。しかし，ベルリンの壁崩壊以降，東西の対立構造を利用する政治手法は通用しなくなった。西側諸国はアフリカの社会主義化を恐れることもなく，政治の民主化を要求するようになった。

5 アフリカ諸国における政治の民主化

1990年代にはいるとアフリカ大陸を民主化の風が吹き渡った。最も劇的な変化を遂げたのが南アフリカ共和国である。ここでは1991年に人種差別政策が撤廃され，続く1994年の総選挙で，1990年に釈放されたアフリカ民族会議（ANC）議長のマンデラが勝利を収め，大統領に就任した。黒人政権の誕生で，それまで南アと政治的に対立してきた南部アフリカ諸国は，直ちに南アと経済的協力関係に入った。1962年から実質的にUNIP（統一民族独立党）が一党制支配を行ったザンビアでは，1990年に複数政党制が導入され，翌年の選挙で野党MMD（複数政党民主主義運動）が勝利した。タンザニアでも1992年に多党制が導入され，1995年に選挙が行われた。

1983年の軍事クーデター以降，強権的な軍事独裁政権が続いてきたナイジェリアでは，1999年に行われた選挙で国民民主党のオバサンジョ（1995年に国家反逆罪で逮捕され1998年に釈放された）が勝利し，15年ぶりに民主政権が誕生した。こうして1990年代はアフリカでは，民主化の波が押し寄せたのである。

6 急激な政治・経済変化の影響

民主化の動きは確かに軍事政権や一党独裁による強権的政治の排除には効果があった。人々の政治的発言の機会も増大した。

しかし，1990年に起きたルワンダの虐殺も，少年兵が戦闘に動員されているシェラレオネの地域紛争も，経済自由化や政治的民主化と無縁ではない。ルワンダでは，複数政党制と構造調整政策の導入が同時に行われたことが社会的不安を増長し，住民間の虐殺に発展したといわれ，シェラレオネでは，ダイヤモンド産地を支配するローカルな軍事勢力が経済自由化のもとで国軍と渡り合えるほどの武力を手にしたことが問題の背景にあるといわれている。

21世紀を迎えたアフリカは，これら2つの「変革」がもたらした負の側面をどのように解決していくべきか重い課題を抱えて出発することになったといえる。

（島田周平）

19 Africa アフリカにおけるHIV／エイズ拡大の社会的影響

1 南部アフリカにおけるHIV/エイズの拡大

国連のHIV/エイズ計画（UNAIDS, 2006）の報告によれば，2006年現在の世界のHIV感染者の数は3,950万人であり，同年のエイズによる死亡者は290万人であったという。このうちサハラ以南アフリカの占める割合は群を抜いて高く，例えばHIV感染者の数は2,470万人（世界全体の63%），2006年のエイズによる死者の数は210万人（同72%）であった。サハラ以南アフリカの総人口（65,000万人あまり）に占めるHIV感染者の割合は，3.8%になる（図1）。

サハラ以南アフリカの中でも南部アフリカの地域がHIV感染者比率がもっとも高い。とりわけそれが高いのが，国民の30%をこえるレソト（39%）とボツワナ（33%）であり，これにナミビア（20%），ザンビア（19%），モザンビーク（16%），マラウィ（14%），南アフリカ共和国（13%）がつづく。

これらの国々では人口成長率が減少し，平均寿命も縮まった国がある。例えば，世界銀行の開発報告書によれば，1980～90年に3.7%であったザンビアの人口成長率は1990～2000には3.1%に低下し，さらに最新の統計によれば，1990～2003年には2.2%にまで低下したという。また，世界保健機構（WHO）の発表によれば，1995年に48歳であったザンビアの平均寿命は，2000年には40歳を下回り，2002年には34.9歳になったという。わずか7年間に約13歳も平均寿命が縮まったことになる。

2 アフリカ社会におけるHIV/エイズ

アフリカにおけるHIV/エイズの感染者増大の理由を明らかにするため，結婚制度や社会活動とHIV感染拡大との関係を調べる研究が多く行われてきた。その結果，一夫多妻制や寡婦相続制度（夫が亡くなった後に残された寡婦を兄弟が相続する）がHIV/エイズ感染防止の観点から，廃止ないしは減少が望ましいという提言がなされてきた。また，HIVの流行と宗教との関係を調べた研究では，一般的にイスラム教徒のHIV感染率が低いことが明らかにされた。

3 日常生活におけるHIV/エイズの影響

抗レトロウイルス薬による多剤併用療法により，世界的にはエイズが「死の病」から「コントロール可能な慢性疾患」へと変わってきている。しかしアフリカでは未だそのようなケアの恩恵に浴さない人が多い。エイズ対策が，都市部で中心的に行われており，農村部には行き渡っていないという物理的な理由の他に，感染者に対する差別を恐れ，自発的なカウンセリングと検査（VCT）を嫌う人がいることも原因の一つとなっている。

エイズの発症と死は引き続き起きることが珍しくないので，病気の発症の影響と人の死がもたらす影響を分けるのは意味がないことも多い。しかし，発症によって直ちに起きる労働力不足問題や，通院・入院のための財政的問題といった直接的・短期的影響と，人の死がもたらす社会的再編といった間接的・長期的影響

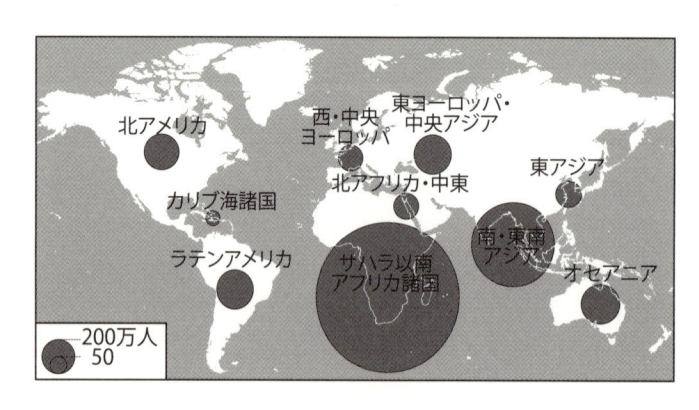

図1 世界のHIV感染者の数　UNAIDS（2006）により作成。

とはやはり影響の次元とタイムスパンが異なる問題である。以下ではこれら二つの影響を分けて考えてみたい。

4 エイズ発症の直接的・短期的影響

HIV/エイズの感染による病気と死はすぐに労働力不足を引き起こし、入院費や治療費も要するので、直接的影響は大きい。

FAO（2004）の報告書によれば、エイズ患者を抱える世帯は農業労働力が不足がちになるため、労働粗放的農業に耐えるキャッサバ栽培が増え、耕作地面積が縮小する傾向があること、さらに漁業や小商業活動といった農外活動が減っていることが指摘されている。筆者も、家族の相次ぐ発病と死が影響して、大規模な共同耕作グループの維持が困難になり、小規模なものに分解した例を見ている（島田, 2007）。

5 人の死がもたらす間接的・長期的影響

HIV/エイズによる人々の死がもたらす長期的影響の中でもっとも深刻な問題としては、残された夫人の処遇、財産の相続、そして孤児の養育に関する問題がある。寡婦相続が行われているところでは、故人がHIV感染者であった場合に、寡婦を受け継いだ兄弟にもそれが感染する危険性が大きい。このため最近は寡婦相続は減少し、かわって仕事や再婚のために農村を離れ、都市へ移動する人が増えている。

ザンビアでは、夫が死亡した場合、妻と子供たちが財産の全てを相続することはほとんどない。Foster and Williamson（2000）によると、ザンビアでは子どもが財産を相続するケースはわずか15％だったという。夫方の親族が財産の一部を取ることが多いからである。FAO（2004）の報告書では、夫に先立たれた妻たちの5人に1人は、夫の財産を夫方親族に「盗られた」といっているという。寡婦のために財産を守ることの必要性が叫ばれてきている。

6 孤児の問題

最後にエイズ孤児の問題であるが、世界のエイズ孤児の95％がアフリカの子供たちであり、2010年までにはその数は4,000万人になると予想されている。Bicego and Johnson（2003）によるサハラ以南アフリカの孤児に関する研究調査によれば、国レベルの

HIVの流行と孤児の多さには強い相関が見られるという。

FAO（2004）によれば、ザンビア北部では、HIV/エイズによる死者の増大により、孤児（この報告書では片親または両親を亡くした19歳以下の子供たちを指している）を抱える祖父母世帯が増加し、また女性世帯（女性が世帯主の世帯）も増加しているという。

ザンビアの北部州では、市場の自由化以降伝統的な焼畑方法の一つであるチテメネ[1]への回帰が見られたが、女性は枝の切り落とし作業ができないので、女性世帯ではそれが困難になっているという。女性世帯ではもともと女性の仕事とされた酒の醸造が、現金獲得手段として重要性を増しているという。

西ケニアの農村部では、18歳以下の子どもの3人に1人が両親の一方が欠けており、9人に1人が両親がいないという（Nyambedha et al., 2003）。また両親のいない孤児の約3分の1は、本来なら里親とはならない「不適切な」人々によって養育されているという。「不適切な」養育者さえいない孤児たちの中には、子どもたちだけで住む場合（子ども世帯という）もあるが、町に出てストリートチルドレンになる者もあり、大きな社会問題となってきている。

7 感染拡大を阻止するには

HIV/エイズの感染拡大を阻止するには、アフリカ社会の根幹をなしている相続制度や婚姻制度の一部を変える必要性がある。その中では女性の地位の向上も検討されなければならない。いや、感染拡大そのものがこれらの諸制度を変える可能性が大きい。HIV/エイズは、単に医学的な問題ではなく、アフリカの社会のあり方にも関わる重大な社会的問題であるといえる。

---

1) 樹木林全体を焼くのではなく、大木の枝を切り落としそれを積み上げて燃やし、その焼け跡に播種する方法。

（島田周平）

20 Africa サヘルの干ばつ・砂漠化と人々の生活

1 砂漠化対処条約

1992年の地球サミット（国連環境開発会議）で採択された「アジェンダ21」がきっかけとなり，「砂漠化対処条約」が1994年6月に採択，1996年12月に発効となった。砂漠化に対する国際的な取り組みが始まったのは，1968〜1973年にサハラ砂漠南縁のサヘル地帯を襲った干ばつを契機としている。そして再び，1980年代前半にはサヘル地域で前世紀最悪の干ばつが発生し，砂漠化と食料危機の問題を引き起こした。このようなサヘルの干ばつが契機となり砂漠化への取り組みが後押しされ，砂漠化対処条約の発効にいたった。

2 砂漠化とは

砂漠化対処条約によると，「砂漠化」は「乾燥，半乾燥および乾燥半湿潤地域における気候変動および人間活動を含むさまざまな要因に起因する土地の劣化」と定義されている。ここでいう「土地」とは，土壌，植物，水などをさす。「土地の劣化」とは，（1）風または水による土壌侵食，（2）土壌の物理的，化学的および生物学的特質の悪化，（3）自然植生の長期間にわたる消失である（以下，プロセス（1），（2），（3）とする）。実際の砂漠化は，砂漠の拡大という砂漠縁辺に限った現象ではなく，砂漠から離れた場所でも，人間活動により局所的にも生じることから，条約では，「砂漠化」に加えて「土地の劣化」という包括的な語句が併記されている。

砂漠化対処条約には，砂漠化の原因として，気候的要因と人為的要因があげられている（図1）。気候的要因とは，干ばつを引き起こす大気循環の変動などである。人為的要因とは，過放牧，過耕作，樹木の過剰採取など生態系の許容範囲を超えた人間活動で，その背景には貧困，人口増加といった社会経済的な要因がある。

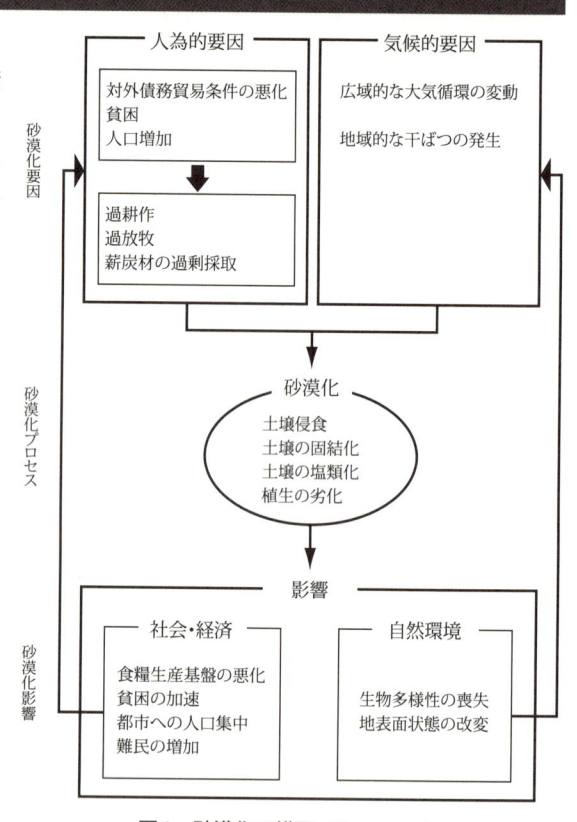

図1 砂漠化の構図（篠田，2002）

3 サヘルの降水量変動

図2はサヘル地帯西部の過去100年以上の降水量変動を示している。世界の乾燥地をみると，サヘル地帯などでその減少傾向が著しいが，この地域の砂漠化にはこのような気候的要因が効いている。しかしながら，それ以外の乾燥地では著しい降水の減少が認められないことから，砂漠化に対する気候的要因の影響は地域によってまちまちである。

サヘルにおける降水の減少傾向は1950〜1980年代中ごろに顕著であるが，この原因については，広域的な海面水温に起因する大気循環の変動や地域的な地表面状態の変化などが指摘されている。将来的には，地球温暖化により，乾燥地では極端な大雨や干ばつが発生することが予測されている。

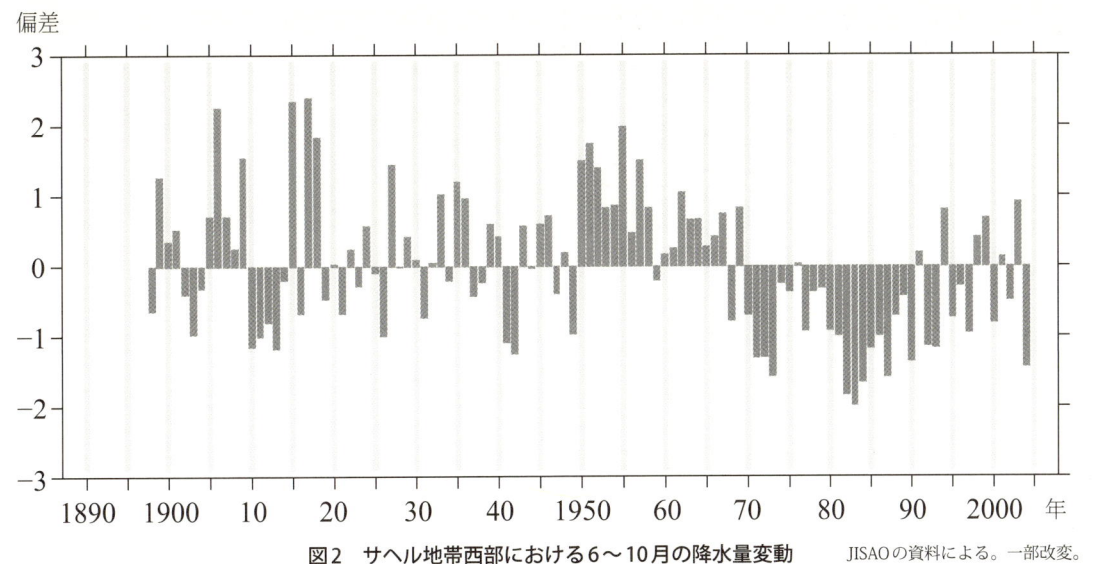

図2 サヘル地帯西部における6～10月の降水量変動　JISAOの資料による。一部改変。

降水量は1898～1993年の平均からのずれとして示され，プラスの値は平均より多いことを意味する。サヘル地帯西部とは，北緯10～20度，東経10度～西経20度の地域である。

4 人々の生活と砂漠化

植生劣化については，過耕作，過放牧，樹木の過剰採取が原因となっている。乾燥地では，短い雨季の雨水に頼った天水農業が広く行われている。天水農業において，一度，農作物を収穫すると，地力を回復させるため，数年間休耕することが伝統的に行われてきた。これは，土壌の肥沃度を回復させる。しかし，人口増加などにより，農作物の増産が必要となると，毎年くり返し，耕作するようになる。これは，土地をやせさせ（プロセス（2）の生物的特質の悪化），最終的には植生の減少・消失をもたらす（プロセス（3））。これを過耕作という。

もともと，乾燥地の植物生産は，少ない降水量の制約を受けて小さい。自然に生える草の量で養える家畜の数には上限がある。これを超える数の家畜を飼うと，植生が減少する。これを過放牧という。樹木の過剰採取も同様な結果を招く。樹木は，燃料材・建築材・家畜を囲い込むための垣根などに使われる。

サヘルを細かくみると，地域の気候・水文条件によって，砂漠化のプロセスが異なる。たとえば，砂漠周辺では風による土壌侵食が優勢で（写真1），南部では水による土壌侵食が卓越する（プロセス（1））。また，セネガル川周辺では，塩類化による土壌劣化が認められる。

サヘルにおける砂漠化では，サハラ砂漠が一線をなして拡大しているようにみえる。しかし，局地的にみると，砂漠のはるか南方の地域でも，過放牧や過耕作などの人為的インパクトが強く働けば，土地劣化が「飛び地」的に生じる。たとえば，集落近辺から同心円状に土地劣化が拡大していく現象が見られる。

アフリカのこの地域における砂漠化防止のため，緑化のみならず，水管理，土壌侵食の防止などにおいて，住民参加型の伝統的知識・技術の利用をした対策が求められている。

写真1　ニジェール中東部における固定砂丘の再活動
（1995年撮影）

過放牧のため，固定されていた砂丘の再活動が起こり，砂が右手のミレット畑に侵入しつつある。砂の移動方向は，乾季の卓越風向に沿って，北東から南西である。数年前に設けられた砂丘後方の柵のなかは，植生が回復しているので，潜在的には砂丘は植生で固定されるはずである。年降水量は400～500mm。

（篠田雅人）

21 Africa アフリカ牧畜民のくらしと民族紛争

1　乾燥大陸アフリカの牧畜民

アフリカからユーラシアにかけての牧畜民の分布図をみてほしい（図1）。中部アフリカを除くアフリカ全域に牧畜民は暮らしてきた。しかも，アフリカにはサハラ砂漠やサヘルのような広大な乾燥地域が存在することもあって，アフリカの東にはマサイやソマリ，西にはフルベやトゥアレグ，南にはヘレロやコイコイのように多数の牧畜民の存在が知られている。

同時に，彼らが対象にする家畜の種類も，アフリカ各地域の自然環境や歴史の違いにより多様性がある。北から北東部にかけてはラクダ，東のマサイや西のフルベや南のヘレロではウシが家畜の中心として飼養されてきた。また，ヤギやヒツジなどの小型家畜の場合は，アフリカの隅々に至るまで飼われているが，馬はレソトのような山岳地域にみられる程度である。

これまで，アフリカの牧畜民に対する日本でのイメージは，干ばつや砂漠化の被害を受けていたり，社会のなかでは底辺をなす貧しい人びとであるというネガティブな考えが支配していた。しかし，彼らの歴史や生活をつぶさにみてみると，19世紀には王国を形成した伝統を持っていたり，牧畜による収益の方が農民のそれよりも多く経済的に豊かである場合も知られている。彼らは，イメージとは大きく異なり「誇り高き人びと」なのである。そこで，彼らの暮らしをとおして，彼らがかかえている紛争問題について考えてみよう。

2　牧畜民の暮らし

アフリカの牧畜民は，家畜とともに移動する生活を行ってきた（図2）。彼らは，降雨の状況に応じて放牧地を変えていく。干ばつ時には，放牧を維持するために様々な困難に直面する。ケニア北東部のソマリの事例では，干ばつで家畜を失った場合には道路沿いや郊外に移住して定住した。

アフリカの牧畜民の大部分は町の市場から購入したトウモロコシやギニアコーンのような農作物を主食としている。また，それらと乳や乳製品を混合した食糧をとる場合も少なくない。

ソマリの場合，毎朝，彼らは家畜の搾乳をして，主に少年や青年が放牧を行っている。同時に，成人女性は，近くの町や村落に行き，ミルクや乳製品を販売することで現金を入手している（図2）。彼女らは，各自が独自の販路を持っており，市の日には，市に出かけて主食となる穀物のほかに，スープに入れる玉ねぎや塩，紅茶や砂糖なども購入する。時には，自ら所有している家畜が病気になると，家畜市場で自らの家畜を販売することもある。これらのお金でラジカセや自転車を購入することもある。

成人男性は，髪にビーズをつけていたり，鏡を使って髪を整えることも多い。また，日常生活では，女性がヤギやヒツジの世話をするが，様々な家畜の世話は男性の仕事である。彼らは，下痢や虫さされなど病気になった家畜

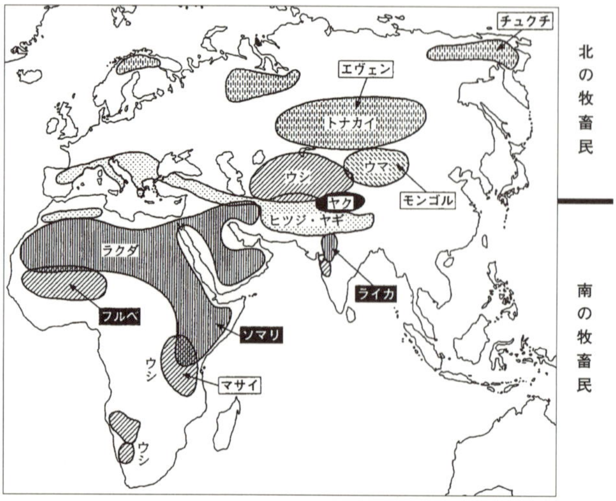

図1　アフロユーラシアにおける牧畜民の分布

池谷（2006）による。

図2 遊牧ソマリの移動ルートと紛争地点（ケニア）

の治療をする。この治療には，町で購入した薬を使用したり，鉄の棒をはんだのように熱して使う伝統的な治療が行われる。

3 牧畜民のかかえる紛争問題

ソマリの事例では，干ばつの影響を受けると，他の民族の放牧地に侵入し，放牧地を確保することがある。その結果，放牧地をめぐって牧夫同士のもめごとが生まれ，もめごとが近隣民族とのあいだの紛争に展開した例もある（図2）。そこでは，家畜の略奪が生まれたり，殺人事件になったりすることで，紛争が長期間にわたって続くことになる。これらの背景には，近年のミルクの販売量が増加し，飼養するウシの数も増加したことがある。商品経済の浸透にともなう牧畜経済の変化によって，ソマリは自らの家畜を維持するために隣接民族の放牧地に行かざるを得ない状況になったことが認められる。

一方，ナイジェリアのニジェール川の支流ベヌア川の氾濫原では，牧畜民のボロロやウダなどのフルベのキャンプのみならず，漁民やシート製作人のキャンプが立地している（図3）。

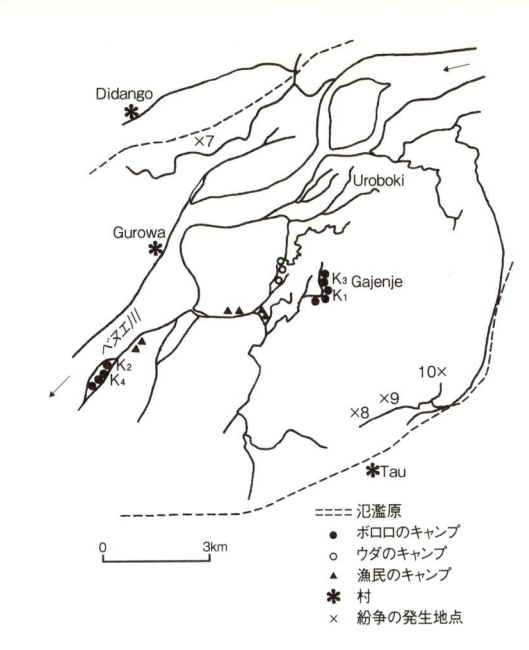

図3 遊牧フルベの乾季キャンプの分布と紛争地点（ナイジェリア）

しかし近年，フルベによって放牧されるウシが原因となり，彼らと漁民や農民とのあいだで殴り合いなどの争いが生じている。この地域では，トウモロコシや豆，水稲を栽培する農地が拡大していることが一因となって，資源利用をめぐる争いになっている。しかも，稲作に従事する人びとは，ナイジェリア北部での干ばつの影響を受けてこの地域に移住してきた人びとであり，間接的に干ばつも争いの原因になっている。

近年，アフリカの牧畜民には各国の定住化政策が浸透しており，移動してきた牧畜民の定住化が進められている。これによって彼らは近代的なサービスを受けることができる反面，集落近辺の放牧地を集中的に利用する。その結果，燃料としての薪を採集することも加わって，集落周辺が砂漠化することもある。牧夫の少年のみが家畜に追随して，集落から遠く離れた放牧地に出向いている。

以上のように，現代のアフリカの牧畜民は，干ばつの影響や農地の拡大の影響を受けて放牧地をめぐる民族紛争や，定住化にともなう砂漠化などの問題に直面していることがわかる。しかし，彼らは他の地域に移住することや放牧タイプを変えることで環境変化に巧みに適応してきたといえる。

（池谷和信）

22 Africa アフリカ農業問題

1 「緑の革命」を拒否する世界

アフリカ諸国に対して様々な国際的機関や各国政府の援助協力が続けられているが，援助対象となっている途上国の中においてアフリカ農村の停滞ぶりは突出している。こうした状況はアフリカの中でも特に，南アフリカを除く，サハラ以南のアフリカに共通した現象として認められる。そしてこの停滞は南の国々の格差としての「南南問題」をアフリカ諸国へと集中させ，今や世界の中にアフリカ問題を生み出そうとしている。

こうした「成長しない農業」としてのアフリカ農業のあり方をもっとも特徴的に示すものは，他の南の国々と比較したときに認められる，「緑の革命」を拒否する世界ともいわれるようなアフリカ農業世界のあり方だろう。1960〜1970年代，高収量品種の導入を中心とした「緑の革命」の中で，東南アジア，南アジアの農村において農民は，急速に生産性を向上させ，農村内部に大きな変容をもたらした。

しかし，アフリカ諸国においては，上記の地域と同じようにはなっていない。この「緑の革命」を拒否し，成長しない農業は，平野（2002）が示す図1の中に，その具体像を認めることができるだろう。アジアの農村の土地生産性が上向きにシフトしているのに対して，アフリカにおいては，土地生産性の停滞した状況が見られ，このような傾向は他の作物においてもみられる。

2 農業問題を生きるアフリカ農民生活の実像

地域問題として見る時留意しておくべき重要な点は，通常アフリカに対して抱かれる，「飢餓の大陸」としてのイメージとこの農業問題が重なるわけではないことである。図2に示されるように，赤道アフリカの自然環境は，ザイール盆地を中心として，全体が同心円の構造をしており（米山，1986），熱帯雨林地帯の中心から外側に向けて乾燥疎開林，サバンナ，砂漠というかたちで広がる。アフリカの中で飢饉や飢餓が問題になるのは基本的にサバンナと砂漠の間の，人々が暮らす限定された地域である（峯，1999）。

一方，図2で示されるこの乾燥した地帯の内部の同心円地域では，低位均衡的ではあっても，基本的に安定した農業が行われている。確かにこの地域の農業は天水に依存し，焼畑的特質を有しており，作付けにおいても混作形態が

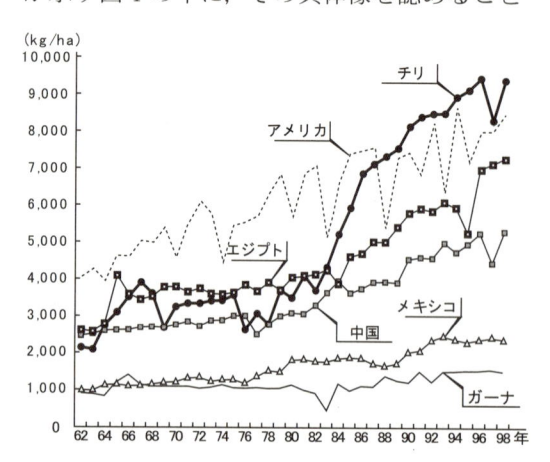

図1　メイズ土地生産性の国別推移
平野（2002）による。

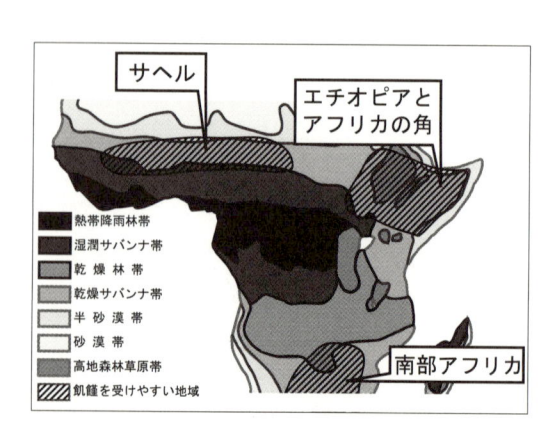

図2　自然生態系の多様性と飢饉を受けやすい地域
峯（1999）および米山（1986）により作成。

$$\text{エネルギー効率}(Er) = \frac{\text{エネルギー産出量}(Gj/ha\cdot 年)}{\text{エネルギー投入量}(Gj/ha\cdot 年)}$$

図3 異なった農耕システムにおける生産性

掛谷（1998）による。一部改変。

卓越するなど他の地域の定着農業と比較するとユニークな特質を有している。しかし一見して粗放的にみえる農業も，図3に示されるように，むしろ労働生産性やエネルギー生産性という視点から見れば，アフリカ農業の方が先進社会よりも高い場合が多い（掛谷，1998）。

地域の農民生活の実状からすると，「生存のための食糧はそれなりに十分なのに現金は著しく欠乏している」ということが，アフリカ農村で共通して見られる問題である。しかもアフリカでは他の地域と比較してみると，この「生存のために」という志向性が著しく強い。これは現金の獲得を一義的な目的とするようなこれまでの「開発」になじまないものである。こうしたアフリカ農民の中にみられる生存維持的農業の特質の背景には，アフリカの中の狩猟採集民や牧畜民の生活ともつながる，分与や平等主義という行動特性があり，資本を蓄積できない社会のあり方が開発を阻んでいる（杉村，2004）。

3 内発的発展という視角

こうした行き詰まりを見せるアフリカ農業問題にあって，それに対する新しい試みとして注目されているものが，内発的発展論や持続的発展論というような開発理念の転換とそれに基づく在来農業のポテンシャルの再評価という視点である。本来農業は歴史・社会・自然・文化の固有の条件に支えられているにもかかわらず，これまで欧米を中心とする先進社会の農業をモデルとして一元的な農業発展を図ろうとしてきた。

それに対して内発的発展という視角は，発展の多元的な枠組みを前提として，持続的な発展のあり方をさぐろうとするものであり，「生存維持」を志向するアフリカ農業の価値体系は評価されるものとなる。例えば，商品化になじまない混作技術も，防虫害や雑草対策，地力維持という側面からみると農法上の大きな効用がある。そして，生存維持ということを中心におけば，自然との共存を可能にする農業と位置づけられる。

このような視点からすればアフリカ農業も，循環性を欠いた近代農法をこれまで受け入れなかったゆえに，一つの可能性を有している。「緑の革命」を拒否したアフリカ農村の中に広くみられる，生存維持を中心においた農業・農村のあり方に対して，生産力一元的なこれまでの開発の視点は，商品化になじまないものとして断罪する。

しかし，アフリカ農業の開発の現場では，環境や歴史文化的ポテンシャルに対する配慮を欠いたこれまでの開発の視点そのものが問われ始めている。アフリカ農業に投げかけられてきた一方的な「問題性」の指摘と「困難性」にかかわる言説がある。それを超えて，自然と人間の共存を可能にする「もう一つの緑の革命」とそれを支える精神としての価値規範を，持続的な生存維持を一義的に志向するアフリカの農村の生活のあり方の中から探り出す作業が，新たに求められつつある。

（杉村和彦）

23 Africa アフリカの高山における氷河の後退と植生の遷移

1 キリマンジャロの氷河の縮小

アフリカの最高峰キリマンジャロでは近年急速に氷河が後退している。図1はキリマンジャロの1970年代の氷河の分布と2002年の氷河分布を示したものであるが、この数十年で氷河が急速に後退していることがわかる。2002年の氷河分布は，チャーターしたセスナ機でキリマンジャロ上空を飛び，そこから筆者が撮影した写真やビデオ映像を解析して分布を示したものである。1992年には筆者がキリマンジャロに登り，山頂からその氷河を観察したが，そのときに比べ急速に氷河が縮小していることを実感した。

2 ケニア山の氷河の後退と高山植物の遷移

アフリカ第二の高峰であるケニア山でも氷河は後退している。図2はケニア山第二の氷河，ティンダル氷河について，1958～2006年の氷河末端の位置と各植物種の最前線（氷河末端に一番近い個体）の位置（数字は氷河末端からの距離）を示す。ティンダル氷河は1958年から1997年には約3m/年で後退していたが，1997年から2002年には約10m/年，2002年から2006年には約15m/年と，その後退速度は上昇している。

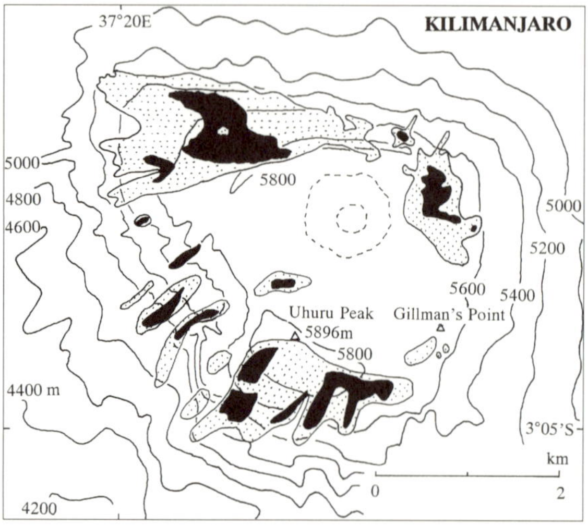

氷河が融解した後に最初に生育できる先駆種には，セネキオ・ケニオフィトウムやアラビス・アルピナがあり，黄色や白い花をつけて生育している。これらの先駆種の生育分布には氷河の動態が大きく関係している。氷河が約3m/年の速度で後退していた1958～1997年には，高山植物の主要4種も2.1～4.6m/年の速度でその分布範囲を斜面上方に前進させていた。しかし，氷河が約10m/年とその後退速度を速めた1997～2002年には，高山植物4種は6.4～12.2m/年と急いで山を登っているのである。

さらに，氷河が約15m/年と後退速度を一段と上昇させた2002～2006年には，蘚苔類・地衣類は移動せず，アグロスティス・トラキフィラは約5m/年の移動にとどまったものの，セネキオ・ケニオフィトウムは14m/年の速度で氷河の後退を追随した。このように氷河の後退は，周辺の植物に大きな影響を与えている。

3 近年の地球温暖化

1997年には，ティンダル氷河の末端から，ヒョウの遺体が皮やヒゲなどがついたままの状態で発見された。そのヒョウの骨や皮の一部を放射性炭素年代測定（加速器質量分析）により年代測定した結果，その年代は今から約900年前（±100年）で，暦年代に換算するとほぼAD1100年（±100年）にあたる（水野・中村，1999）。

この年代は，それまでの世界的に温暖であった時代から寒冷期に移行する時代にあたる。世界的に11世紀から19世紀まで寒冷期が続き，20世紀に入って急速に温暖化が

図1 キリマンジャロ，キボ峰の氷河分布図
水野（2005a）による。
点の模様は，1970年代の氷河分布（Hastenrath, 1984），黒い部分は2002年8月17日の氷河分布。

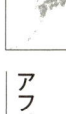

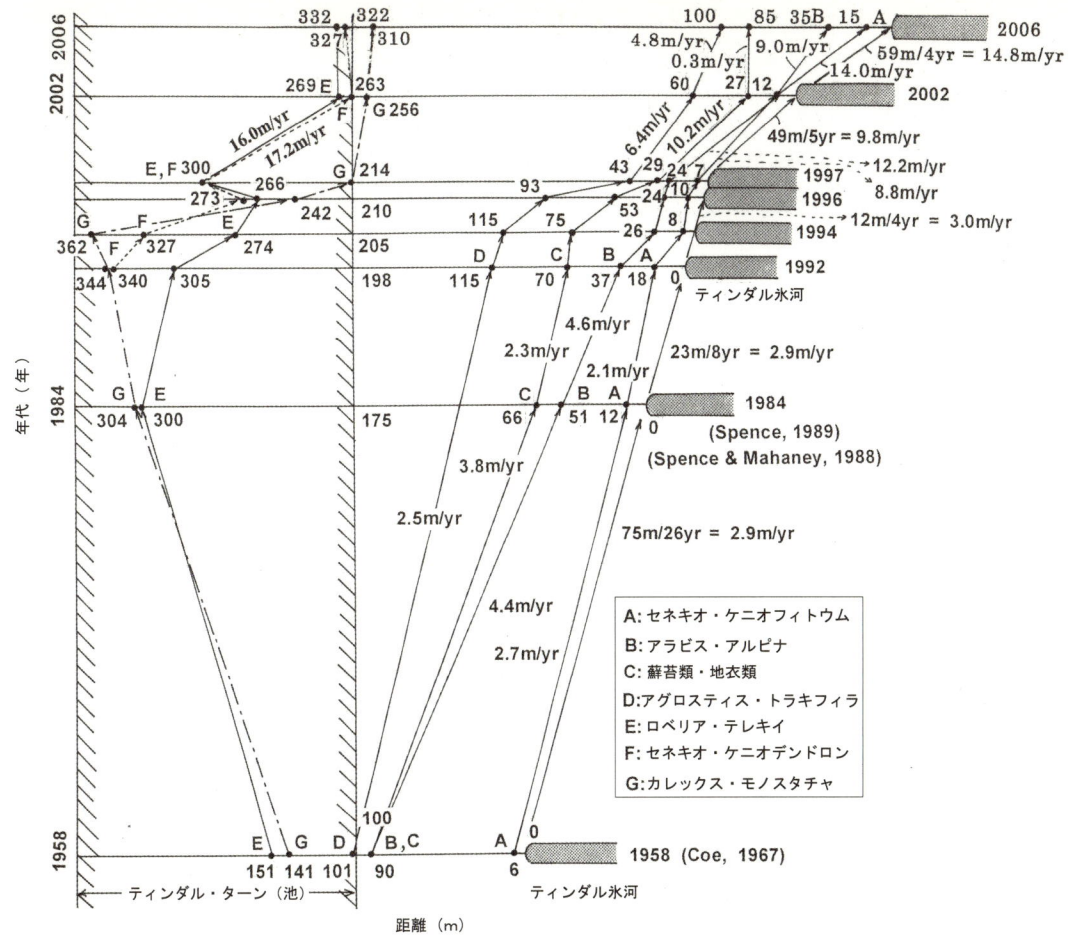

図2 ケニア山，ティンダル氷河の消長と高山植物の遷移　　水野（2005a）を改変。

横軸：ティンダル氷河末端から各植物種の生育前線までの距離（m）。縦軸：年代（縦軸の長さは年数を示す）。
矢印：ティンダル氷河末端および各植物種の生育前線の位置の移動（矢印の傾きは移動速度を示す）。

A：セネキオ・ケニオフィトウム
B：アラビス・アルピナ
C：蘚苔類・地衣類
D：アグロスティス・トラキフィラ
E：ロベリア・テレキイ
F：セネキオ・ケニオデンドロン
G：カレックス・モノスタチャ

進行したが，ヒョウの遺体の発見は，アフリカにおいても同様の気候変動があったことを裏付けることになる。

氷河の縮小には気温の上昇と降水量の減少が考えられるが，ケニア山周辺の4地点で観測された気温と降水量のデータを見る限り，降水量の減少は見られなかった。4地点の中で最も長期の気温データが得られたナンユキ Nanyuki（1890m，003°N，37.02°E）の1963年から2005年までの最高気温と最低気温を見ると，ともに約40年間で約2℃の気温上昇があった。世界の平均気温は1906年から2005年までの100年間に0.74℃上昇したとされる（IPCC, 2007）。それからすると，この約2℃という数字はかなり大きな気温上昇を示している。近年の温暖化が急速に氷河の後退をもたらし，氷河の下限に生育する植物の分布を上昇させているといえる。

このように自然環境の急速な変化は植生分布に大きな影響を与えているが，それはとくに高山や乾燥地（水野，2005b）など環境の厳しい場所ほど顕著に現れる。日本に住んでいると温暖化の影響についてそれほどの緊迫性を感じないが，それは単に気温上昇にとどまらず，広く生態系にも深刻な影響を与えているということを認識すべきであろう。

（水野一晴）

24 Africa ナイロビの都市スラム問題

1 アフリカ都市の2類型とナイロビ

アフリカ都市を理解するためには，都市の歴史的成立過程の違いに着目し，植民地以前に成立した交易都市や部族国家都市などの歴史都市と植民地支配下に建設された新開地都市に二分することが有用である（Southal, 1961）。

歴史都市は北アフリカ沿岸地域やサハラ南縁の西アフリカ内陸地域，新開地都市は植民地政策によって都市が建設された西アフリカ沿岸地域や中・南部アフリカに数多く立地する。両者には，都市の住民構成にも顕著な差異がある。すなわち，歴史都市には独自の都市文化の担い手としての商人や職人などの都市民が中核層として存在するのに対して，新開地都市には中核層は存在せず，農村部からの出稼ぎ民が圧倒的多数派を構成する。このため，人口の変化動向をみると，流入人口の多い新開地都市は，歴史都市に比べて，人口がより急増している。

ケニア共和国の首都ナイロビは，典型的な新開地都市の一つである。いま，ナイロビの半世紀にわたるセンサス人口をみると，1948年11.0万，1962年26.7万，1969年50.9万，1979年82.8万，1989年132.5万，1999年214.3万へと急増してきた。

2 スラム問題と都市内部構造

アフリカの都市では，急速な都市化にインフラの整備が追いつかず，劣悪な居住環境にある住宅地域（スラム地域）の拡大が顕著である。スラム地域では，無職者などの貧困者が高密度で居住し，貧困，不衛生，犯罪，混乱などの多くの都市問題がみられ，これらはスラム問題と総称される。

こうしたアフリカの都市の都市化現象は，欧米の都市とは異なり，工業化や経済成長とは関係なく都市人口が急増し，都市問題が深刻であることから，「都市化とは呼べない都市化」，「疑似都市化」，「過剰都市化」，「病理現象的都市化」などの侮蔑的表現がなされてきた。

不良住宅地域は，スラム（slum）の他，不法居住者集落（squatter settlement），自然発生的集落（spontaneous settlement），掘立小屋の町（shanty town）など，様々な名称が与えられており，低湿地，線路や空港の周辺，急峻地など，都市内各地の劣悪条件地のほか，最大のものは通常都市周辺部に位置する（ドワイヤー，1984）。

このため，都市の古典的空間モデルである同心円モデルにしたがえば，アフリカ都市モデルの空間パターンは，住民の社会経済的階層が都市周辺部で高い先進国都市モデル（バージェス（Burgess）・モデル）とは異なり，住民の社会経済的階層が中心部で高い前近代都市モデル（ショバーグ（Sjoberg）・モデル）と同様のパターンとなる（図1）。

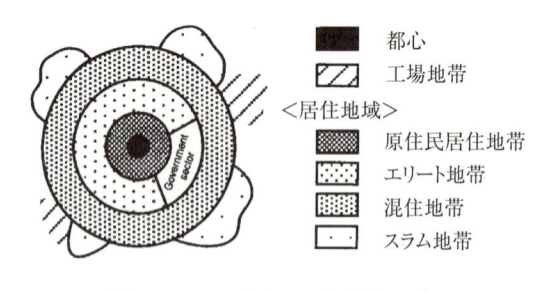

図1 アフリカ都市の内部構造モデル
U.N.（1973）による。一部改変。

凡例：都心／工場地帯／〈居住地域〉原住民居住地帯／エリート地帯／混住地帯／スラム地帯

3 ナイロビの都市内部構造

ナイロビは，1899年のウガンダ鉄道開通による鉄道駅設置を開基とする，都市形成史がわずか100年ほどの新開地都市である。

図2は，ナイロビの都市的土地利用区分を示す。CBD（中心業務地区）は，図中央の行政地区と商業地区に相当する。CBDの西部では，その南側が高層ビルが林立する官庁・業務地区，北側が高級みやげ品店などが並ぶ商業地区であり，白人，インド人，外国人観光客などが闊歩している。これに対して，CBDの東部では，

1階部分が店舗，2・3階が居住利用の住商混合の建物利用形態が卓越する。また，青空市，行商者，賭博屋をはじめ，多くの業種や業者がみられ，通行者はアフリカ人一色となる。

新開地都市では，その形成史からみて，計画的なヨーロッパ人居住地区とそれ以外の地区との明瞭な地域分化が特徴的であり，社会経済上層（白人）地区の形成がみられる。ナイロビの住宅地域は，CBDをはさんで，西部は低人口密度地域，東部は高人口密度／計画設定地域が位置する。このうち，西部住宅地域が白人およびアジア人が多く居住する地域であり，森林地帯と見間違うほど緑が多く，塀に囲まれた瀟洒な住宅が点在する。アジア人のほとんどは，実業界を牛耳るインド人であり，特にパークランズ（Parklands）地区に集住している。

東部住宅地域は，古くからのアフリカ人居住地域にほぼ一致する。プンワニ（Pumwani）地区にはナイロビ最大のギコンバ（Gikomba）マーケットがあり，イースリー（Eastleigh）地区はソマリア人が集住し，モスクが多い。

高人口密度／非計画自生地域が出稼ぎ民や低所得者層の居住するスラム地域であり，郊外地域を中心に点在している。例えば，西郊のカンゲミ（Kangemi）地区にはマラゴリ人（西部州カカメガ県を故地とするルヒャ人の一派）が集住する（松田，1996）など，出稼ぎ民は故地に近い郊外スラム地域を選好して居住している。

4 スラム住民の生活

図2中で，地域名を囲んだマザレ・バレー（Mathare Valley）地区とキベラ（Kibera）地区は，ナイロビの2大スラム地区と呼ばれる。ケニア測量局発行の2万分の1地形図を見ても，両地区は住宅がないはずの不法占拠地であり空白地域となっている。実際には，長屋住宅が斜面上にびっしり貼り付いており，キベラスラムの推定人口は40〜80万人に達する。

両地区の長屋住宅の構造は，土壁・トタン屋根，1部屋のみの1階建で住宅4〜6戸分を繋げたものが多い。1部屋の平均規模は，長辺3.5m，短辺2.8m，面積10㎡ほどであり，ここに通常2〜6人の家族と家畜が暮らしている。

住民の多くは，失業・半失業の状態にあり，家庭内工場での子供靴製作，商品の行商や路上売り，ご用聞きや青空歯医者など，自ら工夫・考案した小規模自営業が収入源となる。これら都市雑業層は，インフォーマル・セクター（informal sector）と呼ばれ，公式統計では実態の把握が困難であるが，アフリカ都市経済における通常かつ主要なものである。

都市スラム問題の軽減のためには，雇用機会の増大がまず必要となるが，今後も多くのアフリカ都市の社会経済状況が劇的に改善する期待はできないであろう。ただし，アフリカ人の互助慣習，限りない快活さ，自らの生活力への信頼などは，われわれにとっても学ぶべき，魅力的な可能性を示している。

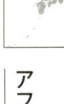

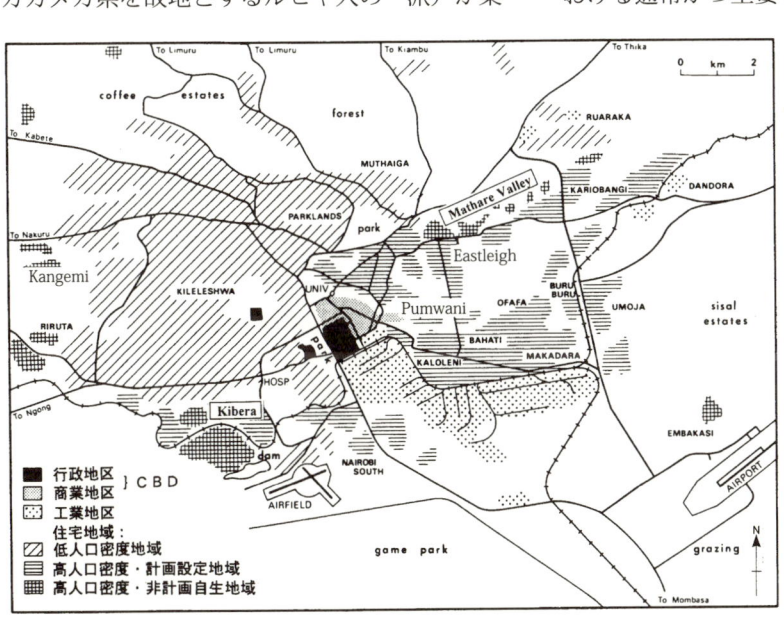

図2 ナイロビの都市的土地利用
O'Connor（1983）による。一部改変。

（寺谷亮司）

25 Africa 南アフリカ共和国・アパルトヘイト都市

1 アパルトヘイト都市の誕生

アパルトヘイト都市とは，南アフリカ共和国のアパルトヘイト体制下において，人種ごとに排他的な都市内居住区が法的に画定されたため，極端な人種別セグリゲーションがみられた特異な都市のことである。

2001年の南アフリカ共和国の人種別人口は，アフリカ人（黒人）3,541.6万人（総人口の79.0％），白人429.4万人（同9.6％），カラード（混血）399.5万人（同8.9％），アジア人111.5万人（同2.5％）である。

これら4人種は，国民形成史の中で異なった歴史的背景を有している。人口数で圧倒的多数を占めるバンツー系アフリカ人は，先住民族ではなく（先住民族はコイ人やサン人），10世紀以降にアフリカ中央部から徐々に南下して定着した。最初にやってきた白人は，オランダ人であり，18世紀末にイギリスがケープ植民地を支配すると，以後イギリス人入植者が急増した。このため，南アフリカ共和国の白人には，オランダ系（アフリカーナと呼ばれる）とイギリス系がおり，その比率はほぼ6対4である。前者は郡部に住み農園経営などに従事していたのに対し，後者の英系白人は都市に居住して鉱業，製造業，金融業，商業などの事業経営を行い，主要産業を支配したため，経済的にはより上層とされる。カラードは，オランダ人が移入したマレー系奴隷や先住民族などの混血の子孫である。アジア人は，イギリス人が連れてきたインド人年季契約労働者の子孫がほとんどである。

1948年に政権を握った国民党（National Party）は経済的下層のオランダ系白人の政党だったこともあり，アパルトヘイト政策を急速に推し進めた。まず1950年の「人口登録法」によって，国民を白人，カラード，アジア人，アフリカ人の四つの人種に区分し，国民に所属人種の登録を義務づけ，同年制定の「集団地域法（The Group Areas Act）」によって，人種別の都市内居住区を指定した。指定居住区の範囲は，しばしば変更されたが，1960～70年代は非白人居住区の一部の白人居住区への編入，1980年代以降は逆の白人居住区の一部の非白人居住区への編入が多かった。

2 アパルトヘイト都市モデル

アパルトヘイト都市の模式図をみると，各人種別居住区の配置には，セクター（扇形）パターンと同心円パターンがみられる（図1）。まず，都心を中心として白人地区が広域に拡がる。非白人居住区は限定的なセクターに配置され，都市周辺部にインド人地区とカラード地区，都市縁辺部にアフリカ人地区が立地する。

各居住区間の境界には，住民の相互交流を分断するため，幅30m以上の緩衝地帯が設置され，丘陵，河川，鉄道線路，道路，工業地帯などの自然・人工障害物が活用された。

なお，図1には社会経済階層の違いによる白人居住区の分化状況も示されている。白人

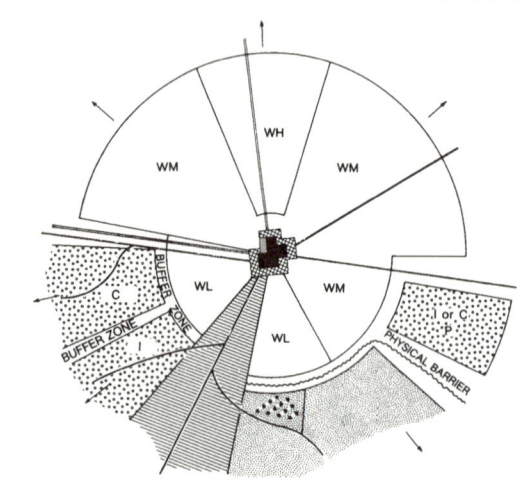

■ 白人CBD　▨ インド人CBD　▨ CBD外枠　▨ 工業地帯
W 白人居住区　▨ 黒人居住区　▨ インド人・カラード居住区
I インド人　C カラード　P 私有地　● ホステル
白人社会経済階層：H 上層　M 中間　L 下層

図1　アパルトヘイト都市モデル
Davis（1981）による。一部改変。

下層地区（オランダ系白人地区）は非白人地区に隣接するのに対し，白人上層地区（イギリス系白人地区）は非白人地区から最も遠いセクターに立地する。また，アフリカ人居住地区内のホステルとは，南アフリカ独自の用語であり，出稼ぎ単身者用寮のことである。

以上のように，南アフリカ共和国においては，世界的にみても極めて稀な，法的強制による人種別セグリゲーション都市が現出した。各人種が指定人種居住区に居住した割合（1985年）は，白人99.7％，アジア人92.5％，カラード88.6％，アフリカ人82.2％，全体では90.0％であった（Christopher, 1989）。

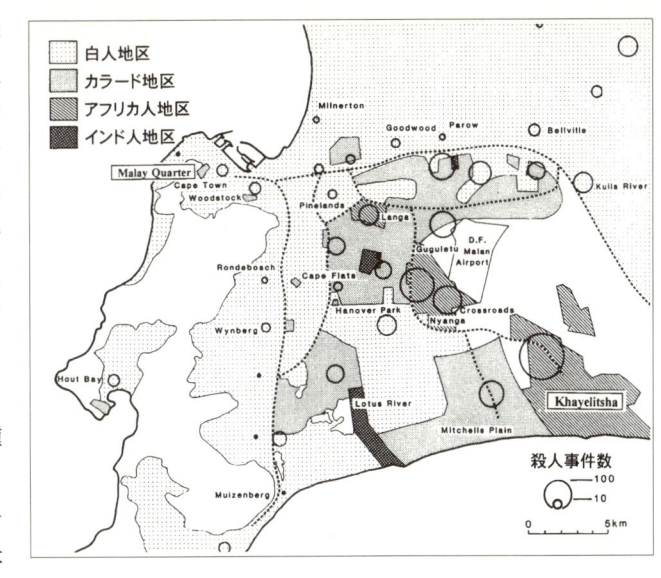

図2 ケープタウンの人種別居住区と殺人事件数の分布（1989年）
Christopher（1994）による。

3 ケープタウンの事例

図2はケープタウンの人種別旧居住区の配置状況を示したものである。ケープタウンの都心地区は，三方を山に囲まれた港湾施設の背後のごく狭い地域であり，マレー・クオーター（Malay Quarter）地区を除けば白人居住区であった。白人地区は，この都心地区を中心に，北部や西部に広く拡がる。

ケープタウンは，カラードの発祥地であり，カラードの居住割合が高いので，カラード居住区は広域である。逆にインド人は少ないので，インド人居住区は3ヶ所に確認できるのみである。アフリカ人居住区で最大のカエリチャ（Khayelitsha）地区は，都心から南西方向の最遠地区に立地する。

各居住区の境界としては，鉄道線路が多く活用されている。図2には，殺人事件数の分布も示されており，白人居住区と比較して，カラード居住区やアフリカ人居住区では殺人事件が多いことが読み取れる。

4 1991年以降の変化

「集団地域法」は1991年に廃止され，国民は都市内のどこでも住めるようになった。しかし，人種別セグリゲーションの基本パターンは現在でも変わってはいない。人種間の経済格差が依然として大きく，白人地区の地代や不動産賃貸料は他人種にとっては高額なのである。さらに，経済的要因に加え，旧白人地区では非白人が居住することは好まれず，旧自人種居住区以外への居住は避けようとする社会・心理的要因も小さくはない。

ただし，白人下層居住区の一部など，人種の混住化が進展した地区もある。こうした現象や該当地域は，白人とアフリカ人を含意する白と黒を混ぜる意味合いから，灰色化，灰色地域と呼ばれる。

一方，かつて非白人にとって許可なしには立入りできなかった各都市の都心地区は，特に休日はアフリカ人が卓越する地区となり，「世界最悪の犯罪都市」と称されるヨハネスバーグなど，都心地区の治安悪化が顕著となった。そのため，白人はオフィス，住居，商業施設を郊外に移動させ，新たな白人地区の誕生をみることになった。ヨハネスバーグ北郊のサントン（Sandton）地区やケープタウンのウオーターフロント地区などはそうした事例である。白人が消失した都心地区には，特にナイジェリア人や中国人などが流入している。

南アフリカ・アパルトヘイト都市は，アパルトヘイト体制下の基本的パターンを維持しつつ，新白人郊外地区の誕生，都心周辺のスラム地区への新移民の流入など，新たなバージェス（Burgess）モデル段階へと移行しつつある。

（寺谷亮司）

26 Latin America
南北アメリカ大陸の氷河の消長

1 北アメリカの大陸氷床

　最終氷期の北アメリカ大陸には，1,300万km²を越える巨大な大陸氷床であるローレンタイド氷床が発達していた（図1）。その南端は現在の五大湖付近まで南下し，現在のニューヨークやシカゴは，この氷床に覆われていた。

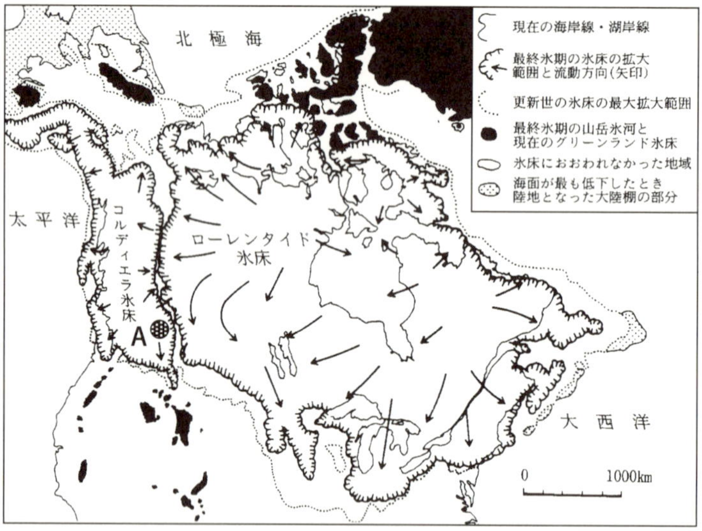

図1　18,000年前の北米大陸の氷河分布
小野・五十嵐（1991）による。

　この氷床は，地球の公転と自転の周期的変動に起因するミランコビッチサイクルに伴って拡大・縮小を繰り返している。最後の拡大は最終氷期に起こり，約2万年前に最も拡大した。その後，気候の温暖化に伴って縮小し，現在では，カナダ太平洋岸の島々やラブラドル半島などにわずかに残る程度となっている（Ehlers and Gibbard, 2004）。氷床の中心部であったハドソン湾付近では，氷期に発達した氷床の重みによって地殻が沈降していた。氷床が融解した後，マントルと地殻の間に生じる浮力によるバランスを回復するために，地盤が継続的に隆起している。これを，アイソスタティックリバウンドという。

　このローレンタイド氷床の縮小過程で発生した特徴的なイベントが新ドリアス期の寒の戻りである。急速な温暖化が進んでいた約1万1000年前，氷舌に堰き止められ巨大な湖となっていたローレンタイド氷床の融氷水が，氷舌の崩壊によって一気にセントローレンス川を通って北大西洋に供給された。北大西洋は，塩分濃度が高い北大西洋海流が冷却され，海水が深層に沈降することによって深層海流が生成する場所であるが，ローレンタイド氷床から供給された淡水が海面を覆うことによって沈降が停止し，熱の南北輸送が停止した。その結果，全球的な寒冷化が起きたのである。急速な地球温暖化が進行する現在，降水量の増加やグリーンランド氷床の融解によって北大西洋への淡水の供給量が増加し，深層海流が停止して世界的な寒冷化イベントが発生することは，モデル計算上もあり得ないことではない。温暖化が寒冷化を招くイベントのモデルとして，新ドリアス期の研究の進展が求められている。

2 北アメリカの山岳氷床

　最終氷期の北アメリカ大陸では，ローレンタイド氷床の他に，西岸の山岳地域に山岳氷床であるコルディエラ氷床が発達した（図1）。

　山岳域に発達したコルディエラ氷床は，ローレンタイド氷床とほぼ同時に消長を繰り返している。しかし，高標高域に発達している急傾斜の氷床であるため，気候変動に対する末端の変動はローレンタイド氷床に比して敏感であったと考えられている。この気候変動に対する末端変動の感度の違いによって，ローレンタイド氷床との間に「無氷回廊」が成立し，モンゴロイドのアメリカ大陸移住の際の通路となった

ことが推定されている（Stalkar and Harrison, 1977）。

現在，コルディエラ氷床はロッキー山脈，シエラネバダ山脈などに小規模な山岳氷河として残存している。その中でも，カナディアンロッキーのコロンビア氷原は約325 km²の面積を持つ大型の氷体である。

ロッキー山脈の麓には自動車道路が整備されており，比較的容易に氷河の末端部に接近することができる。なかでもコロンビア氷原からの溢流氷河の一つであるアサバスカ（Athabasca）氷河は末端部まで自動車で近づくことができ，ビジターセンターで氷河に関する学習をすることができる（図1中のA地点）。この氷河の末端部には，過去の氷舌端の位置を示した標識が立っており（写真1），近年の氷河の後退速度を実感することが可能である。また，スノーコーチという特殊なバスが氷河上まで運行されており，特別な訓練や装備も必要なく氷河の上に立つことが可能である。

写真1　アサバスカ氷河の末端部（2001年撮影）
左手前の標識は1992年の末端位置を示す。

3　南アメリカの氷河

南アメリカ大陸では，現在，北端のベネズエラから南端のフエゴ島まで，アンデス山脈上に氷河が分布している。特に，南緯40度以南のパタゴニア・アンデスには，南半球では南極を除くと最大の面積を持つ北パタゴニア氷原（4,500 km²）と南パタゴニア氷原（14,000 km²）の二つの氷原が分布している。標高4000mに達する氷原からは多くの溢流氷河が流出し（写真2），その末端は海岸や湖に達してカービングしている場合もある。

パタゴニア氷原は，最終氷期には南緯28度

写真2　エクスプロラドーレス氷河（2005年撮影）

から56度まで連続する山岳氷床であったことがわかっている。氷床の末端は，山脈西側では現在の太平洋の海底に達しており，東側では平原まで氷舌が達し，大規模なターミナルモレーンを形成していた。現在は，このターミナルモレーンによる堰止湖が数多く分布している。

最終氷期以降，現在の末端まで氷河が縮小してきたが，その縮小過程は充分に明らかにされていない。また，氷河環境としては比較的温暖な多雨・多雪地帯に成立しているパタゴニア氷原は，地球温暖化の影響で融解が激しく進行するため，海面上昇に対する寄与が大きい。そのため，過去の氷河変動や現在の氷河の挙動を明らかにすることが求められている。しかし，交通網の整備が不十分なため，現成氷河に接近して調査することが困難である。それに加え，現在，北パタゴニア氷原からの流出河川であるリオ・バケール（Rio Baker）に二つの大型のダム開発が進められており，最終氷期以降の氷河地形の一部が水没したり，氷原から海への土砂や水の流出過程が大きく変化することが予想されている。この工事が進展する前に調査を進めることが必要である。

南アメリカ大陸の氷河の特徴として，火山体に発達している氷河が多いことも挙げられる。1985年には，コロンビアのネバドデルルイス火山が噴火した際に，山頂部を覆う氷冠が融解することで，水が供給されて大規模な火山泥流（ラハール）が発生し，25,000人が亡くなっている。将来，氷河がこうした災害の原因の一つになることにも注意を払わなければならない。

（青木賢人）

27 Latin America
ユカタン半島のマングローブ枯死林の形成と再生

1 ユカタンのユニークな自然

メキシコ湾とカリブ海を境するメキシコのユカタン半島沿岸には，大規模なマングローブ林，広大なラグーン，サンゴ礁が広がる。同時に，ユカタン半島それ自体もユニークな特徴が多い。例えば山も川もない。土地が極めて低平な半乾燥地は，そのほとんどが第三紀〜第四紀のサンゴ礁石灰岩からなるため，雨季の降水は迅速に地下に浸透し，地表面を流れないのである。この地に発祥したマヤの古代文明は，時には直径が100mにもなる，セノーテと呼ばれる地上にポッカリと開いた穴から得られる地下水に依存して成立した。半乾燥の乾いた植生が延々と広がる景観の地下数メートルには，巨大な天然の淡水タンクが存在し，それが生命の営みを静かに支えている（図1）。

沿岸部でも土地は極めて低平である。真水は地下5m以下の非圧地下水層を源として，あちこちに湧きだしている。これはカルストスプリングである。しかし，半乾燥気候であり，乾季には強い蒸発のため地表付近には塩類の集積がおこる。これらの水環境条件が，多様なマングローブ林の景観を発達させる。その代表的なものがチャパロとペテンである。潮間帯の中で，地盤高がやや高く平坦な場所では，乾燥条件に起因して土壌塩分が高くなり，強い塩分ストレスを受けた矮生林が広がる。樹高が2m程度のごく密生したリゾフォラ（Rhizophora mangle）の純林でチャパロと呼ばれる。体を器用にくねらせても，森の中を歩くのは無理である。そのブッシュの中に，突如として現れる島のような森がペテンである。ペテンは，大きいものは1kmにもなるが，中心には真水の湧出口がある。中心に向かって同心円状に塩分濃度が低下するのに対応して木々の樹高や構成が変化する同心円状の森が出来る。写真1にみえるそのひとつであるペテンの中心部には，樹高20m以上の立派なマングローブ林が存在する。

2 世界最大級のマングローブ枯死林

ユカタン半島の北端から西側の沿岸には，数万haにもなろうかという世界最大規模のマングローブの枯死林が広がっている。メキシコ政府もこの現状を見過ごしてきたわけではない。数年前からは，リアセレストゥン生物圏保護区において，日本の国際協力機構（JICA）とメキシコ政府共同による環境修復の取り組

図1 リアセレストゥン生物圏保護区の位置

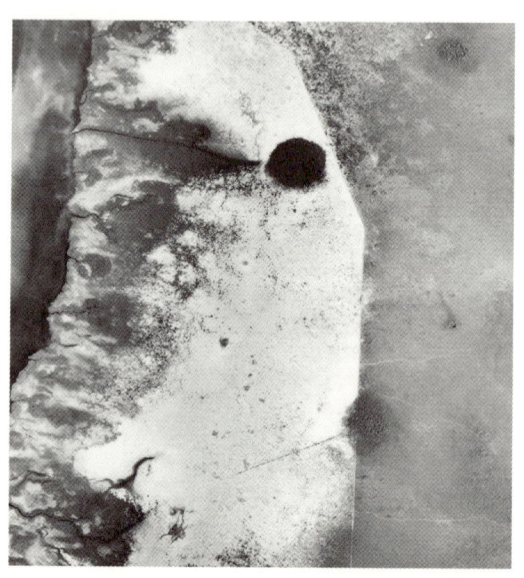

写真1 リアセレストゥン生物圏保護区南半部の枯死林と多様なマングローブ林　　　（1998年撮影）

みが始まっている。枯死の原因・契機はいくつか考えられる。ハリケーンの強風・塩害や高潮に起因するものも多い。だがきわめて修復が困難なのは，まさにユカタン半島の自然特性と，配慮を欠いた人の行為との相乗作用で形成された枯死林の場合である。

写真1は，その一例で，左縁の沿岸を帯状に縁取るマングローブ林の内陸側に，白く見える広大な裸地化した枯死林がある。この一角にある丸い塊がペテンである。右側には灰色のチャパロが広がる。広大な裸地とチャパロの境界は直線的で，そこには道がある。この写真の枠外の北にはイスラアレナという小さな漁村がある。30年ほど前に，漁村に通じる道を作ったことを契機に枯死林は急速に拡大し，現在では1,000ha規模にまでなった。

3 枯死林形成の原因

写真1のペテンから枯死林と道を横断してチャパロに至る断面を測量して，植生や塩分などのデータを並べてみた。図2の左端はペテンの森の中心部（写真2）で，鬱蒼とした巨木の森が広がる。ペテン周辺に向かって樹木サイズが小さくなり，ついにチャパロの密生矮生林になる。この林相変化は，マングローブの根が発達する深度の土壌塩分濃度ときわめてよく対応している。枯死林の土壌塩分は，実に7％を越すまでになっている。半乾燥地帯では，乾季の蒸発散によって土壌中に塩分が集積することがある。多彩な森林は，土壌塩分ストレスに応じて形成され，その限界値を超えたときに枯死林化した。森が枯死林化した契機は，道を通したことで水供給が減り，乾季には地表が干上がり，塩分集積を起こし，閾値の6〜7％以上に達したことにあろう。枯死の対策に通水路を設け，陸側との水交換を促進したが，土壌塩分は希釈しない。それどころか，枯死林の表土は，淡水と高温，光などで酸化が進み，地盤が低下し，ヘドロ化した物質がゆっくりと林縁に集積し，潮汐水の交換を阻害するまでになった。雨季の真水はたまり水となり，気根を水没させて窒息死を招き，枯死林化に拍車をかける事態が生じている。

4 環境修復は可能か

潮間帯に道を一本通したことで千ha規模の枯死林が生じたが，その契機，枯死林化することで生じるさらなる環境悪化のメカニズムが理解されたことで，環境修復の戦略が考えられるようになってきた。修復のターゲットは，潮汐の回復および湛水の廃水，土壌塩分の希釈，植林の実施の三つである。2006年から，順次こうした試みを実施しており，植林にも成功の見通しが出てきている。

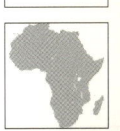

図2　ペテンから枯死林と道路を経て低木林に至る塩分濃度の断面

写真2　ペテン中心部の森（上）と枯死林（セレストゥン地区）
（2005年撮影）

（宮城豊彦）

28 Latin America
ブラジルにもある亜熱帯収束帯
——背中合わせの野火と豪雨

1 亜熱帯収束帯とは？

亜熱帯収束帯とは，亜熱帯域にみられる北半球の梅雨前線帯，南半球の南太平洋収束帯（SPCZ; South Pacific Convergence Zone），南大西洋収束帯（SACZ; South Atlantic Convergence Zone）という顕著な降水帯の総称である。亜熱帯収束帯には，熱帯や中緯度の降水システムとは異なる共通点があり，これらは強い水蒸気の収束，前線の強化，対流不安定で特徴づけられる（Kodama, 1992）。そして，Kodama（1993）では，亜熱帯収束帯が成立するための条件として，(1) 亜熱帯ジェットが緯度30～35度にあること，(2) 下層の極向き気流が亜熱帯高気圧の西縁で卓越すること，の2つが挙げられている。

筆者は，1998年から2000年までSACZの直下に位置するブラジル・サンパウロ州ロレーナ町で暮らし，隣町にあるブラジル国立宇宙研究所／天気予報気候研究センター[1]に勤務した。そこで見た景観は，日本の梅雨期のそれとよく似ており，梅雨前線とSACZという二つの亜熱帯収束帯を，身をもって体験することとなった。ここでは，SACZに関連する事象について紹介する。

2 背中合わせの異常乾燥と豪雨

図1は，南アメリカにおける1979～1998年の降水量分布を示したものである（松山，2000）。ロレーナ町（図1の星印付近）の雨季（12～2月）と乾季（6～8月）の降水量分布に注目すると，雨季（図1a）には，アマゾンから大西洋にかけて降水量の多い帯状の地域が存在する。これがSACZである。一方，乾季にはSACZはみられず，多降水域は，熱帯収束帯が位置する赤道以北に限られる（図1b）。

梅雨前線同様，SACZも年によって出現位置や出現時期，あるいは活発度などが異なる。日本の梅雨末期でも，梅雨明けしているところは猛暑，梅雨前線の近傍では大雨という，両極端な現象が同時に発生することがあるが，これと似たことがサンパウロ州でもみられた。

写真1は，1999年9月におけるロレーナ町

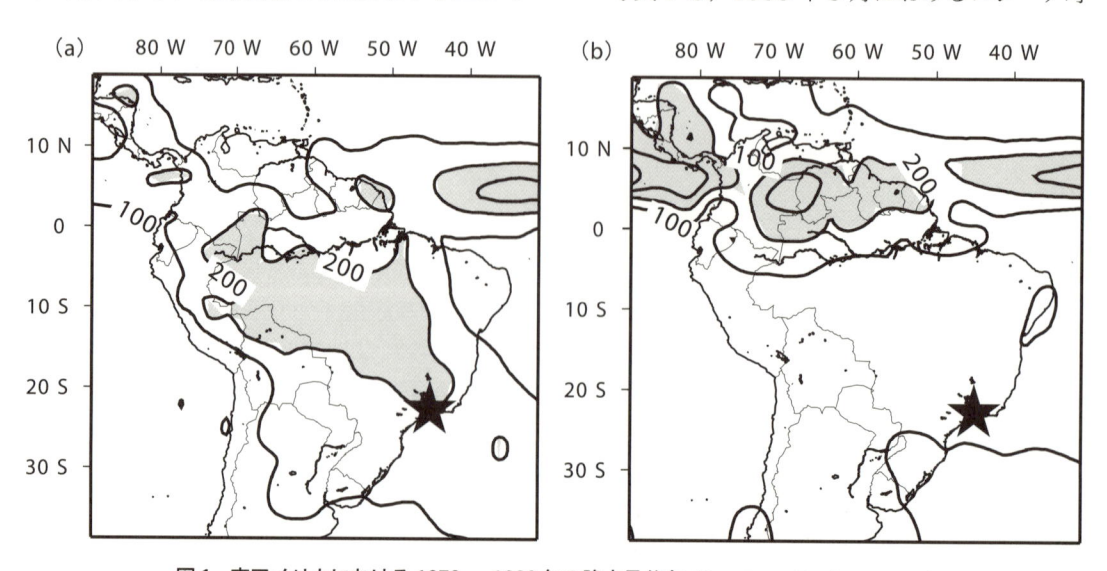

図1 南アメリカにおける1979～1998年の降水量分布（左：12～2月，右：6～8月）

CMAPにより作成。

★で示したのは，筆者が暮らしていたサンパウロ州ロレーナ町のおおよその位置である。

写真1　サンパウロ州ロレーナ町付近において路肩が出火している高速道路（1999年撮影）

写真3　1999年11月の集中豪雨で降った雹

周辺の高速道路を撮影したものである。1999年8月はほとんど降水がみられなかったため，路肩が燃えているのは自然発火（もしくはタバコの不始末）が原因と思われる。9月はまだSACZの活動が活発な時期ではないが，異常乾燥するとこういうことになる。なお，路肩が火事であっても，高速道路は閉鎖されることなく通常通り通行できた。

一方，SACZの活動が活発化しつつある1999年11月には，ロレーナ町で集中豪雨があったらしい。あったらしいというのは，筆者はこの日，サンパウロ市（ロレーナ町の西方約200km）からちょうど帰ってきたところだったからである。サンパウロ市からの帰りの高速道路はところどころ冠水し，崩壊した崖からは赤土の泥流が流れ込んでいるという，運転するには最悪のコンディションであった。ロレーナ町に帰ってきて街中を一回りしてみると，町中や車の上に葉が無数に落ちていたり（写真2），地面には雹の塊があったりした（写真3）。これらから，この時の集中豪雨がどれほどはげしかったかが推測できる。

3　SACZの数値予報

ブラジル南東部は，ブラジル国内では人口密度が高い地域である。一方，日本も世界的にみて人口密度が高い国である。このような地域に出現するSACZと梅雨前線は，どちらも降るべき時に降らないと水不足になり，降り過ぎると豪雨災害になるという共通点がある。

日本の場合，冬の降雪，梅雨期，夏から秋にかけての台風・秋霖が主要な雨季で，これらの時期に十分な降水がないと，引き続く季節に水不足が生じる。一方，ブラジルの場合，水不足は，農業被害だけでなく，電力不足にもつながる。アルゼンチン，パラグアイとの国境付近に作られた巨大なイタイプーダムの例を挙げるまでもなく，ブラジルは水力発電が盛んな国なのである。

このように，SACZは人々の生活に大きな影響を与えるので，出現位置や出現時期，あるいは活発度などを精度よく予測することが，研究者にとって社会的にも重要な使命となっている。ブラジル国立宇宙研究所／天気予報気候研究センターでも，大気大循環モデルと領域気候モデルを用いた数値予報がなされている。そして，SACZについては実況との比較がなされ，その再現性について，毎月議論されている。このような地道な努力が，亜熱帯収束帯の予報や研究にとって重要なのである。

1）http://www.cptec.inpe.br/

写真2　サンパウロ州ロレーナ町における集中豪雨の名残り（1999年撮影）

（松山　洋）

29 Latin America
ブラジル・パンタナールのエコツーリズムとその課題

1 エコツーリズムの理想と現実

エコツーリズム（ecotourism）は，1980年代に提唱された「持続可能な観光（sustainable tourism）」を実践する一つの観光形態として位置づけられる。換言すれば，短期的な利潤追求を最優先に推進された従前のマスツーリズム（mass tourism）とは一線を画し，自然地域を対象に環境保全と地域住民の利益維持とを両立させる責任を負う観光を意味する。

具体的には，おもに少人数のグループが，専門的な知識や技能を備えたガイドのもとで，自然や伝統文化の観察・鑑賞や体験を主要な目的に参加する観光である。また，地域の自然や文化に対する住民の保全意識を高め，同時に当該地域に経済的利益をもたらすという点から，それは地元資本が主導する内発的観光でもある。

しかし現実には，エコツーリズムの名の下に，マスツーリズムと大差ない偽りの観光が，世界各地で進展している。そこでは，エコツーリズムの理念や目的を，各地の地域資源や社会条件の中で効果的に実現するために守るべき，関係者の行動規範や具体的な実施方法などを示すガイドラインの策定すら行われていない。さらに，エコツーリズムの対象地が，それまでほとんど観光客の流入のない，豊かな自然や伝統文化が残存する辺境・奥地にまで広くおよんでいることも，問題をより一層深刻化させている。なかでもラテンアメリカは，世界におけるエコツーリズムの一大拠点であり，コスタリカやエクアドル，ブラジル，アルゼンチンなどを中心に，いずれも大自然を満喫させる多様なエコツアーを提供して多くの観光客を集めている。

図1はEMBRATUR（ブラジル観光公社）が指定する，合計26におよぶブラジルのエコツーリズム拠点を示したものである。本稿で取り上げるパンタナールは，世界最大の熱帯低層湿原で，アマゾンと比肩しうる世界的な生物多様性の宝庫でもある。ブラジル政府は，その豊かな環境資源を活かしたエコツーリズムを積極的に推進してきた。

2 パンタナールのエコツーリズム

パンタナールのエコツーリズムは，1990年代に入り急速に発展するが，いち早くその中心地となったのは，マトグロッソ州に属する北パンタナールであった（図2）。ここでは，かつて牧畜業の振興を目的に敷設された湿地を

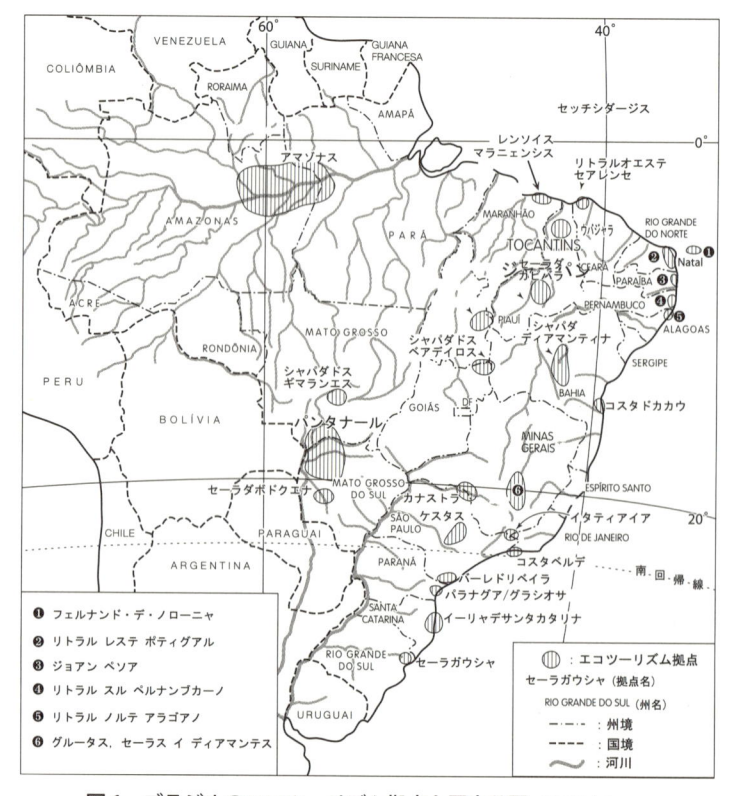

図1 ブラジルのエコツーリズム拠点と国立公園 (2003年)
Maruyama and Nihei (2005)による。一部改変。

縦断する道路，トランスパンタネイラの整備が，野生生物の観察ツアーを目玉とするエコツーリズムを発展させる背景となった。

この道路は，約120の木橋により湿地玄関口のポコネと奥地のポルトジョフレを結ぶ，全長147 kmの未舗装道路である。観光客は車に乗ったまま，橋梁下の水溜まりや周囲の湿原，道路脇の森林などに生息するさまざまな野生動物や植物を観察できる。道路沿線には，観光客の宿泊を見込み10軒のエコロッジと2軒のホテルが営業している。このうち4軒は1988～89年，8軒は1990年代に入ってからの開業である（Maruyama and Nihei, 2005）。

一方，北パンタナールに比べて道路などのインフラ整備が遅れ，湿地奥地へのアクセスも悪いマトグロッソ・ド・スル州の南パンタナールでは，豊富な漁獲資源を活用したスポーツフィッシングを目玉とするエコツーリズムが，とりわけ1990年代を中心に急速に発展した。パラグアイ川とミランダ川がその主要な釣場で，入漁者数は年間約5万人にも達した（図2）。

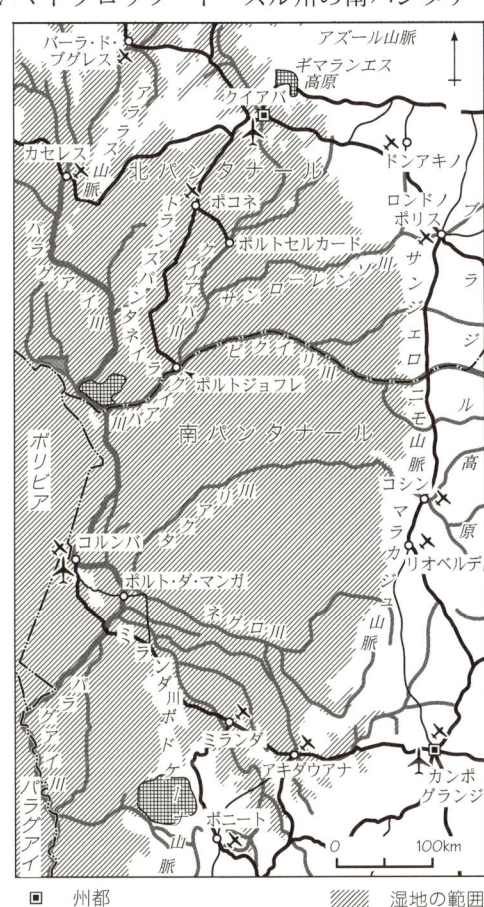

スポーツフィッシングの発展は，プロ漁師の減少に拍車をかけた。1995年に3,742名いたマトグロッソ・ド・スル州のプロ漁師は，1998年には1,358名へと激減した。さらに，プロ漁師の中には，従来の商業的な漁労を中止もしくは縮小し，代わりにスポーツフィッシング客が使う小魚などの生き餌を捕って売却したり，釣客をボートに乗せて釣場を案内するガイドに転身する者が急増した。その結果，1998年には，スポーツフィッシング客の漁獲量が全体の86％（1,237トン）を占め，プロ漁師の漁獲量はわずか193トンに減少してしまった。

3 エコツーリズムが誘発する諸問題

環境に配慮した持続可能な観光開発を謳い文句に導入されたエコツーリズムも，トランスパンタネイラに象徴される湿地を貫通する道路建設や，多様な宿泊施設の増加，それにともなう観光客や釣客の急増などを背景に，道路周辺の植生破壊，車による野生動物の殺傷，ゴミや釣具などの投棄，タバコの不始末などによる山火事の発生，魚の乱獲や外来種の持ち込みなど，本地域の野生生物や湿地生態系に対して看過できない甚大な環境負荷を与えている。

また，それまで伝統的な牧畜や漁業を通じて湿地を維持・管理してきた住民の多くが，民宿業や生き餌の捕獲漁師，釣りガイドなどに転身した結果，放牧地の劣化や漁獲資源の減少といった諸問題が顕在化している。こうした中で，政府は環境犯罪法（1988年）や水産資源の持続的開発と保全を実現するための法令（1990年）などを施行し，野生の動植物や水産資源の保護・管理を目指してきたが，年々強化される法規制のもとで，近年観光客数は激減している。外部社会主導の偽りのエコツーリズムに翻弄されることなく，固有の地域文化に根ざした自律的な観光開発を模索する必要がある。

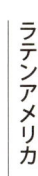

図2　パンタナールの湿地と道路分布

（丸山浩明）

30 アルゼンチンにおける都市への人口集中と地域格差

1　都市への人口集中

アルゼンチンの都市発展は，西部からはじまった。西部では，16世紀ごろアンデス山脈中の鉱山資源の開発によって，サンティアゴデルエステロ（Santiago del Estero）をはじめとする都市が発展した。西部の経済発展に伴い，食糧供給の必要性が増大し，農耕地も拡大され，コルドバ（Córdova）などの西部での開発が進められた。

19世紀後半以降，ヨーロッパからの移民がラプラタ川河口の東部へ集中するようになり，また，1950年代以降国内での人口移動が活発になり，ブエノスアイレス（Buenos Aires）市が発展することとなった（高橋，1994）。

外国からの移民と国内の移動の増加は，都市人口率を高め，1914年の53.7%から1960年には73.7%，2003年には90.1%に達している。首都ブエノスアイレスを中心として，ラプラタ（La Plata），マルデルプラタ（Mar del Plata）など大西洋沿岸に大都市があり，コルドバ，ロサリオ（Rosario）など，ラプラタ川水系に都市が集中している（図1）。

コルドバやロサリオを中心とするパンパ（Pampa）は，広大で肥沃な平野であり，地域開発の可能性の高い地域である。一方，国土の南半分を占めるパタゴニア（Patagonia）は，年間を通して低温で風が強く，居住地の制約条件となり，人口は分散している。

このように，都市へ人口が集中し，国土の大半を占める地方で人口が少なくなると，どのような影響があるのだろうか。

2　社会的生活基盤

基礎的需要が満たされない（unsatisfied basic needs）世帯とは，住宅の物的状況，家庭内過密の状況，衛生状態，子どもの教育，世帯の収入の可能性の指標によって示されるものであり，これは「構造的貧困」を示している（Ainstein, 1996）。子どもに十分な教育を受けさせることができず，そのため職業技術を習得できず，賃金の低い仕事を得ることができても，貧困から脱出することは容易ではない。

アルゼンチン全国の，基礎的需要が満たされない世帯の比率は1980年が27.7%，1991年が19.9%，2001年が17.7%と改善されてきている。しかし，北東部のチャコ（Chaco），フォルモサ（Formosa），サルタ（Salta）やサンティアゴデルエステロでは，30%を超えている（図2）。

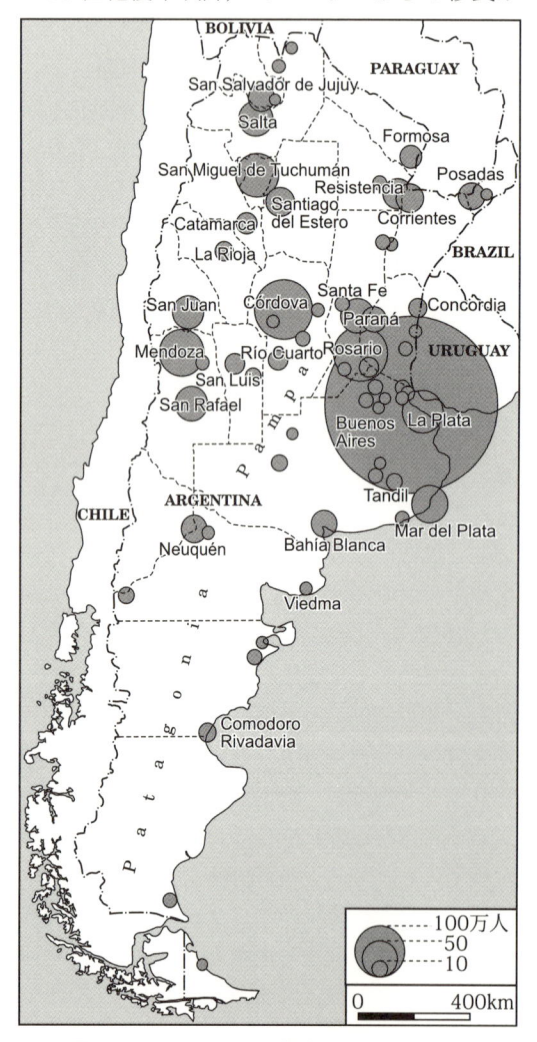

図1　人口5万人以上の都市の分布（2001年）
INDEC, National Population Censusにより作成。

社会的生活基盤についてみると，飲み水に適した安全な水の供給率は平均50%であり，ブエノスアイレス市は80%近く上下水道の供給が受けられる。住宅の床が土間の比率は平均18%であるが，カタマルカ（Catamarca）やチャコ，コリエンテス（Corrientes），フフイ（Jujuy），サルタでは約40%であり，サンティアゴデルエステロとフォルモサは50%を超えている。携帯電話を含む電話を有していない世帯が多く，この比率は平均71%である。固定電話の普及率は，ブエノスアイレス市が50%，フォルモサ，チャコ，サンティアゴデルエステロ，サルタでは90%以上の世帯が電話を有していない（松本，2005）。このように社会的生活基盤においても，地域格差は大きい。

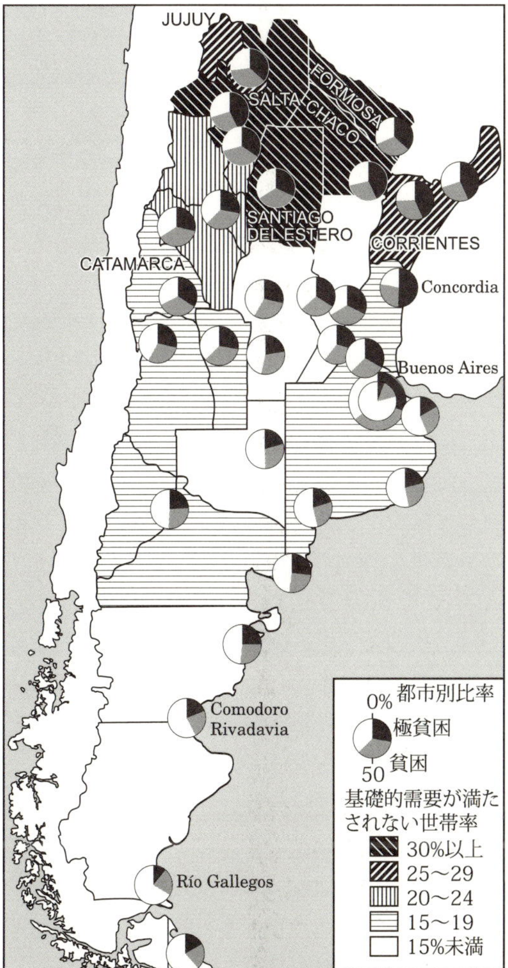

3 貧困問題

政府が貧困者と判断するのは，1世帯（夫婦と子ども2人）の収入が月750ペソ（1ペソは約40円，2007年7月）以下であり，最も貧しい貧窮者は月350ペソ以下の収入を基準にしている。最低限の必要品を調達して，子どもたちを学校に通わせて，公共料金や税金，年金などを払って生活するためには，月900ペソ以上は必要とされている（松本，2005）。

図2中の円グラフは，主要都市の貧困・極貧困世帯率を示したものである。貧困レベル以下の世帯とは，食品以外の物品や衣服，交通，教育，保健などのサービスを受けるのに十分な所得がない世帯を指す。そのなかでも極貧困世帯とは，世帯構成員全てに食事として毎日最低限の熱量と，必要なたんぱく質を供給するための所得のないものを指す。

アルゼンチンでは，一部の富裕層の所得は上昇する一方で，中間所得層の世帯は貧困レベル以下に分類されている。北東部の都市では，貧困レベル以下の世帯率が70%を超えるところが多く，なかでもコンコルディア（Concordia）では，貧困レベル以下の世帯率が77.7%であり，極貧困世帯も50.5%を占めている。

ブエノスアイレス市では，貧困レベル以下の世帯率は21.2%であるが，郊外では貧困レベル以下の世帯率が64.4%，極貧困世帯率が30.5%と地域格差が大きい（図2）。ブエノスアイレス市では，地方に比べると貧困率も低く，その地域格差が人口の都市への集中を生み出しているのである。しかしながら，ブエノスアイレス大都市圏では，郊外には貧困者が多く，ここにおいても貧困問題は解決していない。

人口の少ないパタゴニアのコモドロリバダビア（Comodoro Rivadavia）やリオガジェゴス（Río Gallegos）では，貧困レベル以下の世帯率は50%未満である（図2）。パタゴニアでは近年，地下資源の開発にともなう移住者もある。人口の少ない地方での産業振興は，貧困問題解消への糸口となるであろう。

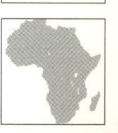

図2 基礎的需要が満たされない世帯の州別比率（2001年）**と主要都市の貧困・極貧困世帯率**（2002年5月）
INDEC, National Population Censusにより作成。
ブエノスアイレス大都市圏は，内側がブエノスアイレス市，外側が郊外を示す。

（藤塚吉浩）

31 ペルーにおける遺跡の盗掘・破壊と共存

1 盗掘で見つかったシクラス遺跡

2006年6月20日付の朝日新聞朝刊は，ペルー海岸部のチャンカイ河谷で，今から約4800年前の神殿跡が見つかったと報じた。盗掘者によって小山の山頂付近にあけられた幅約4m，深さ約8mの竪穴を，藤澤正視氏や，リマにある天野博物館の阪根　博氏が調査し，アシを袋状に編んで小石を詰めた古代の築造補強材「シクラ」や，木炭片，繊維片などを見つけ，シクラス遺跡（Ruinas Las Shicras）と命名した。それらの試料6点が放射性炭素の年代測定で調べられ，最大で4,800年前，全体では約4,800〜4,100年前と確認された。

この地は，チャンカイ文化研究の第一人者，故天野芳太郎氏が精力的に調査・発掘をされてきた天野博物館のフィールドである。周辺のチャンカイ期（1000〜1400年）やインカ期（約1400〜1533年）の遺跡はよく知られており，未知なものの存在の予感がある一方，それらの調査には障害となる小山だとも思われていた。そんな小山をワッケーロ（huaquear＝発掘・

写真1　シクラス遺跡（2006年8月撮影）

盗掘する）と呼ばれる盗掘者は，無茶な掘り方で，金目の遺物を求めて深く掘り進んだ。結果として，チャンカイ期はおろか，紀元前2千数百年のアメリカ大陸最古級の建築遺構の発見につながったのである。2006年8月に現地を訪れた際の写真が写真1である。この時もワッケーロとおぼしき2人が，周辺を徘徊していた。

先に述べた盗掘者が，紀元前の遺跡を発見しようとしたのではないことは自明である。結果としてはシクラス遺跡発見の誘因となっているが，貴重な遺跡の破壊行為とも捉えることができる。文化予算・文化行政の貧弱な途上国にあっては，このような事例は多数ある。こうした盗掘の実態の背景には，盗掘者を含めた遺跡周辺の住民一般が，今日遺跡として残っている建築物を築き上げた人々について，自分たちとは文化的・歴史的に関係のない存在として捉えていることがあげられる。そこに，遺跡発掘を通じて当該地域の過去の文化を復元し，新たな歴史的知識を蓄えようとする考古学者や文化行政側との思惑のずれが生じる。

シクラス遺跡は，ペルー文化庁の許可を得た天野博物館が発掘している。だが地権者はその周囲に養鶏場を建設しようとしており，継続した発掘調査も危うい。用地取得が急務とはいえ，資力に恵まれない一博物館の努力では厳しい。

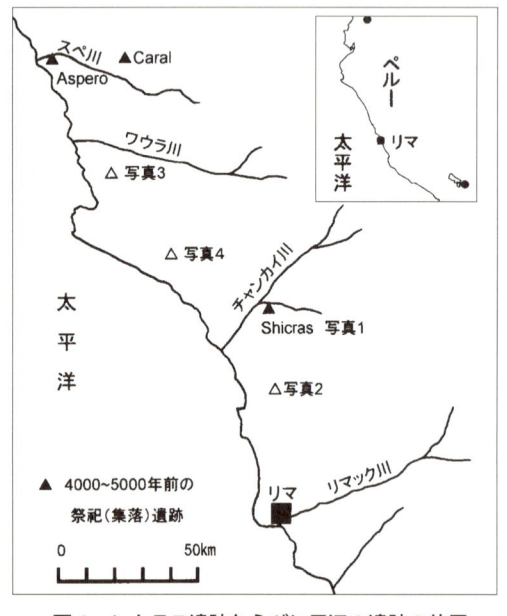

図1　シクラス遺跡ならびに周辺の遺跡の位置

2 遺跡荒廃の要因と実態例

ペルー中北部の遺跡発掘や保存運動に精力的な関 雄二氏は，遺跡の荒廃には自然的な要因と人為的な要因があり，それらが複合的に絡み合っているとしている。自然的要因には，エルニーニョ現象の一つとしての強い降雨があり，アドベ（日干し煉瓦）製の遺跡が荒廃する。人為的要因には，①農業に代わる生業としての森林伐採，レンガ製作，②都市への人口流入現象の一部としての遺跡における不法占拠，③盗掘などがある。①のために遺跡が原料や燃料の供給地になっていること，②に関しては，チムー帝国の首都遺跡のチャンチャンに100～200人の不法占拠者がいることを指摘している。さらに北海岸では③の盗掘が頻繁に行われ，遺跡が破壊され，埋葬品が売りさばかれているという。当然，現金収入を得るための商業的な目的が多く，アンデス地域で全般的に広まっている聖週間に幸運を祈って行われる厄除けのための伝統的な盗掘があったり，さらには北海岸で今日でも盛んなクランデーロという占い師による呪術と関連した盗掘もあるという（関，1996）。

写真2は，リマ北方のアンコン郊外砂漠上のチャスキワシ（インカ期の飛脚チャスキの滞留所）らしき遺構であるが，30年ほどの間に内円部分がすっかり砂に埋め尽くされた。さらに，ここでは自然現象にとどまらず，本書32で述

写真3 模擬盗掘（Huacho近郊，1982年7月撮影）

写真4 アバタ模様の盗掘跡（ワラル北東郊のドーニャ・マリア平原 Pampa Doña María, 2006年8月撮影）

べるバリアーダが目前まで迫っている。人為的要因も加わり，周辺のインカ道遺構共々，消滅しないか気がかりである。

写真3はワチョ近郊での模擬盗掘のスナップである。約1mの長さの鉄棒に，丸みのある木製の握り部をつけ，ぐいぐいと差し込んでいく。握り部の感触で空洞部を察知し，遺物を掘り当てる。海岸砂漠のワカと呼ばれる墓場は，このような簡単な方法で盗掘され荒らされて行く。その結果，写真4のようなドリーネ状の窪みが連続する荒れ果てた墓場が散見することになる。

ワッケーロには，遺跡を破壊し，文化財を流出させているといった罪の意識はみられない。欧米や日本での需要がある限り，ペルーだけではなく，盗掘は後を絶たない。現地の博物館が彼らから盗掘品を買い取ることもあると聞くが，貴重な文化財を国外流出させたくないという，地元研究者の悲痛な叫びとも聞こえる。市民社会が成熟している先進国は，文化遺産をかかえる途上国の一般住民の視線に立って，保存なり観光なりに協力し，携わっていくべきであろう。

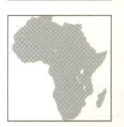

写真2 チャスキワシらしきストーンサークル
（Ancon北東，上1974年7月，下2006年8月撮影）

（梅原隆治）

32 リマにおける肥大化するスラム（プエブロ・ホーベン）

Latin America

1 プエブロ・ホーベン（バリアーダ）

　2003年ペルー統計情報院年報によると，ペルーの人口は約2,754.7万人，そのうち29％近い約791.2万人がリマ首都圏に住む。同院2000年の推計値で，全人口の約52.2％が海岸地帯，約34.5％が山岳地帯，約13.3％が森林地帯に居住しており，都市人口は全体の約72.2％，農村人口は約27.8％となっている。リマには都市人口の45％が集中している。農村部における出生率は高く，都市への人口流入の要因となっている。

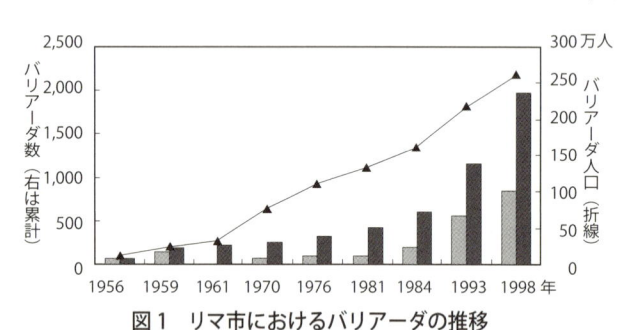

図1　リマ市におけるバリアーダの推移
Cockburn (2005) により作成。

　若い町と直訳できるプエブロ・ホーベン（pueblo joven）は，そのリマ市周辺の砂漠上に展開するスラム街の通称である。昨今は「不法街区」とか「市外区」，「大衆居住区」といった訳語がふさわしいバリアーダ（barriada）がおもに用いられている。1998年のリマ市総人口約690万人のうち約38％にあたる約262万人がこのバリアーダの住人であった。図1はバリアーダとそこに住む住人の1970年以降の急激な増加を示している（図2）。

2 スラム化の背景

　プエブロ・ホーベン（バリアーダ）は，砂漠気候下で葦簀張りやアドベ（日干し煉瓦）造が主であることを除けば，ブラジルのリオデジャネイロやサンパウロにあるファベーラ（favela）と同質のものであり，農山村の貧困層が，数少ない大都市へ豊かさを夢見て流入してくる結果としてできた居住区である。貧困層および極貧困層が70％前後で存在するペルーでは，貧困層の約55％が都市部に居住しており，農村貧困人口よりも多い。一方，極貧層は約77％が農村に居住しているが，将来の都市大衆居住区予備軍と言えなくもない。

　ペルー全体の貧困率は1991年から1997年にかけて減少したものの，2000年に入ってからは逆に増加している。特に海岸の都市部は51.9％から58.3％に増加している。

　ペルーでは植民地時代からリマへの中央集権化が進み，人口のみならず，経済活動に関

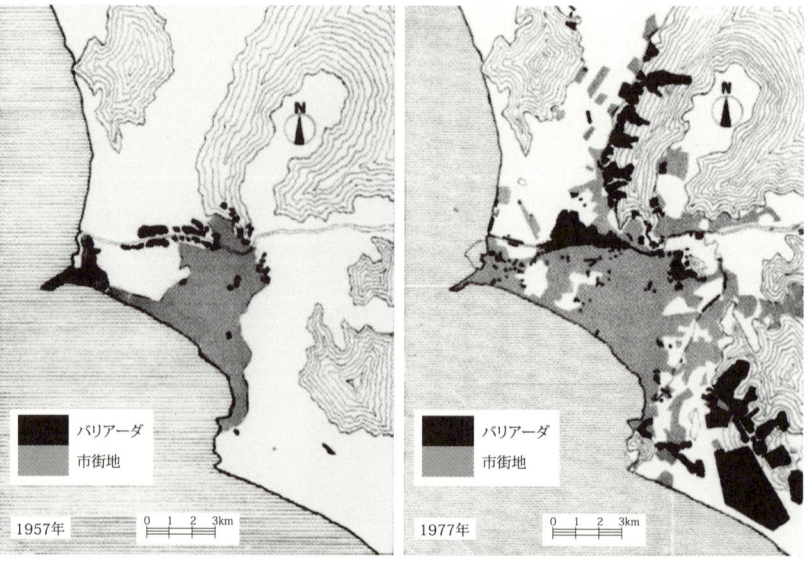

図2　大リマ市のバリアーダ（黒色）の拡大　Mar (1977) による。

写真1　リマ市近郊のプエブロ・ホーベン（1982年撮影）

しては，全機関の45%，消費の50%，民間投資の52%，国内総生産の55%，国内工業総生産の75%，商業銀行の貸付の80%，公共投資の85%，政府支出の97%が集中している。こういったリマへの超中央集権主義が，農山村の貧困・極貧困層を都市部へ押し出し，リマ市の肥大化とスラム化をもたらしていると言えよう。

3　変化するプエブロ・ホーベン

国立フェデリコ・ビジャレアル大学で社会福祉を専攻する日本人留学生I氏は，プエブロ・ホーベン住民の視線に立って社会を眺めてみようとの思いから，妻と共に定住し，働く子供たちの運動体に関わりを持ちながら，生活環境改善に取り組んでいる。

I氏の住むパチャクティ地区（リマの中心部から北東に約35km離れた砂漠の丘陵）は，カジャオ特別県のベンタニージャ区に属するオアシス（AA.HH OASIS）の1ブロックで，政府の貧困層に対する居住地提供計画が成功した数少ないところである。それでも不法占拠時のリーダーたちが土地の管理・売買を担い，当初一区画（7m×20m）25ソル（1ソルは約36円，2006年8月）だった土地を，I氏は1,000ソルで購入した。エステラと呼ばれる葦製のむしろは一枚約6ソル，パレット材の廃材を組み直した2m四方の板が50ソル前後，日干し煉瓦は千個で90ソル，煉瓦は千個当り140ソルほど。これらを購入し組み立て，屋根に竹を敷き詰めビニールシートを覆い，セメントで蓋をした。台所・シャワールーム・ドラム缶風呂・トイレも設置した。

25年ほど前に初めて接した葦簀張りのプエブロ・ホーベン（写真1）と比べれば，格段に

表1　バリアーダ住民の職種（%）

年	1978	1981	1993
労働者	44	41	21
店員，事務員	24	22	42
独立	23	26	24.5
調理人	4	3	5.5
家政婦	0.83	0.60	3.5
親方，主人	0.21	2	3.5

Cockburn（2005）により作成。

質が向上したようにも見える。表1が示すように，バリアーダの住民はかつて肉体労働者が主であったが，今ではリマ市内のオフィスや店舗の従業員が目立つ。それだけ都市化し，大衆居住区という表現がふさわしくなってきたのであろう。しかし衛生・教育面も含めインフラ整備は遅々としており，傍観→追認→整備といった行政の姿勢が積極的な介入へと変わる必要を痛感する（写真2）。

写真2　水売りの車（aguatero，2006年撮影）
朝6時半頃からクラクションを鳴らして地区内を駆け回る。150リットル当り1～2ソル（50円前後）。

バリアーダの多くの土地は私有地，国有地を不法占拠したもので，行政によって正式な居住区と認められ土地の所有権が居住者におりるまでは，不法占拠のリーダーたちが土地の管理や売買を担う。不法占拠開始時には無償であった土地も，行政との交渉が進みインフラが整ってくると価格は上がり，土地の売買による収益は不法占拠のリーダーたちの懐に消える。おまけに住宅の大半は専門家による指導，設計，許可，住宅の質的コントロールのないインフォーマルな自助建設による。土地の不法占拠に始まり，最低レベルの住宅を獲得するまで長年かかり，しかもコストが非常に高い。都市の拡大に伴って周辺部にあった農業地域も消える。この深刻な都市問題の解決を模索する動きは遅々としており，この流れを変えることは至難の業のように思える。

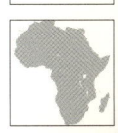

（梅原隆治）

33 Anglo America
貿易摩擦による日系企業の北米進出

1　日米貿易摩擦と日系企業の現地生産

日本とアメリカ合衆国の間で1950年代にはすでに貿易摩擦が発生していた。「ドル・ブラウス」に代表される日本からの安価な綿製品の輸出により，米国の繊維産業がダメージをうけた。その結果，1956年より日本は輸出の自主規制を行った。その後，毛織物，化学繊維製品と貿易摩擦の品目は拡大したが，1977年の第三次日米繊維取り決め調印により，この貿易摩擦は一応決着した（本山，1987）。

繊維製品に端を発した貿易摩擦は，1960年代には鉄鋼，そして1970年代以降はカラーテレビ，ビデオデッキ，半導体へと品目が広がった。図1のように日本は貿易黒字を拡大していくのに対して，アメリカ合衆国は工場の閉鎖や失業者の増大などの経済不振に陥り，巨額な貿易赤字が累積し，日本に対する批判が強くなった（小林，1989）。

そこで，日本は自動車の輸出に関しては，1981年に対米輸出の自主規制を開始した。さらに貿易摩擦を避けるため，日本の企業は米国での現地生産を開始し，現在では自動車を含め様々な工業製品の現地生産が行われるようになった。現地生産により，貿易収支の黒字を減少させるねらいがあるだけでなく，現地雇用などの米国への経済効果が期待された。

2　日系企業のアメリカ合衆国への進出

貿易摩擦の回避を主な目的として日系企業がアメリカ合衆国で現地生産を始めることになったが，どのように企業・工場の進出，展開を行ったのだろうか。そこで，進出した日系企業のうち，「電気・電子」，「自動車」，「精密機械」，「原料・素材」に関する企業の構成比を1985年から10年ごとに示した（図2〜図4）。これらの図を用いて日系企業の進出先と進出企業数，業種の変化について検討する。

図2　米国における日系企業の立地（1985年）
『海外進出企業総覧』により作成。

図1　日本とアメリカ合衆国の輸出超過の年次変化
日本国勢図会により作成。

図2から，1985年には西海岸のカリフォルニア州に日系企業の集積があることがわかる。カリフォルニア州はアメリカ合衆国最大の州であり，日本とも関係が深いことから，早期の企業進出に結びついた（高津，1991）。また，進出数は多くはないものの，自動車産業の中心地デトロイトのあるミシガン州から南部に向けて自動車工場の集積がみられる。東海岸にも企業の集積がみられるが，カリフォルニア州を除き，日系企業はあまり集積していない。

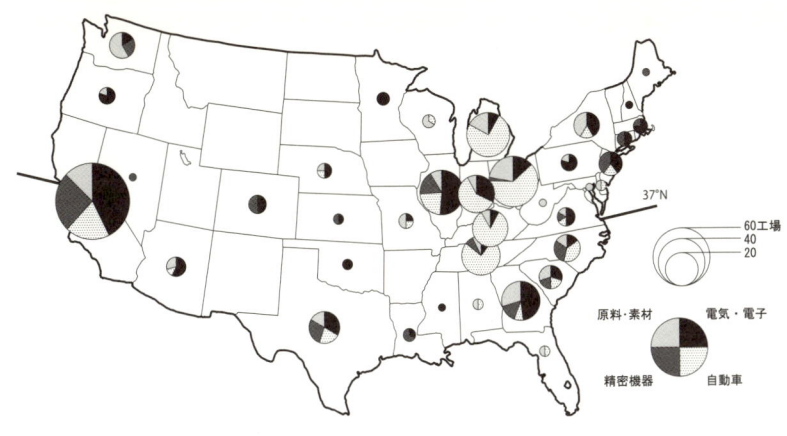

図3　米国における日系企業の立地（1995年）
『海外進出企業総覧』により作成。

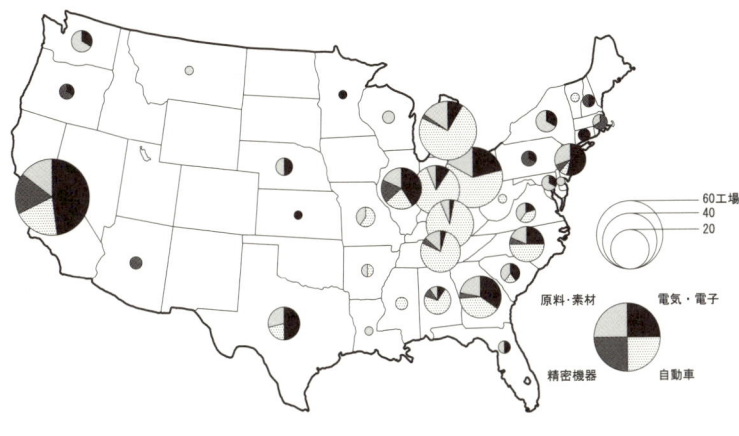

図4　米国における日系企業の立地（2005年）
『海外進出企業総覧』により作成。

カリフォルニア州を見ると，電気・電子関連企業の集中がみられる。これはスタンフォード大学を中心とした様々なIT関連産業の集中するシリコンバレーの影響から，日系企業も数多く進出するようになったことを示している。

2005年になると，各業種の構成比に大きな変化はみられないものの，全米各地で進出企業数は増加した（図4）。特に，五大湖周辺から南部に向けて広く自動車関連企業が進出していることがわかる。

3　日系企業の立地動向

日系企業の進出は，対米自主規制が強まり始めた1980年代は規模が大きく，日本ともつながりの深いカリフォルニア州に集中していた。しかし，その後は，自動車産業は，米国内の自動車産業が集積する地域へ，ITなどの先端産業はサンベルトやシリコンバレーといった米国で当該産業が発達する地域に立地してきた。日系企業はアメリカ合衆国内の既存の工業地域を活用する形で展開していった。

しかし，1995年の図3をみると，1985年からの10年間で多くの企業が進出したことがわかる。1985年まで五大湖周辺にしかみられなかった自動車産業の集積が，五大湖から南に向けて拡大している。このように企業が立地展開する要因として，インターステイト（州を結ぶ高速道路）を利用して自動車組み立て工場と自動車部品供給工場とを結びつけることがあげられる。

また，北緯37度以南に電気・電子関連企業の立地の集積がみられるようになった。この地域はサンベルトと呼ばれ，温暖な気候と豊かな石油資源，低賃金労働力の容易な確保，優遇税制による企業誘致などにより，電子・宇宙航空産業などのハイテク産業が立地するようになった地域である。

4　日系企業のアメリカ合衆国への適応

以上のように日系企業がどのように米国に進出，展開しているのかを検討してきた。アメリカ合衆国に進出した日系企業も貿易摩擦の回避だけでなく，次は文化的摩擦を回避しなければならない。日米間の労働慣習の違いや商慣習の違いが，文化的摩擦を生じさせることも珍しくない。日系企業はこれまで米国への進出，展開や生産活動は拡大してきたが，その結果生じる新たな摩擦の回避はこれからの課題となるであろう。

（大西宏治）

34 Anglo America
大規模灌漑の発達と食糧基地の形成

1 アメリカ大平原

ロッキー山脈の東の広大な平坦地をグレートプレーンズ（アメリカ大平原）という。半乾燥地域でプレーリーという草原に覆われたアメリカ大平原は，バッファローが遊歩し，それを狩る先住民平原インディアンの土地であった。19世紀に入るとヨーロッパ人が到来し，牛の放牧業が，ついでホームステッド法による自営穀作農民が入植した。入植者は1マイル毎に区画された土地の4分の1=160エーカー（64ha）を入手し，乾燥に強い小麦やソルガムをドライファーミング[1]で栽培した。

2 灌漑のはじまり

大平原への入植者は飲み水を地下水に依存した。地下水は風車を利用した井戸で汲み上げられた。この風車灌漑は，牧場の牛の飲み水としても利用された。アーカンザス川などの流域では河川水を水路に導いた水路灌漑によって甜菜などが栽培されたが，その面積は氾濫原や段丘などに限定され，広大な河間地は風車灌漑のままであった（Sherow, 1990）。第二次世界大戦前から河間地の農地でも発動機を動力としたヒューガルポンプによる畝間灌漑が行われるようになった（写真1）。しかし，畝間灌漑は水路灌漑と同様，灌漑水が自然に流下するよう平坦化する必要があった。なお，それまで利用してきた地下水は，6州に及ぶ広大な地域からなり，五大湖に次ぐ六番目の湖と呼ばれる，オガララ帯水層と名付けられた。地下水の涵養はネブラスカのサンドヒルやアーカンザス川の河畔砂丘地に限られ，流れも年間100～200mと緩慢で，多くは化石水からなるといわれる（Kromm and White, 1992）。

3 センターピボット灌漑の普及

センターピボット灌漑はコロラド州東部の借地農ザイバックによって1949年に発明され，1952年からネブラスカ州のヴァレー社から商業的に販売されるようになった。1960年に全米で7千台だったものが，改良の結果，1970年には3万台近くに増加した。1972年の改良で中心軸（センターピボット）から直線的に伸びる400mのラテラル（水道パイプ）を50m毎に設置されたA型の自走式支柱8本によって支えられる形式が完成した。中心軸から半径400mのラテラルが水圧で回転することにより，ラテラルに設置されているスプリンクラーから散水され，円形の灌漑（灌漑面積50ha）が可能となる（写真2）。

カンザス州南西部のガーデンシティー地域ではセンターピボット灌漑が1963年から使われはじめた。ジゴット一族がヴァレー社の灌漑代理店になるとともに，自らの耕地を展示圃とし

写真1 揚水ポンプとトウモロコシの畝間灌漑（1993年撮影）

写真2 センターピボット灌漑（1993年撮影）
半径400mのラテラルは自走式の支柱8本に支えられ，円形に灌漑する。畑が波打っていることに注目。

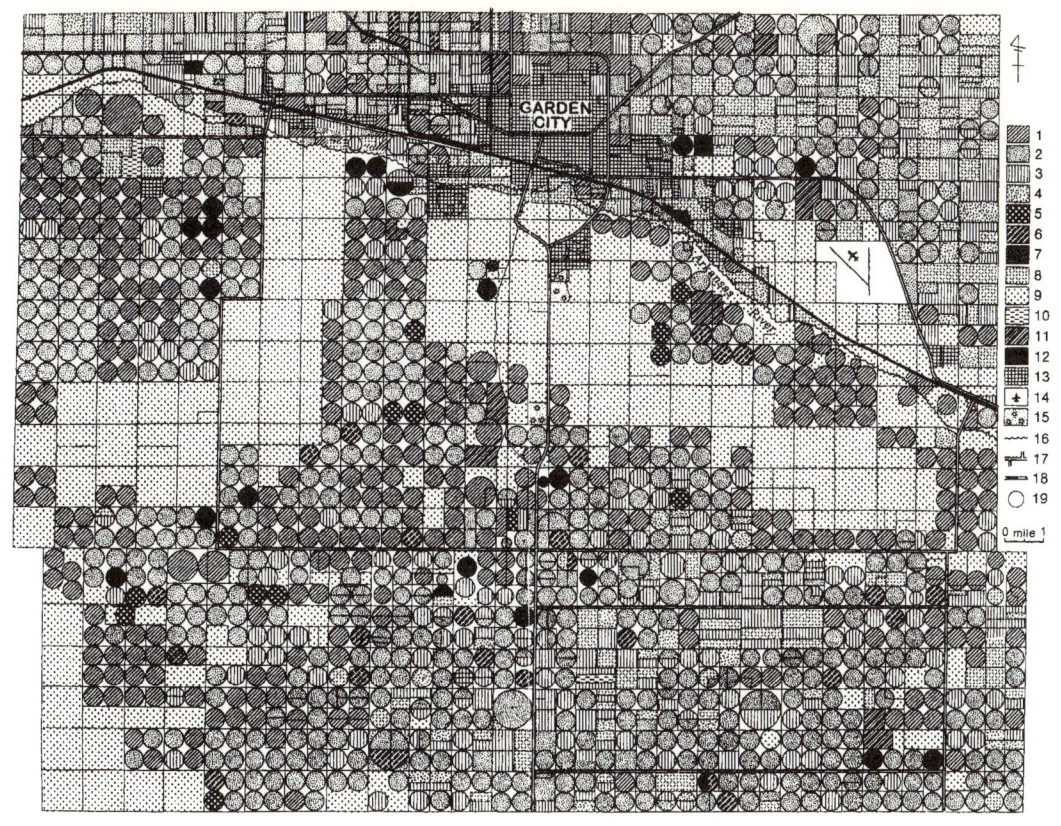

1:アルファルファ　2:とうもろこし　3:小麦　4:ソルガム　5:じゃがいも　6:大豆　7:ブルームグラス　8:夏季休閑　9:放牧地
10:その他の作物　11:フィードロット　12:食肉加工工場　13:市街地　14:空港　15:ゴルフ場　16:河川　17:主な道路
18:鉄道　19:センターピボット灌漑

図1　円形の農業景観（カンザス州南西部ガーデンシティー周辺の土地利用）

Saito et al.（2000）による。

てセンターピボット灌漑の効力を宣伝した。また，1972年に放牧地になっていた河畔砂丘地を購入し，平坦化しなくても（いくらか波状の耕地であっても）センターピボット灌漑が可能であることを実証して，この灌漑施設が急速に普及した（斎藤ほか，1999）。その結果，円形の風景が出現したのである（図1）。

4　新しい食糧基地の形成

西経100度以西の乾燥地域では降水量が500mm以下になるため，とうもろこしは栽培できなかった。しかし，図1でみるように円形の耕地では，とうもろこしが第1位，アルファルファ[2]が第2位の作物となっている。また，大豆，じゃがいもも栽培されている。これら作物は灌漑なしには栽培することが出来ない，いわば新しい作物なのである。さらに，灌漑により小麦やソルガムの収穫量も3～5倍に増加した。これらのことはオガララ帯水層の上にあり，比較的高所にあるため，ハイプレーンズと呼ばれるこの地帯が新しいとうもろこし地帯になったことを意味する。とうもろこし地帯は大豆・小麦の産地でもあるので，新しい食糧基地の形成といえるだろう（矢ヶ﨑ほか，2003）。トウモロコシの栽培に病虫害に強い遺伝子組換え種子が使われているが，輸出用の小麦や大豆などでは，そのようなハイブリッド種子の使用は控えられつつある。

1) ドライファーミング（dry farming 乾燥農法）とは天水に依存する農法で，水分保持のため（毛管現象を断つ），土壌の上部を掻き混ぜたものである。土地利用は小麦・ソルガム・休閑の3年2作が一般的であった。
2) アルファルファは豆科の栄養価の高い牧草であり，日本ではむらさきうまごやしと命名された。春の一番草は酪農家に，2～5番草はフィードロットに供給される。優良灌漑耕地に牧草が栽培されるのは，何度も収穫できるので穀物栽培より高収入が得られるためである。

（斎藤　功）

35 フィードロットの発展と オガララ帯水層の危機
Anglo America

1 フィードロットとは

ハイプレーンズにおいて肉牛の肥育は，入植当初から行われてきた。この肉牛肥育を専門的に行う施設がフィードロットであり，第一次大戦と第二次世界大戦の間に始まった。

大平原は本来，肉牛や豚の肥育地帯であったとうもろこし地帯への素牛供給地帯であった。肉牛価格の高騰により農家でも100頭，200頭の，また1,000頭以上の肉牛を肥育する農耕民型フィードロットが出現した。そして購入飼料で10,000頭以上の肉牛を肥育する商業的フィードロット（図1），素牛生産者から歩合制で請負肥育を行う企業的受託フィードロットも出現した。牛肉価格の変動のなかで，農耕民型フィードロットは脱落し，フィードロットの買収や系列化が進んで大規模化した（写真1）。フィードロットの中には農業生産を基盤にいくつものフィードロットを経営したり，住宅販売などの不動産業に進出する多角的企業や養豚業に乗り出すアグリビジネスも存在する。なお，フィードロットは平均300 kgの素牛を4ヶ月間で570 kgまで肥育して食肉会社に販売する施設であるので，3万頭の規模であれば，年間9万頭肥育することになる。

写真1　企業的フィードロットの景観（1997年撮影）
3.5万頭を肥育するインガルスフィードロット。

2 フィードロットと食肉加工工場の集中

センターピボット灌漑によりオガララ帯水層上のハイプレーンズは飼料に恵まれ，雨の少ない乾燥地域であり，無蓋の飼育に適しているので，商業的・企業的フィードロットが集中するようになった。カンザス州南西部からオクラホマパンハンドル（州の西に出た部分），テキサスパンハンドルにかけての地域がフィードロットの集中地である。

このフィードロットの集中地に肉牛処理施設が集中することになった。本来，肉牛を処理する屠場は都市内にあり，牛肉の全体像のわかる枝肉で販売された。しかし，アイオワビーフ（IBP）が工場を原料のあるネブラスカに移し，

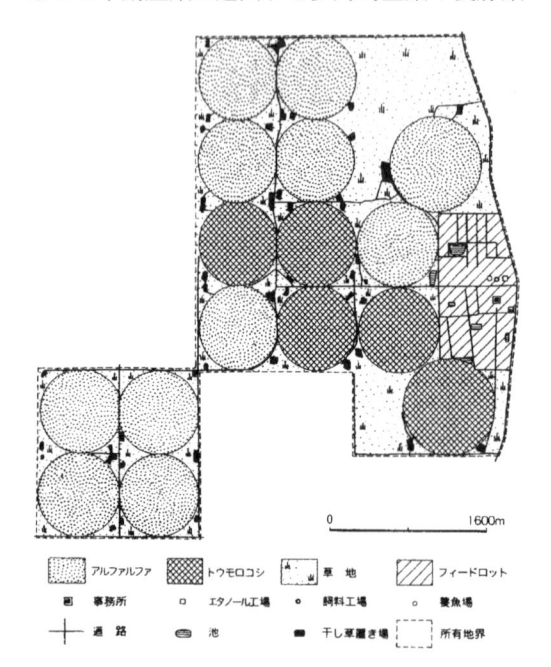

図1　フィードロットの土地利用
本書34図1の九つのフィードロットの一つ。斎藤・矢ケ﨑（1998）による。

写真2　北米最大の牛肉処理工場（1999年撮影）

肩肉，ロース，カルビなど部位毎に箱詰めにする「箱詰め牛肉革命」が達成されたことから，牛肉処理工場の原料立地が完結したのである。その結果，ハイプレーンズはフィードロットとパッカー（牛肉加工工場）が集中する世界一の畜産複合地域になった（斎藤・矢ヶ﨑，1998）。本書34図1の土地利用図には1日6,000頭の肉牛を処理するIBP（現タイソン社）のハルコム工場（写真2）とモンフォート社の加工場が存在する。

3　オガララ帯水層の低下

　本地域において，食糧を生産するため大量の地下水を消費するセンターピボット灌漑，人間の10倍の新陳代謝を行う数万頭の肉牛を肥育するフィードロット，肉牛の解体，カット，洗浄に大量の水を必要とする肉牛加工場の集中は，過度に地下水を使用することになった。加えて，これまでなじみのなかった養豚施設さえ立地することになった（斎藤ほか，2000）。事実，カンザス州南西部の本地域は，テキサスパンハンドル地域とともに地下水位の低下が最も著しい地域である。前頁で示したフィニー郡南部では地下水位が24mも低下した（図2）。このような地下水の低下が続けば，オガララ帯水層は枯渇してしまうのではないかという危惧が囁かれた。環境論者の一人は，灌漑を止め，帯水層地域を「バッファローコモンズ[1]に戻すべきだ」と論じた（Popper and Popper, 1999）。近年，地下水位の低下は鈍化している。

4　オガララ帯水層の持続的利用

　地下水の揚水権は土地所有者にあるが，

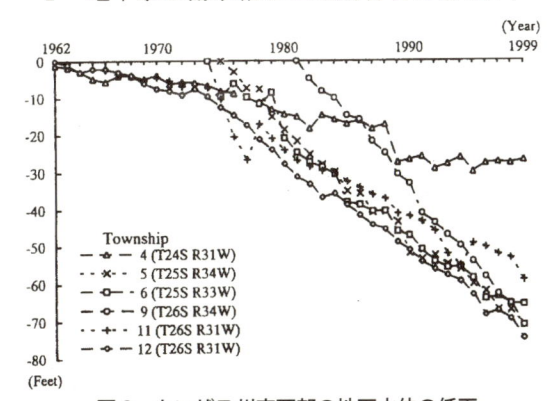

図2　カンザス州南西部の地下水位の低下
フィニー郡のタウンシップ毎の井戸の平均。Saito et al. (2000) による。

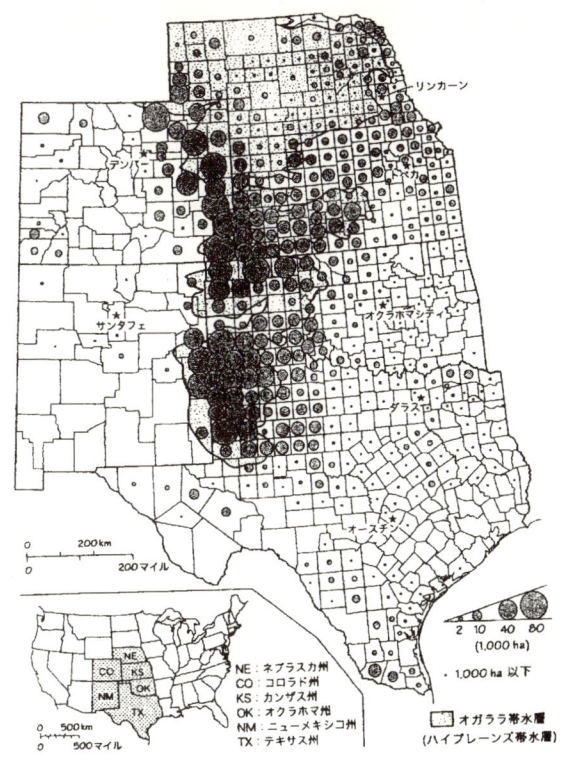

図3　ハイプレーンズにおける農地保全留保事業の郡別分布（仁平ほか，2000）

地下水低下を防止するため，様々な試みが行われている。その一つは新規井戸の掘削の制限である。本書34図1の放牧地のところの多くは，その規制区域である。センターピボット灌漑でも，ラテラルからチューブを地上近くまで下げてスプリンクラーで散水する節水栽培が普及している。もう一つの試みは，日本の減反政策に対応する農地保全留保事業（CRP）である。農地を10年間自然草地にし，環境保全に努めれば，小麦を栽培したのと同等な報酬が与えられるものである。これは土壌侵食を防ぐ大畝栽培や，株残し農法と結びついて，地下水の消費量を少なくするとともに，雉や七面鳥などの野鳥や鹿などの動物の増加に役立っている。そのCRPの分布は，オガララ帯水層の西縁，農耕の限界地に沿って存在する（仁平ほか，2000）。

---

[1] コモンズとはかけがえのない国民的財産で，私的利用を阻む共有財産・共有地を意味する。

（斎藤　功）

36 Anglo America 肥満大国のアメリカ

1 肥満とBMI

アメリカ合衆国（以下，アメリカとする）では，太っている人をよくみかける。しかも，老若何女を問わず，病的に肥満な人も多い。そのため，糖尿病などの生活習慣病に苦しんでいる人が多く，平均寿命も男性74.6歳，女性79.8歳と日本人と比べて4～5歳短くなっている。

肥満度を示す指標として，BMI（Body Mass Index）が用いられる。近年は健康診断結果でも用いられ，体重（kg）÷身長（m）^{2} で計算することができる。BMIの値が25～30ならば過体重，30以上ならば肥満とされている。身長が170cmの人なら，73kg以上で過体重，87kg以上で肥満になる。アメリカでは肥満者の割合は3割以上を占め，先進主要国の中では最も高い割合である。しかも，それらの割合は年々上昇している。日本人の肥満者の割合は3％程度にとどまっているが，BMIが25以上の過体重の人はすでに3割以上を占めている。

2 肥満者増加の要因

(1) 食料摂取量の増加

肥満の第1の原因は，食べ過ぎていてカロリーを過剰に摂取していることである。30年前に比べてアメリカ人は約2割も摂取量が増えている。では，どうしてアメリカ人は食べ過ぎているのかというと，一つには外食や加工食品で供される1人分の量が巨大化したことである。とくにファストフードでは，1960～1970年頃と比べると，2倍から4倍のカロリーが含まれるようになった。映画館で提供されるポップコーンも，バケツサイズとよばれている。

その背景にあることは，外食や食品企業のマーケティング戦略である。世界最大の農業大国であるアメリカでは，食材や原料農産物にかかるコストは相対的に安く済む。サイズを2倍にしても，小売価格はほんの少ししかアップしないため，消費者は割安感のある大きなサイズの商品を好む傾向がみられる。

(2) 栄養のアンバランス

たんぱく質，脂質，炭水化物の摂取比率をPFC熱量比率といい，日本型食生活はバランスがよいとされてきた。それに比べると，アメリカ人の食生活はバランスを欠いている。もともと，アメリカ人の油脂類や糖分の摂取量は多かったが，この30年間で増加傾向が続いている。日本人も油脂類の増加が増えており健康面への影響が懸念されているが，それでもアメリカ人の30年前の水準に達していない。

表1　各国の肥満者の割合　　　　　（単位：%）

国　名	1989～1999年	1999～2004年
アメリカ合衆国	23.3 [91]	32.2 [04]
イギリス	14.0 [91]	23.0 [04]
オーストラリア	10.8 [89]	21.7 [99]
スペイン	5.5 [89]	13.1 [03]
ドイツ	11.5 [99]	12.9 [03]
フランス	5.7 [91]	12.9 [04]
イタリア	7.0 [94]	9.0 [03]
日本	2.2 [91]	3.2 [03]
韓国	2.2 [98]	3.2 [01]

上付の数字は西暦の下2ケタを示す。　OECDの資料により作成。

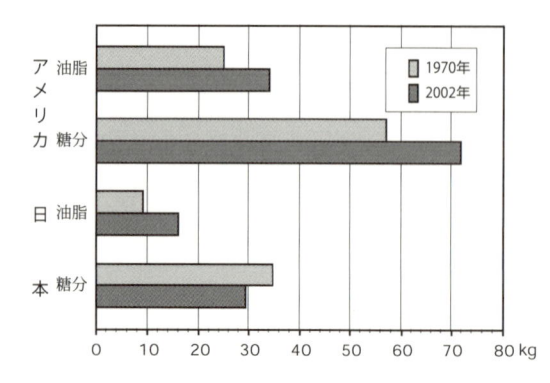

図1　アメリカ人と日本人の油脂・糖分の供給量の変化
FAOの資料により作成。

(3) 運動不足

アメリカは，日本以上にモータリゼーションの発達した自動車社会である。ニューヨークなど一部の大都市を除くと，多くの人は自動車で通勤している。子どもたちも，黄色のシンボルカラーでおなじみのスクールバスで学校に通う者が過半数を占めている。街中から少し郊外に行くと，歩いている人や自転車に乗っている人はみられない。大半の人は，数百m先へ買物に行くにも自動車を利用している。公園でジョギングをしたり，フィットネスクラブに通ったりする人も多いが，運動をしない人も多い。高校生の体育の履修率も3割くらいしかない州もある。

(4) 子どもをターゲットとしたマーケティング

味覚は経験によって形成されるので，幼い時に覚えた味は一生忘れない。そのため食品企業や外食企業は，いかに子どもたちに売り込むかということにしのぎを削っている。ファストフード企業による学校での昼食の提供，小学校における清涼飲料水の自動販売機の校内設置，学校内への食品業界の広告（看板・学校新聞など），間接的なプロモーション（教材・コンテストなど）など，食品企業による子どもたちへの売り込みは日本以上に顕著にみられる。

たとえば，あるピザ・チェーンでは，小学生を対象に読書コンテストを毎年行っている。これは，学校の先生が設定した1ヶ月の冊数の本を読むと，ピザを1枚無料でもらえるというものである。社会貢献活動のようにも思われるが，一生ファンになってもらえれば企業としても安いものである。

3　空間スケールによって異なる食料問題

世界の食料問題に関して，飢餓と飽食ということが，よく言われる。現在でもアフリカなどで，十分な食料を得ていない人がいる一方で，先進国では食べ過ぎでダイエットをしなければ健康を維持できない人も多い。飢餓や栄養不足の発生は，世界全体での食料生産が不十分だからではなく，食料の分配という経済や社会のシステムに原因がある。つまり，裕福な人は食料を自分の必要とするカロリー以上に購入できるが，貧しい人は食料を十分に買うことができないのである。では，アメリカで太っている人は，経済的に豊かなのであろうか。

州別の肥満者の割合をみると，ミシシッピ州，ルイジアナ州，ウェストバージニア州の順で高くなっている。これらの州はアメリカの中でも貧しい地域である。アメリカ人は豊かだから太っているのではなく，貧しい人ほど肥満になる傾向がみられる。

アメリカは，貧富の差が激しい国で貧しい人は少なくないが，それでも飢え死にするほどではない。ファストフードや加工食品は，手軽に食べることができる上，手間をかけて食事を作ったり，レストランで食べたりするよりも，価格がはるかに安い。また，貧しい人ほど栄養や健康に関する教育を受けていないことや，都心周辺に居住する貧しい家庭の子どもたちは，安全性の問題から外で遊ぶことも難しいといったことも，アメリカにおいて，貧しい地域に肥満者が多い理由としてあげられる。このように，空間スケールによって食料問題は異なるのである。食料問題の解決のためには，単に科学的・技術的な視点だけではなく，社会経済的な側面を考慮することも重要である。

（高柳長直）

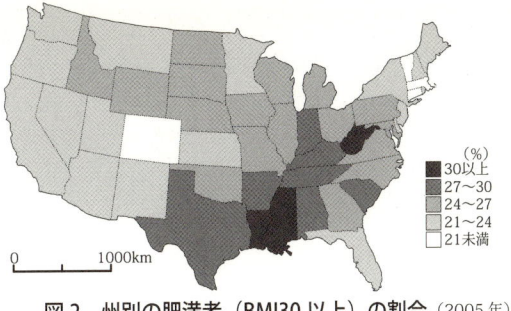

図2　州別の肥満者（BMI30以上）の割合（2005年）
Centers for Disease Control and Prevention の資料により作成。

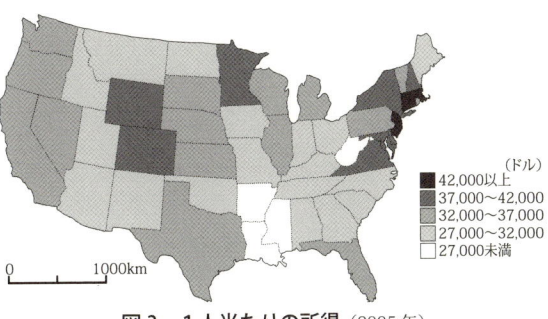

図3　1人当たりの所得（2005年）
Bureau of Economic Analysis の資料により作成。

37 Anglo America 高齢化の進むフロリダ州

1 フロリダ州の人口増加

アメリカ合衆国南東部から大西洋に突き出たフロリダ半島からなるフロリダ州は年間を通して気候が温暖で，冬の保養地として知られている。このフロリダ州の人口増加は急激であった。1950年のフロリダ州の人口は270万で，全米20位であった。ところが，フロリダ州の人口は1960年には495万で全米10位，1980年には975万に増加し全米7位となった。さらに，2000年には人口1,598万で全米4位に躍進し，2005年には州の人口が1,779万に達した（図1）。フロリダ州のこのような急速な人口増加は，自然増加というよりもほとんどが社会増加（つまり人口流入）によるものであった。フロリダ州における1980年代の人口増加の86.8%，1990年代の人口増加の85.3%が社会増加によるものであった。

2 フロリダ州への人口流入

フロリダ州は第二次世界大戦後，北東部のメガロポリスや中西部から暖かい気候を求める退職高齢者の流入が続き，高齢者率の高い州として知られるようになった。1995～2000年のフロリダ州への純人口流入60.7万人のうち最多の人々を送り出しているのはニューヨーク州（23.8万人）であり，次いでニュージャージー州，イリノイ州，ペンシルベニア州そしてオハイオ州である。

フロリダ州への1995～2000年の国内純人口流入60.7万人のうち，14.9万人が65歳以上の高齢者であり，全体の24.6%を高齢者が占めた。高齢者はフロリダ州のほぼ全域に分布するが，南部と中央部に特に多く，ジョージア・アラバマ州の南部に延びている地域では少ないのが特色である（図2）。ところが，最近の高齢者の移動を見ると，伝統的に高齢者が定住することの多かった東海岸の南部よりも西海岸に高齢者流入率の高い郡が見られるようになった。フロリダ州の人口増加と高齢者の移動は住宅の需要を増加させ，フロリダ州中央部に広がる果樹園と住宅地開発の競合が大きな問題となっている。

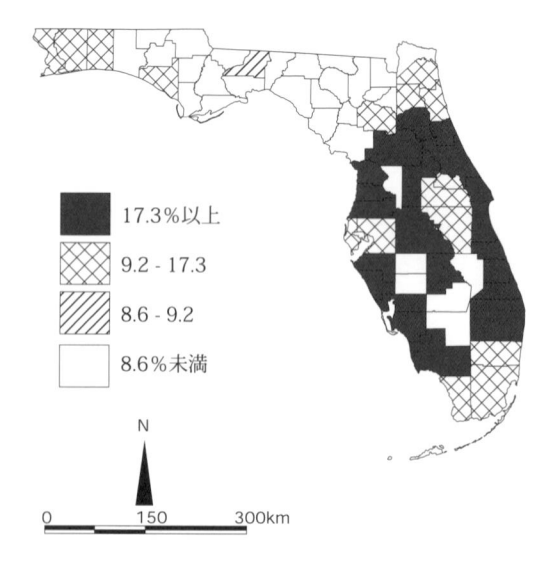

図2 アメリカ合衆国フロリダ州における郡別65歳以上人口の比率
アメリカ合衆国国勢調査局の資料により作成。

3 高齢化の進むフロリダ州

フロリダ州において65歳以上の人口が全人口に占める比率は16.8%（2004年）であり，全米の州の中で最も高齢者比率が高い。高齢者が多いためにフロリダ州の経済活動は停滞して

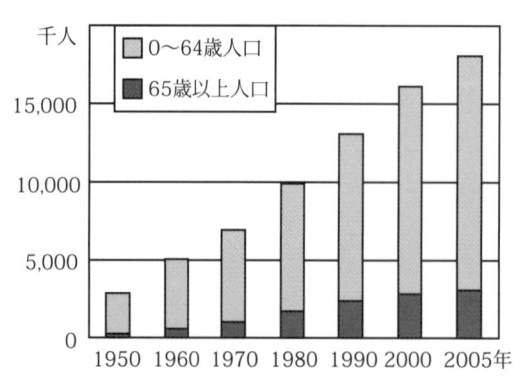

図1 フロリダ州における人口増加
Florida Department of Health（2005）により作成。

いると思いがちであるが、フロリダ州の経済は活発である。高齢者の人口増加に伴って、サービス業の雇用が増大して労働市場が拡大し、中・壮年の労働者をフロリダ州に惹きつけている。また、フロリダ州では州の所得税が無いために、税金を少なくしようとする実業家や退職者が流入している。

人口が高齢化するフロリダ州は、道路・上下水道・学校等の社会的施設建設のための支出が出来るだろうかとの疑問があるが、高齢者の年金・社会保障費そして個人の預金・資産から十分な消費支出が行われ、その消費税によって州の収入が賄われている。観光地となっている郡ではホテル宿泊税を課して郡の収入を増やしている。高齢者には連邦政府から老人医療保障費が支払われる。

4 高齢者の住むコミュニティ

1960年にアリゾナ州フェニックス市郊外に建設されたサン・シティの成功により、フロリダ州でもリタイアメント（退職者）・コミュニティが多数建設されるようになった。リタイアメント・コミュニティの規模は数十戸から数千戸まで規模は様々であるが、住民に対するサービスとして、ゴルフコース、テニスコート、屋内外プール、サウナ、エアロビクスの部屋、室内トレーニング場等を備え、さらに日常の生活を支援する建物の中に図書室、インターネットに接続できるコンピュータールームを備えているところもある（写真1）。新しいリタイアメント・コミュニティは防犯態勢が整備されているゲーテッド・コミュニティでもある。ま

写真1 リタイアメント・コミュニティでゴルフを楽しむ人びと（2006年9月撮影）

表1 リタイアメント・コミュニティを選択する理由
（複数回答）

選択理由	回答率
温暖な気候	72%
ライフスタイル	71%
犯罪の少なさと安全性	34%
生活費の安さ	26%
親類への近さ	24%
近隣の不動産価格	21%
住宅との関係	20%
周囲の風景	20%
健康との関係	17%
教会への近接性	11%

た、リタイアメント・コミュニティが開発されても、地方自治体は学校の建設や教員の雇用も必要がないし、介護等も私費か連邦政府の費用で行われるのでこの開発を歓迎している。

タンパ都市圏内にあるリタイアメント・コミュニティのサン・シティ・センターで2005年に住民を対象にしたアンケート調査を行った（表1）。サン・シティ・センターは1961年に建設が始まり、現在では7,500世帯、約13,000人が居住している。住民へのアンケートの結果、このリタイアメント・コミュニティを選択した理由として一番多かったのは、温暖な気候（72%）、次いでフロリダのライフスタイル（71%）、犯罪の少なさと安全性（34%）、生活費の安さ（26%）、親類への近さ（24%）と続く。ここの住民は白人がほとんどである。

かつてフロリダ州において高齢者比率が高かったマイアミ大都市圏では高齢者の純移動率が減少に転じてしまった。これは、マイアミ大都市圏からその北部の都市圏や半島西部へ高齢者が移動したためである。

犯罪率の高いマイアミ大都市圏から安全性の高いマイアミ北部の都市圏や半島西部のリタイアメント・コミュニティへの移動は、民族による居住地域分化の進展とも言える。フロリダ州にはキューバ系アメリカ人の約60%が住み、その多くがマイアミ大都市圏に居住している。さらに、マイアミ大都市圏には、ハイチ、ジャマイカ、その他のラテンアメリカ諸国からの移民も多数住んでいる。

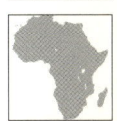

（菅野峰明）

38 Anglo America
ニューヨーク市におけるジェントリフィケーション

1 ジェントリフィケーション

ジェントリフィケーションとは，衰退する大都市のインナーシティにおいて，専門職に就く若い富裕な人たちが来住し，近隣が再生される現象である。伝統的な建築様式として価値のある住宅は間取りや内装の改修により復興されるが，老朽化した粗末な住宅はコンドミニアムなどの高価な住宅に更新される。

図1は，ニューヨーク市の白人の人口増減率を示したものである。アメリカの大都市におけるジェントリフィケーションでは，白人の来住によるものが多い。図1より白人の増加したところのうち，注目すべきはマンハッタン南部のダウンタウンと北部のハーレム（Harlem），ブルックリン（Brooklyn）中心部である。

黒人が多く居住するハーレムでは，都市再開発による地区の変化とともに，1980年代よりジェントリフィケーションが進行し，一部では黒人以外の来住者が増加しているのである（Smith, 1996）。

業務機能の集中するダウンタウンの北に位置するロウアーイーストサイド（Lower East Side）では，リトルイタリーやチャイナタウンが周辺にあるため，エスニックマイノリティの居住者が多い。ここには低所得者が多かったが，1980年代には当地においてもジェントリフィケーションが進行した。地区内の中心にあるトンプキンスクエア（Tompkin Square）公園では，ここで寝泊まりするホームレスの人たちも多かったが，ジェントリフィケーションの進行により，公園の周囲にフェンスが設けられ，中では白人の親子の憩う姿がみられるようになった（Smith, 1996）。

2 立ち退き

都市の再生としてもてはやされることの多いジェントリフィケーションについては，様々な問題がある（藤塚，1994）。なかでも最大の問題は立ち退きの惹起である。ジェントリフィケーションは立ち退きを伴って起こるといっても過言ではなく，双方の現象は表裏一体の関係にある。

立ち退きの最大の要因は，家賃の上昇である。また，借家が高価なコンドミニアムにリニューアルされることも大きな要因であり，これにより持ち家が増加する一方で，借家人が立ち退きさせられる。このようなプッシュ要因だけでなく，伝統的な建築物の質，近隣の魅力，相対的にみて安価であることと位置的な有利さから，より高い値をつけることのできる来住者を引きつけるというプル要因によっても，長い間住んでいた住民は立ち退きさせられる。

立ち退きさせられる者の社会的属性をみると，多くは低所得者，高齢者，マイノリティなどの社会経済的弱者である。立ち退きさせられることにより，彼らが従前の家賃水準の住宅を確保することは容易ではなく，上昇する住宅費の負担が彼らの経済状況を圧迫するか，それが

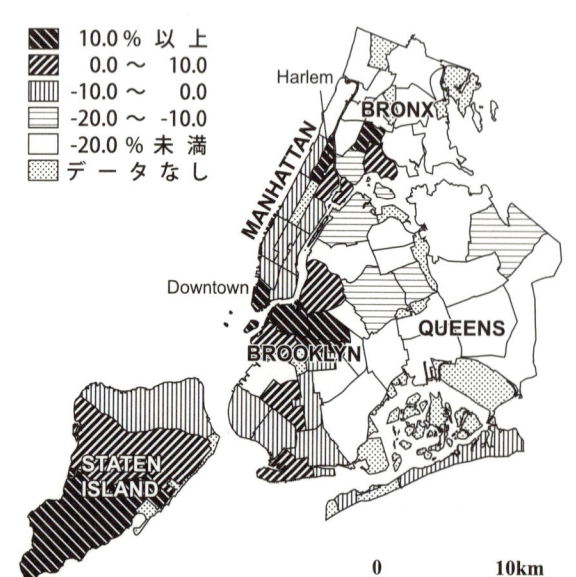

図1　ヒスパニック以外の白人の人口増減率（1990～2000年）
New York City Department of City Planning, *Community District Profiles* により作成。

凡例：
- 10.0%以上
- 0.0～10.0
- -10.0～0.0
- -20.0～-10.0
- -20.0%未満
- データなし

負担できない場合には，彼らはより劣悪な住環境へと追いやられることになる。こうした立ち退きが数多く起こるようになると，彼らの依存する伝統的なコミュニティも破壊される。

立ち退きさせられた人たちのなかで，中心市から郊外へ移動できるのは裕福な層であり，貧しい人たちは中心市内を移動する。中心市内で移転先を見つけられず，住むところを失った人たちは，ホームレスになる可能性が高い。また，ジェントリフィケーションが進行した結果，彼らの手の届く住宅（affordable housing）が不足しているために，結果的には住宅市場から排除され，ホームレスになった人たちも多い。

意見が最も対立するのは，このような立ち退きをどのようにとらえるかという点についてである。再活性化を重視する論者は，惹起される立ち退きは，供給される住宅の総量からみると少数であり，問題とするに値しないと主張する。これに対し，再活性化のために犠牲をこうむる人たちをクローズアップし，コミュニティ保護の観点から，立ち退きは少数であるとの評価を過小とする反論もある。立ち退きの総量を明確に測りえないところに議論の余地はあるが，立ち退き反対の主張が，研究者のなかでは優勢である。

3　スーパージェントリフィケーション

図2は，前述のロウアーイーストサイドとブルックリン中心部の平均所得について示したものである。早くにジェントリフィケーションが起こったソーホー（SoHo）やノーホー（NoHo）では，平均所得が高い。ジェントリファイアーにとってのアーバンフロンティアと表現されたロウアーイーストサイドでは，30,000ドル未満のところが多い。ジェントリフィケーションにより地区住民のすべてを立ち退きさせるものではないことがわかる。

図2中のブルックリンハイツ（Brooklyn Heights）では，かつてジェントリフィケーションにより再生された近隣に，より裕福なジェントリファイアーが来住しており，Lees（2003）はこれをスーパージェントリフィケーションとして示した。世界的な金融市場や多国籍企業に勤める非常に裕福な居住者が集中した結果，平均所得が上昇したのである。これは，Smith（1996）により第三の波とされた1990年代のジェントリフィケーションである。ブルックリンハイツは，歴史的建築物の保存地区であるが，その周辺で不動産業者と開発業者は，贅沢な高層アパートの建設を進める一方で，歴史的な特性と近隣の低層の雰囲気が弱まることへの関心をそらすのに熱心であった。スーパージェントリファイアーは，歴史的価値の共有には無関心で，近隣関係にも参加せず，コミュニティが稀薄になった。

ジェントリフィケーションによる都市再生は，都市のある地区における資産価値の上昇をもたらす一方で，立ち退きを惹起する。都市再生は衰退するインナーシティすべてには波及しない。ジェントリフィケーションの効果と問題点を正しく把握し，都市再生を総合的に検討することが，インナーシティ問題の解消には重要である。

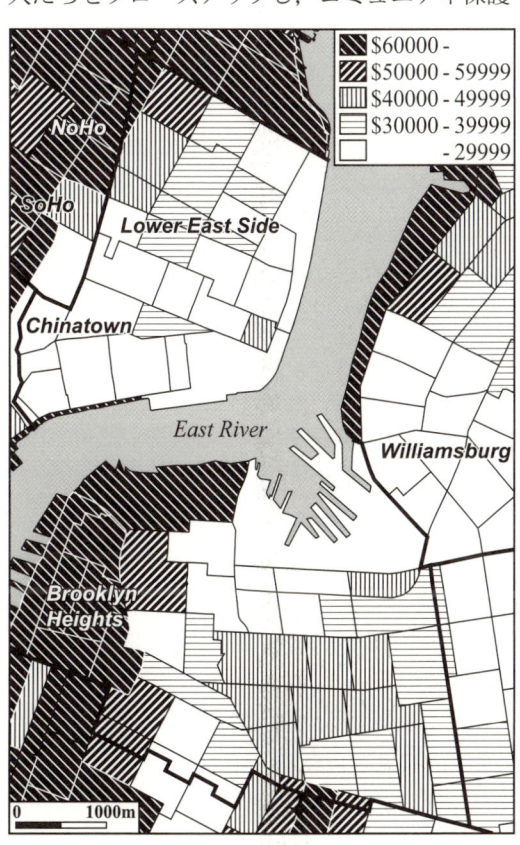

図2　イーストリバー沿岸地区における平均所得（2000年）
New York City Department of City Planning, *Community District Profiles* により作成。

（藤塚吉浩）

39 Europe 永久凍土消失にともなう諸問題

1 定義と分布

永久凍土（permafrost）は，少なくとも2年以上0℃以下の温度を保つ土壌または岩石のことを示す（図1）。また季節凍土は冬季には凍結し，夏季に融解する土壌である。以下，両者を総称して凍土とよぶ。永久凍土帯で大気に接し，夏季に融解する季節凍土を活動層と呼ぶ。水や土壌の移動は活動層内に限られるため，活動層の厚さは永久凍土帯での水循環や地形変化を考えるうえで重要な情報となる。

活動層厚には二つの定義がある。0℃の等温線が到達する最大深度を活動層厚とする定義と，年周期性の最大融解深を活動層とする定義である。これらの共存が問題となるのは，シルトや粘土などの細粒物質からなり，塩分濃度が高い土壌水を含む活動層である。このような土壌は0℃より低い温度で凍結を開始するため，両定義に基づく活動層厚の差は数cmから10cm程度になることもある（図1）。

永久凍土の分布はBrown et al.（1997）によって編集された環北極域永久凍土・地下氷分布図（以下IPA図）に示されている。ここでは，地下氷含有率，海底永久凍土，化石永久凍土，永久凍土の厚さや温度などの定性的な情報が網羅されている。図2はIPA図を基に作成した北半球における永久凍土と地下氷の分布図である。永久凍土は全陸地の約25%に，季節凍土は57%にも分布する。主な永久凍土分布域はシベリア，アラスカ，カナダ，チベットであるが，アルプス，ヒマラヤのような中緯度高山帯にも山岳永久凍土として点在している。日本では山岳永久凍土として，北海道大雪山，富士山，北アルプス北部などに存在が確認されており，永久凍土の存在しうる地形・微気象条件が詳しく論じられている（Higuchi and Fujii, 1971; 福田・木下, 1974; Ishikawa et al., 2002; 福井, 2003）。

2 凍土衰退の実態

長期的な気象観測や気候モデルの予測によると，温暖化が顕著なのは凍土が普遍的に分布する北半球の高緯度帯であり，ここでの凍土衰退は確実に進行している。アラスカやカナダ，アルプスでは，温暖化が顕著になってきた1990年以降，永久凍土温度も上昇傾向にある。西シベリア低地に点在する湖沼の分布面積が1973年から1997年の間，連続的永久凍土帯では増加，不連続帯では減少していることが衛星可視画像の解析から明らかになった（Smith et al., 2005）。この原因として，連続帯では融解深の増加によって新たな湖沼が形成されるが，不連続帯では難透水層である永久凍土の消失によって湖水が流出したことが考えられている。

3 凍土衰退の影響

凍土の衰退は，地球環境にどのような影響を及ぼすだろうか。北半球全体の永久凍土が全て融解すると海水準面が3～10cm上昇することが見積もられている（Zhang et al.,

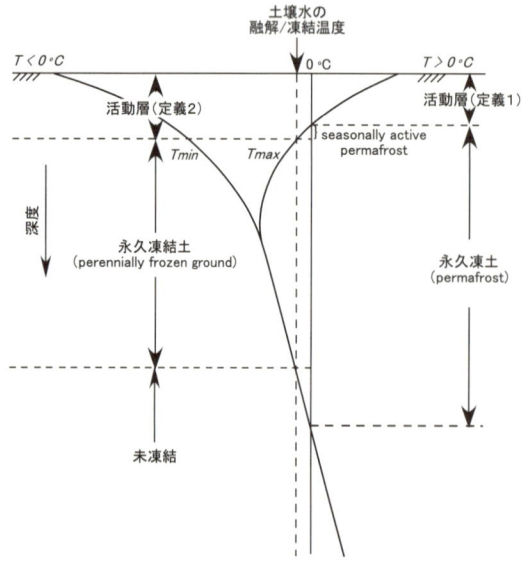

図1 永久凍土帯での典型的な地温の鉛直断面

(a)
- 連続的永久凍土分布域（90〜100%）
- 不連続的永久凍土分布域（50〜90%）
- 点在的永久凍土分布域（10〜50%）
- 孤立的永久凍土分布域（0〜10%）

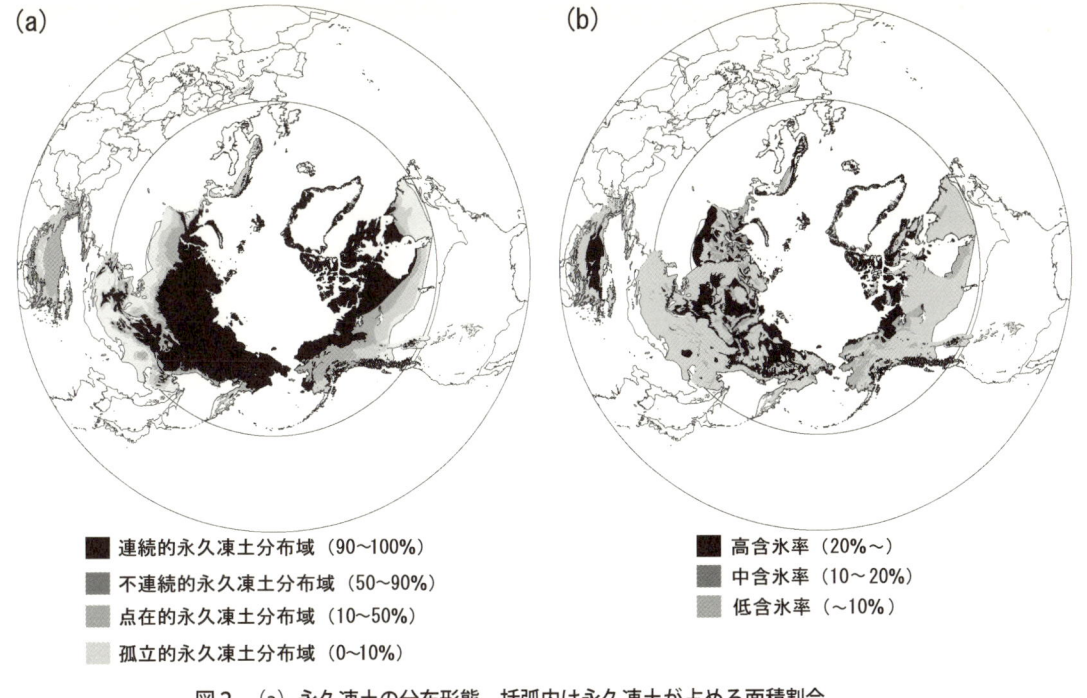

(b)
- 高含氷率（20%〜）
- 中含氷率（10〜20%）
- 低含氷率（〜10%）

図2　(a) 永久凍土の分布形態，括弧内は永久凍土が占める面積割合
　　　(b) 永久凍土帯での深度10mまでの体積含氷率

Brown et al.（1997）により作成．

1999）。永久凍土の融解水起源の淡水が北極海に流れ込めば，海水中の塩分濃度が下がり，ひいては海氷分布域の減少や海洋深層水循環の鈍化などにも繋がり，気候を激変させる可能性がある。事実，北極海に流入する大河川のなかで流域を永久凍土が多く占めるレナ川やオビ川の河川流量が有意に増加していることが報告されている（Serreze, 2003）。シベリアの大森林帯（タイガ）は地球規模での水・熱循環や炭素固定などに大きな役割を果たしているが，これも大きな打撃をうける（図3）。活動層厚が増し乾燥化した土壌ではタイガは成立できないためである。

さらに，二酸化炭素をはるかにしのぐ温室効果をもつ気体や未知の病原菌など，これまで永久凍土中に保存されていた物質が地表上の物質循環に取り込まれるかもしれない。山岳永久凍土の融解は，山体の地盤支持力を低下させる。記録的な猛暑となった2003年夏の欧州では，大規模な岩盤崩落がアルプスのマッターホルンで発生した。

これらの因果関係を解明し精確な将来予想へとつなげるためには，気候変動に対する凍土の応答特性・永久凍土の組成や含氷率などの情報が重要になる。問題意識の高まりを反映して，IPCC第4次報告では，凍土の記述に割く頁数がそれ以前の報告に比べ大幅に増加した。しかし現状ではこれら凍土動態に関する知見は依然乏しい（石川・斉藤，2006）。研究は緒についたばかりである。

写真1　シベリア・ヤクーツク近郊のタイガと呼ばれる大森林帯
（2004年3月撮影）
ここでは年降水量が200〜300mmと寡少だが，難透水層である永久凍土が活動層を湿潤に保つため，このような大森林帯が成立している。

（石川　守）

40 Europe 温暖化によるスイス・アルプスの変化

　1955年以降，スイス・アルプスは観光に大きく依存したサービス業によって特徴づけられるようになった。観光への依存が大きなスイス・アルプス地域は，社会的な理由や温暖化の影響で，観光を維持できるかどうか，すなわち集落を維持できるかどうかの危機的な状況にある。ここでは，アルプスの移牧における労働力不足問題と，温暖化による氷河縮小・積雪減少問題をとりあげ，観光への影響について述べる。

1　アルプスの移牧と観光

　図1は，アルプスにおける牛の移牧の状況を示している。一般的に，11月から4月までは谷底の村で牛を飼育する。村よりも高所で草が育つ5月になると，牛を斜面に移動させて，中間居住地で牛を育てる。さらに気温が高くなって高山帯の草が育つ夏（6月15日～9月15日まで）になると，アルプと呼ばれる緩斜面で放牧を行う。夏には，谷底の草地で草刈りをして，冬用の餌を蓄える。

　これが，従来のスイス・アルプスの牛の移牧パターンであった。ところが，スイス南東部グラウビュンデン州での観察から，この移牧に変化が生じていることがわかってきた。

　高山帯のアルプでの夏の放牧はたいへん手間のかかる仕事であり，牛の所有者がみずから高山帯に行って牛の面倒をみなくなってきたのである。この仕事は，イタリアやフランスなどからの労働力によってなんとか維持されており，牛の所有者は夏にも谷底の本村に滞在して，そこで冬のための草刈りをする。アルプスの牛の移牧をめぐって，人の移動・滞在形態が大きく変化してきている。

　アルプは，牛の放牧地であると同時に，ハイキングやスキーの場としても重要な役割を果している。アルプにおける牛は，氷河や草地，谷底の森林，湖などとともに，観光客にとっては大きな魅力の一つとなっている。したがって，牛の移牧がアルプから姿を消すことは，観光資源の一つがなくなることを意味する。都会からやってくる観光客には，アルプスの山岳景観の重要な構成要素である放牧地と牛は不可欠であり，観光客が多い山岳地域では，牛はいまや観光のために飼育されているといっても過言ではなくなってきている。氷河や森林だけではなく，牧草地と放牧された牛からなるアルプの景観なしに，アルプスの観光を語ることができなくなった。

　さらに，アルプが放置されると，土壌侵食を

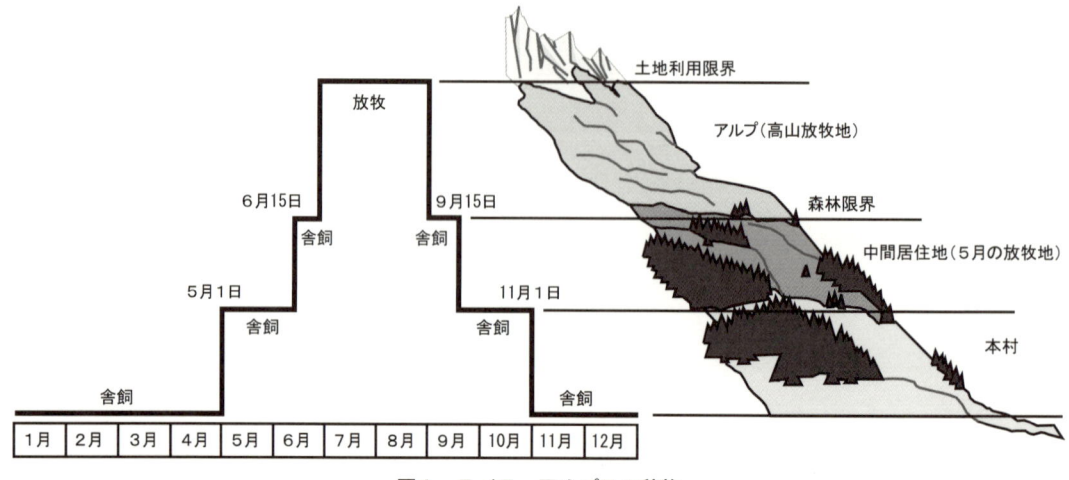

図1　スイス・アルプスの移牧

究の一例であるが，谷の上流域のベルニナ山塊では，早ければ2080年には現在の50%以上の氷河がなくなってしまうことになる。下流域では，早ければ2060年ころまでにすべての氷河が融解してなくなってしまうことになり，氷河のないアルプスの魅力は大きく減少するだろう。

氷河の縮小は，氷河上での夏スキーにも影響を与える。また，積雪期間が短縮されて，冬季のスキー産業にも影響が出る可能性がある。1970年代までに，スイス・アルプスではスキー・リゾート開発が進行し，各地にスキー場ができた。図3は，スイス・アルプスの中・大規模なスキー場が，今後どれだけ減少するのかを予測したものである。それぞれの縦軸の一番左側がスキー場の数で，合計164の中・大規模スキー場がある。現在，すでに積雪が減少しているため，営業可能なスキー場は減少しはじめている。

気温が4℃上昇した場合，標高の高いヴァリス州とグラウビュンデン州では，それぞれ67%，83%のスキー場が営業を続けることができると予測されるのに対して，標高が低い東・中央スイスやティチーノ，フランス国境付近の地域では，スキー産業は壊滅的な影響を受けると予測されている（いずれも8割以上のスキー場が閉鎖に追い込まれる）。

さらに，温暖化による氷河の融解は，山地災害の原因にもなり，アルプスの観光に打撃を与えると考えられる。観光が打撃を受けると，たくさんの集落で職を失う人があふれることになるという予測がある。山岳国家であり，観光への依存度が高いスイスでは，温暖化は経済への直接的なインパクトの問題としてあらわれる。

こうした温暖化による問題は，スイスに限定されず，周辺のアルプス諸国，さらには世界各地でも懸念されはじめている。

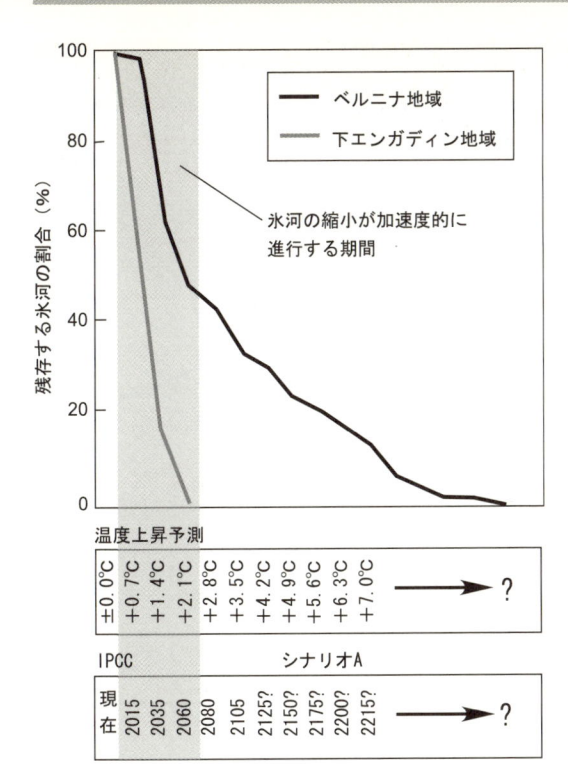

図2　温暖化によるスイス・アルプス南東部，エンガディン谷の氷河の消失予測
Maisch et al.（1993）により作成．

はじめとする環境問題が生じるようになるだろう。現状では，周辺の国から労働者を雇用して対応しているが，問題は，こうした状況を今後も継続させてゆけるかどうかにある。

2　温暖化と観光

温暖化でアルプスの氷河が融解し，縮小していることはよく知られたことである。図2は，スイス南東部のエンガディン谷で，氷河が今後どのように縮小してゆくのかを予測した研

図3　経済協力開発機構による，スイス・アルプスのスキー場の数の変化予想
経済協力開発機構の資料により作成．

（渡辺悌二）

41 ロシアとシベリアの人口問題

1 ロシアの人口減少と人口移動

ロシアでは，1990年代から人口減少問題が重要視されている（保坂，2007）。この人口減少は，基本的には死亡率の増加・出生率の低下という自然減少として説明されているものの，もちろん，ソ連崩壊後の政治的・経済的変化による社会的要因も大きい。また同じロシア国内でも都市と農村の状況は異なる。都市人口が大幅に増加しているものの，農村人口は一貫して減少している。2002年の人口調査によれば，ロシアでは都市人口が1億600万人余，農村人口が4,000万人弱，都市人口は総人口（約1億4,500万人）の73％を占めている。

人口移動も，ソ連邦解体以後に大きな変化が起きた。旧ソ連時代は，国内人口移動は，シベリアや極東地域へ国家により強制的に行われた。しかし，1991年以降には，むしろ，シベリア・極東からヨーロッパ・ロシアへの移動が，国内人口移動において大きな比率を占めている（田畑，2004）。また各地方においては，農村部から都市部への人口流入が多い。

このような中央と地方の差異，都市部と農村部の差異は，ロシアの地域発展に大きな影響を及ぼす。ここでは，シベリアの中心都市であるノボシビルスク市とノボシビルスク州を事例として，人口問題を具体的に検討する。

2 ノボシビルスク州の人口減少と人口移動

ノボシビルスク州は，西シベリア低地の南東部に位置し，総面積178,200 km²，人口は約270万人（2002年），州の中心都市はノボシビルスク市である。

ノボシビルスク州における人口は，1937年の州の創設以降，増加し続けてきた。しかし，1990年以降に初めて減少に転じた。1990年には約280万人であったが2000年には270万人に減少した（ロシア連邦測地地図課，2002）。1990年以降の人口減少の原因は，基

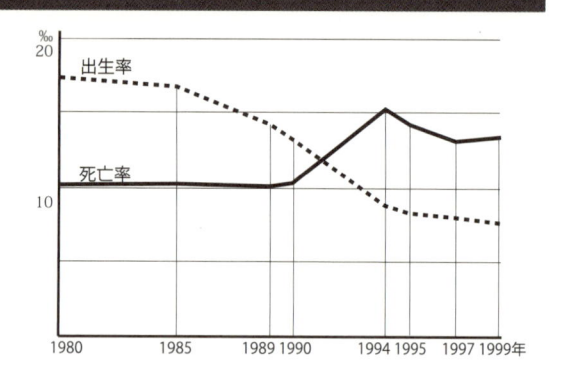

図1 ノボシビルスク州における出生率と死亡率の推移
ロシア連邦測地地図課（2002）により作成。

本的には自然減少である（図1）。なかでも，都市部およびシベリア鉄道沿線地域の自然減少の割合が大きい（図2）。

1991年以降の人口動態のなかで重要な側面は，経済活動人口の減少である。ノボシビルスク州では，1993年，経済活動人口は113万人と推計されていた。しかし，1997年には82万人に減少している。ノボシビルスク市でも，1993年には63万人であったが，1997年には46万人に減っている（ロシア連邦測地地図課，2002）。これは，老年人口の増加と若年人口の減少による。この現象は，都市部・農村部の両方で起きている。

1998年のノボシビルスク州への移入者は65,214人（ロシア国内から85.2％，CIS・バルト三国を含む外国から14.8％），移出者は57,337人（ロシア国内へ89.7％，CIS・バルト三国を含む外国から10.3％）と若干移入者のほうが多い。移入者の50.3％が州内からの移動，移出者の57.1％が州内への移動である（ロシア連邦測地地図課，2002）。

移住者の動向を示したものが図3である。ベルツク・ノボシビルスク・イスキチム・オビ・バラビンスク・タタルスクなどのノボシビルスク市とその周辺都市やシベリア鉄道沿線の都市あるいはノボシビルスク市周辺地域および州南

タタルスク 26,051 人，オビ 24,473 人である。都市人口の州人口に占める割合は約 75% である。他の都市人口と比べてもノボシビルスク市への人口集中が際立っている。

歴史的な人口変遷を見てみると，1940 年のノボシビルスク市の人口は 404,000 人，州人口の 21% にすぎない。州全体の都市人口比率も 31% だった。しかし，1960 年以降に急激な増加傾向を示し，1991 年には都市人口の州人口に占める割合は 75% に達した（ロシア連邦測地地図課，2002）。このソ連時代の大幅な都市人口の増加は，国家のシベリア開発計画によるロシア人のシベリア移住の増加によるものが大きい。

ノボシビルスク州のロシア人人口は，全体の 93% を占める。この数値は，シベリア連邦管区の 87%，ロシア全土の 79% を大きく上回っている。首都モスクワのあるモスクワ州が 91% であることを考えると（2002 年人口調査），ノボシビルスク州がまさに「シベリアのロシア」であることがわかる。最近の研究では，シベリアは人口希薄に悩んでいるのではなく，人口過剰に悩んでいる，シベリアで余った人口を暖かい南や西に移動させることにより，ロシアは経済発展すると指摘されている（木村，2007）。ソ連時代に国の開発政策によって送り込まれたシベリアのロシア人たちは，あまりに広大な土地と人間活動に悪影響を及ぼす厳しい冬の寒さに常に直面している。この状況を好転させるためには，旧態依然とした開発方針を捨てて，新しいロシアに適合した地域開発政策が必要とされる時期がきたのではないだろうか。

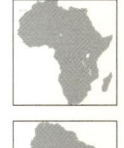

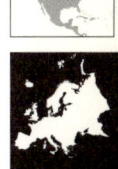

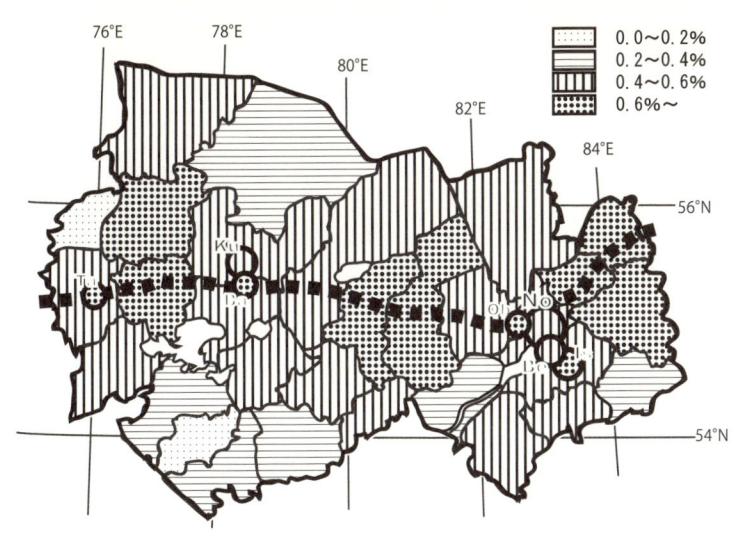

図2　ノボシビルスク州における人口の自然減少（1998～1999年）
ロシア連邦測地地図課（2002）により作成。
円は行政市を（大円は人口100万人以上，中円は5～10万人，小円は5万人以下。Ba バラビンスク，Be ベルツク，Is イスキチム，Ku クイビシェフ，No ノボシビルスク，Ob オビ，Ta タタルスク），破線はシベリア鉄道を示す。

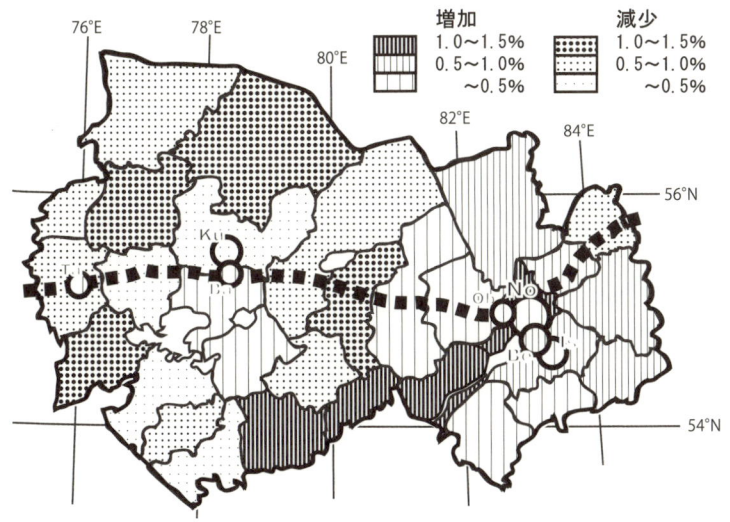

図3　ノボシビルスク州における社会増減（1998～1999年）
記号は図2と同じである。　　ロシア連邦測地地図課（2002）により作成。

部で，移入者数が移出者数を上回っている。一方，ノボシビルスク州の北部・西部において，移出者数のほうが移入者数よりも下回っている。

3　ノボシビルスクへの人口集中

ノボシビルスク市 10 区の合計人口は 1,425,508 人である（2002 年人口調査）。これは，州人口の 53% を占める。その他，州における都市部の人口を挙げると，ベルツク 88,445 人，イスキチム 62,756 人，クイビシェフ 48,848 人，バラビンスク 32,501 人，

（山田志乃布）

42 東ヨーロッパの経済停滞地域とロマ問題

1 地域間格差を抱える東ヨーロッパ

ヨーロッパの中でも東ヨーロッパは，問題を抱えた地域として捉えられることが多い。第二次世界大戦後，ソ連の影響下で社会主義体制をとった東ヨーロッパの国々では，人の自由移動が制限され経済の発展も西ヨーロッパに比べて伸び悩んだ。また1990年代に噴出した民族間の対立感情，とりわけユーゴスラヴィア解体の過程で起こった，信じがたいまでに悲惨な紛争は，東ヨーロッパが西ヨーロッパにはない不安定な地域であることを世界に知らしめてしまった。今なお解決の見通しが立たないセルビア国内のコソヴォ独立をめぐる議論には，民族間の歴史的対立が深く関わっており，東ヨーロッパへのまなざしは依然として厳しい。

その一方で，東ヨーロッパが決して一様ではなく，むしろ多様性に富んだ地域であることも見逃してはならない。2004年にEUに加盟したポーランド，チェコ，スロヴァキア，ハンガリー，スロヴェニアは，いずれも1人あたりGNI（国民総所得）が3,000～10,000ドルの水準であるのに対して，2007年に加盟したルーマニアとブルガリアは1,500～2,000ドル，未加盟のセルビアやボスニア・ヘルツェゴヴィナは1,000ドル程度にすぎない。また各国においても，首都や産業都市など経済的にめざましい躍進を遂げた地域がある一方で，経済の停滞とインフラ整備の遅れ，環境汚染，失業など深刻な問題に直面しているところもある。東ヨーロッパはきわめて大きな格差を抱えた地域なのである。

2 東ヨーロッパのロマ

東ヨーロッパには多くのロマが居住している。ロマはかつてジプシーと呼ばれ，その数はヨーロッパ全域で推定800万～1,000万人ともいわれる（表1）。その居住地はほぼヨーロッパ全ての国に及んでいるが，とりわけルーマニアやセルビア，ハンガリーなど東ヨーロッパの国々に多く住んでいる（図1）。

表1 東ヨーロッパ諸国におけるロマの人口 (1990年代)

国名	総人口（千人）	ロマ推定人口（千人）
ルーマニア	22,760	1,410 ～ 2,500
ハンガリー	10,365	550 ～ 800
ブルガリア	8,487	500 ～ 800
セルビア・モンテネグロ	10,394	400 ～ 600
スロヴァキア	5,356	458 ～ 520
マケドニア	1,937	110 ～ 260
チェコ	10,302	150 ～ 300
全ヨーロッパ	711,080	5,598 ～ 8,856

加賀美（2005）による。

ロマは，かつて北西インドから移動してきた人々とされており，14世紀頃にはヨーロッパ各地に彼らの出現を記録した文書が残されている。しかし，風貌や独特の生活習慣ゆえに，彼らはつねに差別の対象にされてきた。定住が許されず移動を続けながら，楽器演奏や金属加工，博労や香具師など彼ら特有の生業で知られるようになった。

以来，今日に至るまでヨーロッパにロマが存続してきた背景には，彼らの多くが家族を中心にした独自の社会を築いてきたことが挙げられる。たとえば女性は家族を維持・繁栄させる役割を担うものとされており，そのために今なおきわめて早婚であり，多くの子どもを出産する傾向が強い。

しかし，そうした固有の生活観を強く持つがゆえに，彼らの多くはロマ以外の人々と接触することに消極的である。学校は子どもに異なる価値観を植えつける場所であり，彼らの社会を脅かすものと捉えがちになる。就学への関心は低く，十分な読み書き能力や幅広い視野を身につけていない人が多い。

こうした固有の社会を持つロマの存在は，いずれの国においても大きな問題になっている。

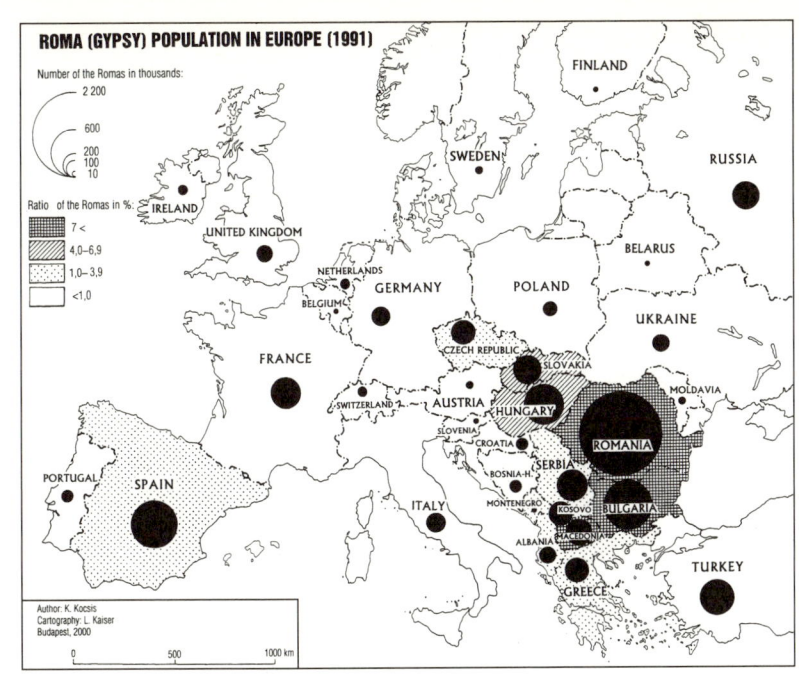

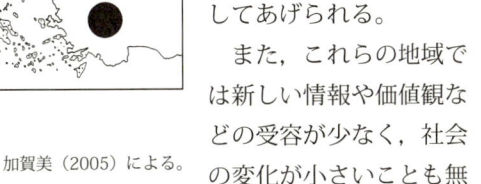

図1 ヨーロッパのロマの分布

加賀美（2005）による。

彼らの教育水準をいかに高め，就業機会を増やして生活水準を向上させるか。彼らに国民としての権利と安全を保障することにヨーロッパ各国は取り組んでいる。

3 経済停滞地域に住むロマのゆくえ

東ヨーロッパでは，ロマの多くがとくに経済停滞地域に住んでいる。これは，東ヨーロッパの地域問題を考える際に注目したい点である。たとえばハンガリーには推定60万人ものロマが住んでいるとされるが，その多くが経済の停滞が著しい東部のルーマニアに近い地域に住んでいる。

ハンガリー東部の特徴は，西部の地域と比較するとよくわかる。土地生産性が低く人口希薄なこの地域では，近代以降の産業化の流れも西部地域に比べて緩慢だった。社会主義時代には国家政策によって工業化や農業の集団化などが積極的に進められたが，1989年以降の市場経済化に伴って東部地域の工場や農場は合理化を迫られ，操業の縮小・停止，労働者の解雇など経済は事実上，破綻をきたした。資質の高い労働者の流出，地域イメージの低下，少ない外国投資，インフラ整備の遅れなど，典型的な経済停滞地域になっている。

このような地域に多くのロマが居住している。それは，彼らにとって都合のよい条件がこの地域にあるからだろう。失業者が転出したために多くの空き家があること，所得水準が低く，物価などの生活費が比較的安価なこと，新しい経済部門の発達が目立たず，行商など彼らの伝統的な生活形態を支える社会が存続していることなどが理由としてあげられる。

また，これらの地域では新しい情報や価値観などの受容が少なく，社会の変化が小さいことも無視できない。これがロマの伝統的な社会を維持する上で好都合だからである。差別され，独自の社会を持つロマにとって，経済停滞地域はロマ以外の人々からの干渉が少なく，彼ら自身の暮らしを継続する上で好条件といえるだろう。

その結果，多くのロマが居住する経済停滞地域では，彼らが住むことによって環境汚染や社会秩序の乱れなどの問題が拡大しているとみなされている。それゆえにロマの生活水準の向上が地域振興にとって不可欠だとされている。東ヨーロッパの経済停滞地域では，彼らに職業技能をはじめ，公用語の能力や社会的通念としての生活規範を学ぶことが求められている。しかしその反面，こうした教育によって彼ら独自の社会や文化の継承が困難になることも予測されており，地域振興策は民族としてのロマの存続にも関わる問題になっている。

経済停滞地域の居住者としてのロマ。地域振興に向けて，彼らの生活水準の向上と民族としての位置づけという二つの方向を両立させることが求められている。東ヨーロッパの経済停滞地域は，まさに民族の問題と密接につながっているのである。

（加賀美雅弘）

43 革命後の南カルパチア山地における土地荒廃
Europe

1 世界の移牧のルーツはルーマニア？

ルーマニアでは，アルプス造山運動によって形成されたカルパチア山地が骨格をなす（図1）。ドナウ川の北に位置する部分を，南カルパチア山地という。

デービスの侵食輪廻説で準平原面の存在が発表された直後に，マルトンヌ[1]は南カルパチア山地でヨーロッパにも準平原面があるとの報告をした。写真1のように，南カルパチア山地の山頂は約2200～2000mで，稜線は広い草地となっている。さらに低い1800m前後の準平原面の稜線も草地になっている。そして，1000m前後の準平原面の稜線には，集落や草地が広がる。どの稜線部も草地になっている理由は，移牧のルーツであるからという。中世の頃に，すでに移牧がおこなわれているという記述がある。900～1000mの草地を基地として，冬はバナート平原へ移動したり，ウクライナに向かう羊の集団もあった。このように，基地中心に季節的に高地と低地へ移動する型を二重移牧という。

2 なぜ解放後のルーマニアで過放牧？

1989年12月にメディアに映し出されたルーマニアのチャウシェスク政権の崩壊は鮮明であり，自由経済を手にしたルーマニアは，農業，工業を建て直し，経済的に発展していると想像された。しかし革命後，必ずしもうまくいっていない事例があった。革命前には稼動していた工場が廃屋になったり，広大な畑が荒地となったり，土地条件を十分に生かしきれていなかった。共産体制下で没収した土地を元の持ち主に戻したが，持ち主はすでに農民ではなく，他人に土地を貸すか荒地にしてしまう例が多い。

写真1 山頂が移牧の夏の宿営地として利用されているラウルセス準平原面（2004年9月撮影）

この伝統的な羊の移牧地域は，チャウシェスク時代は生産性がきわめて低い土地とみなされ，共産制をまぬがれ，伝統的な移牧が維持されていた。革命後の自由経済のもとで，この地域の生産する羊のチーズが人気を呼び，ブカレストで良い値で取引されるようになった。

羊はこの14～15年間で1ha当たり10倍の頭数に増加した。羊の移牧の日程と移動路と準平原面については図2に示した。

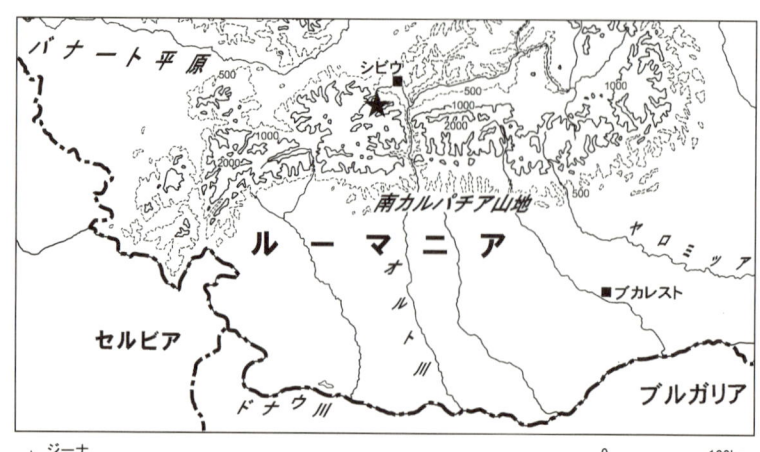

図1 南カルパチア山地

写真2　ポヤナシビウルイ村
(上) 村はずれのロマ集落拡大 (2003年8月29日) と，(下) 周辺で1年間に進行した土壌侵食 (2004年9月7日)

基地となっている900〜1100mの集落の一つであるジーナでは，共同牧草地の土壌侵食が著しい。標高1800mでは，羊の移動する道路は岩盤がむき出しになっている。この土地は，硬いプレカンブリア時代の結晶片岩が準平原面を形成したところである。したがって，岩石が土壌化するまでに，日本の何十倍もの時間を必要とする。流出した土壌を再び草地に戻すことが，ほとんど不可能な土地である。ポヤナシビウルイの集落の周りにみる1年間の土壌の侵食を2枚の写真で比較してみると (写真2)，急速に土壌流失をし，岩盤露出地が拡大している。

もうひとつの社会問題は，羊毛を小川で洗って，他国へ売りさばいていくロマの行為である。このポヤナシビウルイでも1年間で増加したロマの戸数は，少なくとも100戸はある。そして，集落のまわりで羊の毛を川で洗って干し，かつブタの放し飼いをしてゴミを放棄する。こうして荒廃地が増大し，地表水の水質汚染が進んでいる。

3　EU加盟後，荒廃地では何をなすべきか

2007年1月にルーマニアはEU加盟を果たした。これからのルーマニアは，加盟国としての基準を満たすよう，急速に種々の経済活動が整備されていくと考えられる。南カルパチア山地の移牧地帯でも，より高い生産性が急速に必要とされていくであろう。結晶片岩からなる準平原面では，過放牧に対してきわめて脆弱であることを認識しなければならない。これまでの伝統的移牧の経験値を10倍以上も上回る頭数は危険である。十分な予測をして，土壌侵食を起こしている地域は囲い込みをして，草本類が十分に回復するまで，羊の侵入を防ぐなどの徹底した方策が必要とされる。

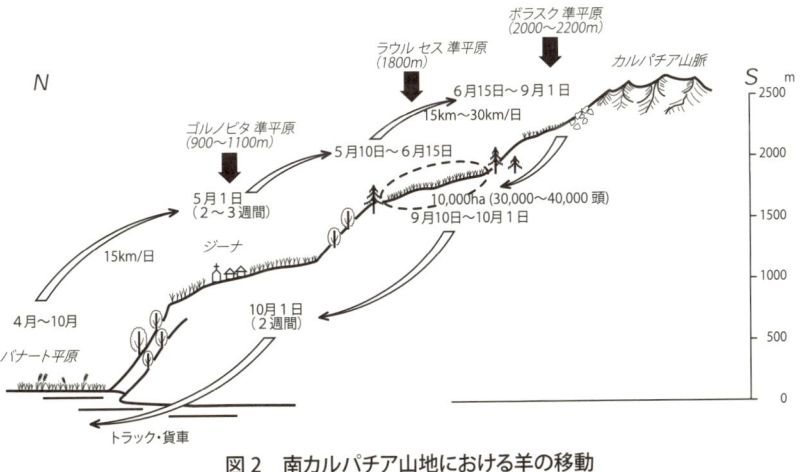

1) 20世紀初めに活躍したフランスを代表する地理学者。1900年代初めにカルパチア山脈，アルプスの氷河，乾燥地形の研究をし，乾燥指数の考案をした。

図2　南カルパチア山地における羊の移動

（漆原和子）

44 カルスト台地の裸地化と緑化

1 カルスト台地とは

「カルスト」の用語は，スロヴェニア北西部のクラス（Kras）地方の名称に由来する。19世紀にこの地を支配していたオーストリア・ハンガリー帝国のもとで，ウィーン学派がKarstとドイツ語で記述した。日本語ではカルスト台地と記述される。Krasとはもともと「岩石だらけの地」の意味である。この地方はギリシャ，ローマ時代から大理石や石灰岩の採石をし，1960年代初めまではボーキサイトを採掘し，国際的に輸出していた。ローマ時代以来，森林伐採が続き，移牧がおこなわれていた。その後の土壌侵食により裸出カルストとなり，地表には各種のカルスト地形が露出していった。

植生の回復が遅れた理由は三つある。第1に石灰岩母材であるため，土壌生成作用はきわめて遅く，いったん裸出してしまった岩石の上に植生がつきにくい。石灰岩地域は降水が地下水系に短期間で流入するので，地表は乾燥しているのが常であり，土壌生成や，植生の回復にはきわめて不利である。第2に家畜の放牧が植生回復を遅らせた。この地方は羊の放牧とともに，ヤギの放牧も行われていた。羊は舌で巻いて草を根元まで食べる。一方，ヤギは草ばかりでなく，灌木の芽も幹も全て食べつくす。両者を同時に放牧すると，土地荒廃が速く，完全なまでに進行する。第3に，この地域は冬季に強い寒風，ボラが吹く。この風は，時に貨車やトラックも吹き飛ばすほどである。このボラが，わずかな土壌を舞い上げて，植生回復を一層遅らせる。このようにして，裸出カルストと命名されるほど，土地荒廃が進行した。ヤギの放牧が禁止され，松が植林されたのは第二次世界大戦後である。

2 歴史的な国境の変遷が移牧に何をもたらしたか

1941年の国境では，図1のようにカルスト台地はイタリア領であった。しかし，第二次世界大戦を経て，国境は二転三転する。図1には1947年の旧ユーゴスラヴィアの国境と，1954年の旧ユーゴスラヴィアの国境も示した。そして，スロヴェニアが1991年6月に独立し，続いてクロアチア共和国も独立した。図1のように時代によって変遷した国境は，羊の移牧を困難にさせた。

第二次世界大戦前に行われていた羊の移牧の移動ルートを，図2に示した。標高800〜1000mのカルスト台地と，石灰岩の1000〜1300mの丘陵地は，夏の羊の移牧の宿営地であった。春と秋は標高200m前後の基地となるセジャーナやディバチャ付近に戻った。そして冬は内陸より暖かい，カルスト台地北西部の地中海沿岸の低地へ移動した。したがって，ルーマニアの南カルパチア山地と同様に基地を中心

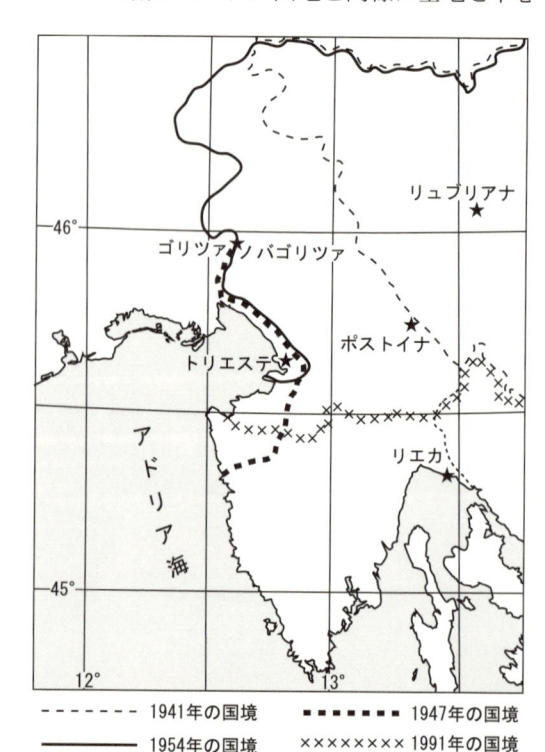

図1 国境線の変化
- - - - 1941年の国境　　■■■■ 1947年の国境
──── 1954年の国境　　××××× 1991年の国境

図2 第二次世界大戦前の移牧の移動

写真1 ベリカプラニーナの夏の宿営地（1995年8月撮影）
現在は牛の移牧のみに限定し，夏は観光地としても運営している。

に夏は高い丘陵地へ，冬は低い海岸部へ移動する二重移牧であった（図2）。

一方，基地からイストリア半島の地中海沿岸へ移動するグループもあった。これが第二次世界大戦前までの伝統的移牧の型であった。しかし，第二次世界大戦後，1947年の国境設定後に，イタリアとの国境が図1に示すように決定した。これによって，トリエステより北西側のアドリア海岸への移動の道が断たれた。この時に，国境に位置するゴリツァの町の中心に国境線が引かれ，「もうひとつのベルリン」が生まれた。分断された町は，イタリア側をゴリツァ，旧ユーゴスラヴィア側をノバゴリツァと命名した。1991年には，スロヴェニアもクロアチアも独立国となったため，イストリア半島のアドリア海岸側への移動のルートも断たれてしまった。こうして国境の変更により，冬の宿営地を失い，今日では羊の移牧は完全に消滅した。

3 カルスト台地の今

カルスト台地の大半は，完全草地から林地に変化しつつある。第二次世界大戦後，裸出カルストのわずかに土壌の残る凹地に農作業着のロングスカートをはいた女性たちが植林を行っていた。その松も大木に育ちつつあり，もはや，裸出カルストと悪名をつけられた台地の大半は，その名には合致しなくなった。放棄した移牧の草地とともに，努力して植林した樹木の生育の結果，植生が回復した。

2004年5月，EUに加盟したスロヴェニアでは，羊の移牧は全く行われていない。ディバチャ付近で，わずかに畜舎で羊を飼い，季節的に草のある間のみ，短期間畜舎のまわりに放牧する人々がいるにすぎない。しかし，リュブリアナ（Ljubljana）大学農学部では，夏の宿営地だったスラボニクの草地の一部を購入し，放牧地の中をいかに効率よく羊を動かして，最小限の面積で多くの羊を飼えるか，実験中である。その方法を，羊の移牧をしている開発途上国の留学生に指導し始めている。そして，いかに良質の羊のチーズを造るか実験中である。

4 もうひとつの取りくみ

ユリスケアルプスは，スロヴェニア北部の東西にのびる石灰岩からなる山脈である。この山脈の前山として，石灰岩からなる複数の高原がある。ユリスケアルプスの南東部に位置するベリカプラニーナ（1300〜1600m）では，古くから移牧が行われ，1950年代までは羊と牛の夏の宿営地であった（写真1）。1960年代のスキーブームでは，冬にコテージをスキー宿として貸し出した。そして，草地の荒廃を促進する羊をやめて，牛のみの放牧地としていった。牧童は土地の荒廃を防ぐために，石灰岩が露出するたびに，岩石の上に牛の糞をはった。その結果，裸出カルストにならず，草原を保っている。このように人々の努力によって環境を守ることができる。現在は夏も徒歩のみの観光客を受け入れ，伝統的移牧の型を維持しつづけ，新たな展開をはかっている。

（漆原和子）

45 Europe ポーランド国境の地政学
──東部国境の３つの意味

1 自然的国境

「四面環海」という環境におかれている日本，その対極として自国の領土がすべて隣国と陸続きとなっているチェコやハンガリーがある。

この節では，島国に住む日本人とは異なった地政学的環境におかれているポーランドを事例として，実際の国境や国境線のもっている意味や機能の変化について考えてみる。

2 ポーランドの地政学的位置

ポーランド人は東にロシア人，西にドイツ人という強力な民族グループにはさまれて，苦難の歴史を刻んできた民族である。「民族大移動」以降のエルベ川以東はゲルマン系，スラヴ系の諸民族の混住の地であった。ドイツでベルリン（Berlin），ケムニッツ（Chemnitz），ライプツィヒ（Leipzig）のように，末尾に -in，-itz，-zig をもつ地名はすべてスラヴ起源の都市である。12～13世紀以降，ドイツ人による東方殖民が進むと，その勢力はポーランドからバルト海沿岸地域に浸透していった。東方には強大なロシアが存在する。ポーランドは，18世紀後半にはこの東西の両民族に翻弄されて，2世紀にわたって国土を三つに分割され，地図からその姿を消したのである。

オランダからドイツ，ポーランドを経てバルト三国に続く平野は，氷河性の堆積物に覆われる低平な地域である。ポーランドの領域は自然的境界で囲まれているといわれる。南北の国境についてはある程度該当するが，東西の国境については強固な自然境界というよりは，諸民族の自由往来を助けるものになってきたといえる。

ポーランドの人びとはこのような国境の地政学的意味を，歴史時代を通して深く理解し，しばしば外交や経済政策に生かしてきた。第一次世界大戦後，独立を回復した新生ポーランドでは，1930年代にドイツの軍事的脅威に対抗するために，中央工業地帯（COP）の建設にまい進した。それはドイツ国境から遠い，ポーランド最深部のワルシャワ─クラクフ─ルヴフを結ぶトライアングルに，強力な軍事と産業の中心地をつくるという構想であった。

3 国土と国境の変遷

第二次世界大戦後，ポーランドの東部国境はカーゾン線を，西部国境はオドラ川・ニサ川とすることで列強間の妥協が成立した。ポーランドは東部領（18万km²）をソ連に割譲し，ドイツから北部領・西部領（10万km²）を獲得した。その結果，ポーランドの国土は大きく西方にシフトした。

この新しい国境線はポーランド人以外の少数民族の居住地域を分断した。ベラルーシ人やウクライナ人，リトアニア人など，ポーランド国内に残留した少数民族の人びとは，国土の西方への移動によって，父祖の地がマジョリティ（民族的多数派）となったポーランド人にとりかこまれて生活することになった。

4 EU加盟と三つの国境

さて戦後ポーランドの立場や位置の変化を追いながら，ポーランド国境の地政学について検討しよう。

（1）冷戦時代の国境

戦後ポーランドは国土を大きく西方にシフトしながら社会主義ポーランドとして新しい国づくりを開始した。

図1は，ヨーロッパ近代が生み出した国民国家の並存状態（フェイズ1）から冷戦時代を表現するフェイズ2へと変化したことを示している。シュチェチンからトリエステまであらたに「鉄のカーテン」（W. チャーチル）が敷かれ，ヨーロッパは東西に分裂を余儀なくされた。東西両陣営はそれぞれの管理地域内で経済建設を進め，ヨーロッパ正面で激しく対立した。これまでの国境機能は大きく変化した。ポーランドの西部国境は東ドイツを緩衝材としながら実質

的に閉鎖された。

　ヨーロッパの東西関係は断絶し，西側ではマーシャルプランによってヨーロッパ復興が進められ，東側ではソ連が東欧諸国をとりこんで社会主義建設を進めた。図1（フェイズ2）では東西関係の断絶が極太線で示されているが，それ以外の国家と国境には大きな変化はない。

(2) ヨーロッパ統合の進展

　やがてヨーロッパ統合が始まる。1957年にローマ条約が締結され，1958年にヨーロッパ経済共同体（EEC）が発足した。それから半世紀後，EECは，ECからEUへと発展し，ヨーロッパ統合は拡大と深化を遂げていった。

　この間にEU内では，ヒト・モノ・カネの自由往来が着実に定着し，域内の国境機能は弱体化していった（フェイズ3の破線）。しかし東西関係の断絶は依然として継続していた。

(3) 東西冷戦の終結

　1989年，ソ連東欧の現存社会主義が内部から崩壊し，東西冷戦体制が終結した。東西ドイツの統一も実現した（極太線から太線へ）。旧社会主義国は市場経済体制への移行を進め，EU内部では統合のいっそうの深化と東方拡大を模索してきた。同時に看過できないことは，この間に国民国家が動揺を深め弱体化していったことである。旧ユーゴスラヴィア連邦およびチェコスロヴァキアの分裂や超国家機関EUの機能強化で，国民国家の権能の一部が弱体化した。

(4) EUの東方拡大

　2004年5月に東欧・バルトの旧社会主義8ヶ国がEU加盟国となった（フェイズ5a）。EU統合はますます深化し，マーストリヒト条約やシェンゲン条約に沿って，域内の自由往来はほぼ完全に実現してきた（図の破線）。より注目すべきは，ポーランドの東部国境が実線から太線に変わっていることである。EUの東方拡大，ポーランドのEU加盟に伴って，東部国境の性格が大きく変わったということである。東部国境は旧ソ連圏の人びとのEUへの大量入国を管理する役割を担った。

　ポーランドの東部国境には，三つの意味がある。第1の国境は，ポーランド共和国の国境である。これは現在もすべての主権国家がもつ国家主権のおよぶ境界という意味の国境である。第2の国境は，超国家機関EUの国境である（図1フェイズ5aの太線）。第3の国境は，ポーランド東部国境地域に居住する少数民族にとっての「国境」である。かれらは社会主義時代から半ば自由往来が保証されており，一族間の相互訪問の便が与えられていた。ポーランドのEU加盟で，かれらの自由往来にとって新たな国境が出現したというべきであろう。

5 EU統合の新段階

　新加盟国に対する経過措置が終わると，その国境は他のEU諸国と同じになる（フェイズ5b）。EU統合がいっそう高いレベルに到達すると，そこにはヨーロッパ新空間ともいわれる新しい経済空間が出現する（フェイズ6）。しかし，EU域内と域外の関係は基本的に維持されることであろう。

フェイズ1　国民国家の並存（～1945）
フェイズ2　冷戦の時代（1945～1950年代）
フェイズ3　ECの時代・統合の進展（1958～1989）
フェイズ4　冷戦の終結・統合の深化（1989～2004）
フェイズ5a　EUの東方拡大（2004～）
フェイズ5b　EU27の成立（2015±～）
フェイズ6　EU統合の完成

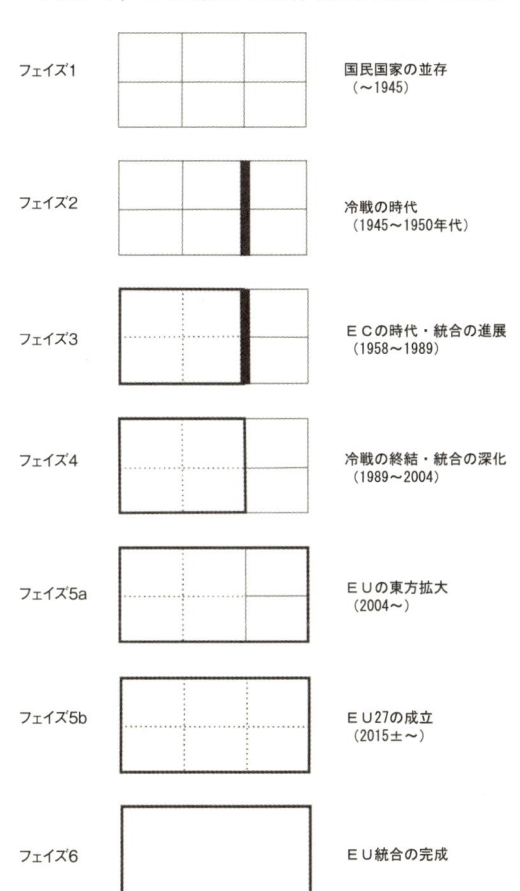

図1　ヨーロッパ統合と国境の変化
図中の実線，点線，太線の意味は本文を参照のこと。

（山本　茂）

46 政治体制に翻弄された上シロンスク工業地帯

1　GOPの形成と発展

　GOPは，ポーランド語のGórnośląski Okręg Przemysłowy（英語でThe Upper Silesian Industrial Region）の略語で，ポーランド南部のヴィスワ川およびオドラ川上流部のシロンスク高地に位置し，東西約40km，南北約15kmの空間に，14の工業都市が集積して一大コナベーションを形成している。GOPの圏域人口は約349万人とされ，中心都市はシロンスク県の県都カトヴィツェ（人口32万人，2005年）である。

　上シロンスク地方で豊富な石炭資源と鉄鉱石，亜鉛などの鉱物資源を基礎にして工業化が進んだのは19世紀のことである。とくに19世紀後半にシロンスク地方は急速な工業発展を示した。

2　社会主義的工業化の時代

　戦後ポーランドの国内が安定し，社会主義的工業化路線を推進し始めたのは1950年代である。当時の東欧各国の経済建設の目標は1930年代のソ連の工業化モデルを下敷きにしたアウタルキー的な自立経済圏を構築することにおかれていた。社会主義経済の理念と目標は社会階級間の格差を除去することとされ，社会的平等の実現のみならず地域的な平等化も不可欠と理解され，産業立地政策では地域の均等的な発展が目標とされた。

　また重工業，とりわけ鉄鋼業の発展が優先的に追求された。ポーランドの工業発展はシロンスク地方の石炭，亜鉛，鉛などの地下資源と戦前までの上シロンスク工業地域を基礎にして推進されていった。

　一方で，戦後ヨーロッパにおける東西冷戦体制の定着とともに，ソ連が東欧社会主義国に対してとった経済援助の指針は，各国の工業化と自立経済の建設を促進することであった。

　ポーランドの場合，豊富な石炭資源に恵まれているが，良質の鉄鉱石の安定確保がネックとなった。そこでソ連はウクライナ南部の鉄鉱石産地（クリヴォイログ，ケルチ）から国境を越えてポーランド南部のシロンスク地方に直接搬入する広軌の産業鉄道を新設した。この鉄道は西ウクライナのルヴフからプシェミシルで越境し，クラクフ，上下シロンスクを経由して，東ドイツまで延伸され，戦後東欧の産業動脈の役割を果たした。

　1949年，ソ連の援助で大規模な新鋭製鉄所が建設され，国営のレーニン記念製鉄所として操業を開始した。レーニン製鉄所は，クラクフの中心から10km東方に位置するノヴァフータ地区にある。この製鉄所の立地選定には，ソ連の鉄鉱石資源に全面的に依存していること，ノヴァフータが上シロンスク工業地帯から60km東方にあり，ポーランド南東の農村地域を背後に控えていること，政治的には古都クラクフの都市改造への波及効果が期待できることという三つの理由が考慮された。

　1950年代を通して，ノヴァフータはポーランドの社会主義的工業化に大きな役割を果たしたことは否めない。

　ソ連が，資金，技術，工業原料を援助して，その国最大の新鋭製鉄所を建設することで社会主義的工業化を推進するやり方は，この時期の東欧各国で共通して見られる協力方式であった。たとえば東ドイツのアイゼンヒュッテンシュタット，スロヴァキア東部のコシツェ，ハンガリーのドゥナウーイヴァロシ，ルーマニアのガラツィなどがその好例である。

3　ギエレク成長経済の時代

　1960年代末の政治危機のなかから登場したギエレク政権は1970年代に入って西欧諸国の経済協力を得て意欲的な経済成長政策を採った。成長政策自体は第一次石油危機の影響で頓挫したが，1970年代前半のポーランド経

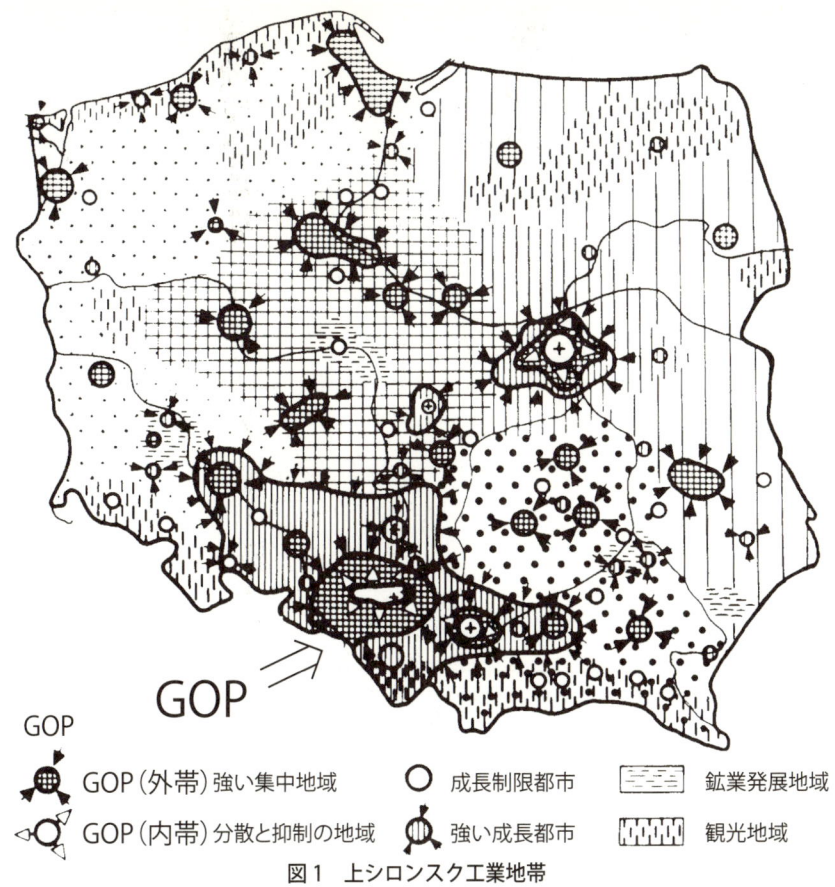

図1 上シロンスク工業地帯

GOP
- GOP（外帯）強い集中地域
- GOP（内帯）分散と抑制の地域
- 成長制限都市
- 強い成長都市
- 鉱業発展地域
- 観光地域

Dziewonski（1976）による。一部改変。

済は急成長の軌道を走ったことは事実である。そのなかで新設された総合製鉄所はカトヴィツェ製鉄所といわれているが，その立地は上シロンスク工業地帯の内帯と外帯の境界都市ドンブロヴァ・グルニチャ（人口14万）におかれた。その意味は，GOPにこそ鉄鋼製品を消費する各種の関連諸産業の集積があり，消費地から遠く離れた農村地域の工業発展を求める「パラシュート型立地」とは無縁の，つまり経済合理性を重視した立地選択の結果であった（図1）。

4 GOP——衰退から再生へ

東欧革命を経てポーランドにはじめて非共産党政権が誕生し，本格的に市場経済体制に移行しはじめた。国営大企業の民営化が進み，赤字企業の閉鎖や外国資本による買収が進んでいった。かつてのレーニン製鉄所はセンジミル製鉄所と名を変え，カトヴィツェ製鉄所もその存続が危ぶまれている。

こうして市場経済への移行とともに，GOPの歴史的な使命と役割を終えたかに見えたが，その再生への兆しは意外にもGOPの外から現れたというべきであろうか。

2000年になると，ポーランドは東中欧最大の外国直接投資の受入国となった。ここにきて，GOPは企業立地にとっておおいに地理的有利性を発揮した。ひとつは道路・鉄道によるドイツ・ザクセン地方の工業との結合，第二にGOPから東方のウクライナ，ロシア，世界をにらんだ生産拠点の確立，三つ目には安価で良質な労働力の賦存という利点である。

製造業では自動車産業への新規投資が最大で，エレクトロニクス，白物家電など多岐にわたった。日系企業では，ポーランド南西部下シロンスク地方の大都市ヴロツワフ，ヴァウブジフ周辺のグリーンフィールドに，トヨタ系のエンジン組立，ミッションなど部品関連企業が集中的に立地展開を進めている。ポーランド南西部における，トヨタを中心とした西三河地方の再来を思わせる新自動車工業地帯の形成として注目されている。

5 たくみな適応力とみごとな合理精神

GOPをとりまく立地環境の変化と盛衰から，GOPを政治体制に翻弄された工業地域とみることもできよう。しかし，ポーランド経済をとりまく環境変化の中で，そのときどきの制約条件の中で必死に自らを適応させつつ存続と再生を模索する姿の中に，みごとな経済合理性の精神が潜んでいると評価することができるのではなかろうか。

（山本　茂）

47 少子化時代のスペインにおける外国人の急増

1 南ヨーロッパの少子化

近年の日本では，高齢化を加速させ将来的な人口減少を招くと考えられる少子化問題について，広範な議論が行われている。しかし，スペイン，イタリア，ギリシャ，ポルトガルといった南ヨーロッパ諸国が，日本と類似した時期に，日本と同等かそれを上回るペースの少子化を経験したことはあまり知られていない。

1人の女性が生涯を通じて生む子どもの数の仮想的な平均値である合計出生率（合計特殊出生率ともいう）は，地域人口の多産・少産の度合いを示す総合的な指標として頻用される。かつてヨーロッパで相対的に多産だった南欧4ヶ国の合計出生率は，1970年代から低くなった。とくに注目すべきはスペインの激変ぶりであり，民主化が始まった1975年当時2.79だった合計出生率は，1990年代末には1.15という極端な低水準に落ち込んだ（図1）。こうした南欧諸国の動向は，長期的な人口維持に必要とされる置換水準（2.1程度）をほぼ達成しているアメリカ合衆国はいうに及ばず，福祉国家の理念の下で手厚い家族政策を行い，1980年代以降，一定の出生率回復をみた北欧諸国と比べてもきわめて対照的である。

2 外国人労働者の受入れ

人口が停滞ないし減少する局面にある南欧諸国でも，外国人移民の受入れが少子化・高齢化を食い止めるための積極的手段として位置づけられることは少ない。しかし，現実は政府の施策をはるかに凌ぐ勢いで変化している。なかでも，戦後の北西ヨーロッパに多くの労働者を送出したスペインは，今日，EUの南の玄関口として激しい人口流入の波に洗われている。

1990年代までのスペインでは，外国人が総人口に占める比率は1～2％程度にすぎなかった。1990年代中頃からの不動産投資ブームに刺激された好景気のなかで，対岸のモロッコや旧植民地の中南米諸国はもとより，ルーマニアやブルガリアといった東欧諸国からも活発な人口流入がみられるようになった。2006年現在，スペインの外国人は，住民登録を行っているものだけでも415万人，人口比では9.3％にのぼる（図2）。そのためスペインの人口は一時の停滞を脱し，再び増加傾向に転じている。

少子化と外国人の流入は，人口ピラミッドの変化に明瞭に表れている。多産社会の名残を留めていた1975年の人口ピラミッドは，少子化の急速な進行により，1991年には年少人口の部分がくびれた「つぼ型」へ変化した。しかし，さらに15年後の2006年には，外国人の爆発的な増加によって，30代を中心とする生産年齢人口が大きく膨らんだ，ほとんどキノコのような形の人口ピラミッドが出現した。

外国人の流入を極力抑制・選別するというスペイン政府の立場にもかかわらず，多くの企業は，グローバル化とともに激化する国際競争のなかで，コスト削減のために外国人労働力に頼らざるをえない状況にある。労働集約的な灌

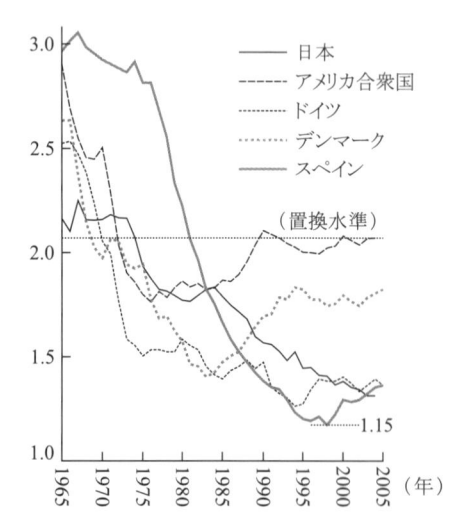

図1 各国における合計出生率の推移（1965～2005年）
国立社会保障・人口問題研究所，U.S. Census Bureau，Eurostatの資料により作成。
1990年以前のドイツの数値は，旧西ドイツのみを示す。

図2　スペインの人口ピラミッドの変化（1975～2006年）
Instituto Nacional de Estadística: Censo de Población（1991）, Padrón Municipal de Habitantes（1975, 2006）により作成。

灌漑農業が営まれている地中海側では，多くのモロッコ人が過酷な労働条件の下で働いている。首都マドリードをはじめとする大都市圏では，給仕人や店員などのサービス職業にスペイン語を母語とする中南米出身者が従事しているし，最近は，各地の工場や建設現場で働く東欧系労働者の姿をみかける（図3）。また，スペインにおける女性の就業率向上と共稼ぎ世帯の一般化が，家事労働力としての外国人女性の雇用と結び付いている点にも注意したい。

就業目的で来る外国人とは対照的に，島嶼部や半島南東の沿岸部に住むドイツ人やイギリス人の多くは，保養目的で長期滞在する年金生活者である。ただし，それら滞在者や短期の外国人観光客を顧客とするサービス業の集中展開が，南米系を中心とする外国人労働者を呼び寄せる要因となっていることを見逃してはならない。

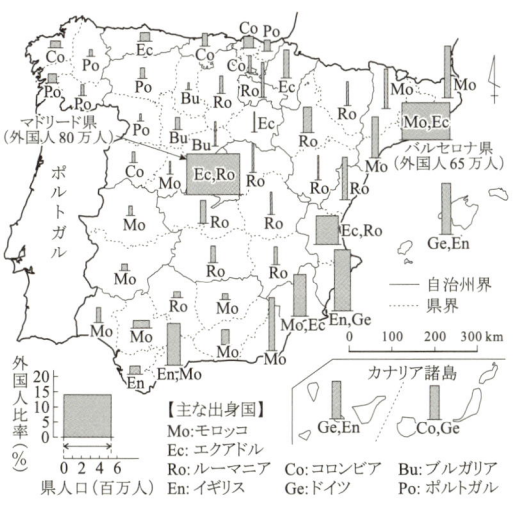

図3　スペインにおける外国人の県別分布（2006年）
Instituto Nacional de Estadística: Padrón Municipal de Habitantes, 2006 にもとづいて作成。各県の外国人数は柱の面積に比例する。出身国については，各県の代表例のみを示してある。

3　社会の一員としての外国人

少子化に起因する問題として労働力不足とともによく取り上げられるのは，高齢化の加速による社会保障費の増大である。外国人はこの意味でも重要な鍵を握っている。スペインで正規に就業する外国人は，社会保障制度を支える勤労者になると同時に，スペイン人と同様に保険金や年金を受給する資格を得る。現在のところ，スペインの外国人は生産年齢人口に著しく集中しているので，社会保障制度の財政的な均衡に大きく貢献する存在となっている。

もちろんスペインでも，外国人の急増に端を発する問題は少なくない。2000年に，モロッコ人農業労働者が集住する南東部の町エル・エヒードで，外国人排斥を掲げる暴動が起きたことは記憶に新しい。その一方で，ジブラルタル海峡を小舟で渡って遭難し，命を落とす不法移民が後を絶たない。スペイン人との言語文化的な繋がりを認められた中南米系移民とは違い，アフリカ系労働者は偏見や差別に晒されやすい。賃貸住宅の契約すら拒否され，農業暦とともにスペイン各地を移動するアフリカ系労働者が提起する社会的孤立の問題は深刻である。

スペインに住む外国人が将来的にどの程度定着するのかは，不動産投資ブームが去った後の景気の動向とあいまって，いまだ流動的である。また，単身男性が多いアフリカ系と家族連れ中心の中南米系では，スペインへの定着意志も異なる。とはいえ，ここ数年来回復のきざしをみせている出生率の今後の動向，そして労働市場や地域社会の長期的な変動にとって，外国人の居住と家族形成が重要な役割を果たすことは間違いないであろう。

（竹中克行）

48　スペインのワイン産業と地理的呼称制度

1　ワインの地理的呼称制度

　EUは，地域が有する生業の伝統を重視し，特産品に対して厚い制度的保護を与えている。そうした政策には，商品を偽造や詐称といった不当競争から守るだけでなく，地域経済の基盤強化のために特産品の地理的呼称を活用しようというねらいがある。とくにワイン産業は，産地のイメージと結び付いた商品の差別化がもっとも進んでいる分野である。現在，ブドウ畑の面積で世界第一位，ワイン生産量で同第三位のスペインの場合にも，EU法の枠組みの中で，テーブルワインを含めて5段階の地理的呼称制度が整備されている（図1）。

　この制度の下では，生産されるワインはテーブルワインと特定地域産良質ワインの二つに大別される。生産地域などに関する取り決めのないテーブルワインは，生産者にとって融通の利く商品であるが，商品ラベルには生産地はおろかブドウ品種や収穫年を表示することも許されない。反対に，特定地域産良質ワインに対しては，産地ごとに定められた生産地域内でのブドウの調達や醸造が義務づけられるが，品質や産地名に関する記載を商品のイメージづくりに活用できるという利点がある。特定地域産良質ワインは，品質管理の厳格さなどに応じて，さらにいくつかのカテゴリに区分されている。

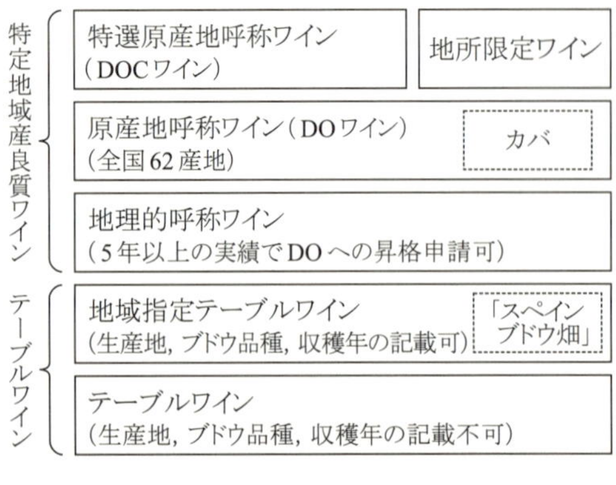

　スペインのワイン産業は，かつて大衆的なテーブルワインの量産を特徴としていたが，1970年代頃から，良質ワインに対する国内外の需要の拡大を受けて，品質重視へと流れが変わった。また，1986年にスペインがEC（後のEU）に加盟すると，国内のテーブルワイン産業は，共通農業政策による生産制限を受けるようになった。こうした新たな環境の下で，スペインワインの知名度と国際競争力を高めるために，地理的呼称制度による原産地呼称（DO）の賦与は重要な役割を果たしたといえる。2006年時点で存在する全国62のDOのうち，約半数は最近15年間に発足したものである。

　しかし，EUの地理的呼称制度が，すなわち，地理的領域として産地を境界づける仕組みであるという点には注意しなければならない。生産者にとっての地理的呼称制度は，産地ブランドの創出や一定品質の保証などの恩恵を与える一方で，原料の種類や調達先について規制を課す存在でもある。こうした両面について，以下，数多くの小規模DOが分布する北東部カタルーニャ自治州の例に即してみよう。

2　産地の細分化・複雑化

　現在カタルーニャにある12のDO（図2）の中には，プリウラットのように，スレート質の土壌と濃厚なワインの風味が特徴づける産地として早くから知られていた例もある。しかし，数多くのDOに細分化されたカタルーニャの現状は，むしろ近年になって，産地ブランドの確立による販路拡大をねらったDOの設置が相次いだ結果である。たとえば，1990年代にプリウラット産ワインへの国際的な評価が急上昇すると，これに刺激された隣接産地のモンサンはDOタラゴナから独立し，良質かつ手頃な価格のワインを売りにする，独自の販売戦略を展開しはじめた。

特定地域産良質ワイン	特選原産地呼称ワイン （DOCワイン）	地所限定ワイン
	原産地呼称ワイン（DOワイン） （全国62産地）	カバ
	地理的呼称ワイン （5年以上の実績でDOへの昇格申請可）	
テーブルワイン	地域指定テーブルワイン （生産地，ブドウ品種，収穫年の記載可）	「スペインブドウ畑」
	テーブルワイン （生産地，ブドウ品種，収穫年の記載不可）	

図1　スペインワインに関する地理的呼称制度（2006年）
スペイン農業・漁業・食糧省の資料をもとに作成。

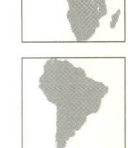

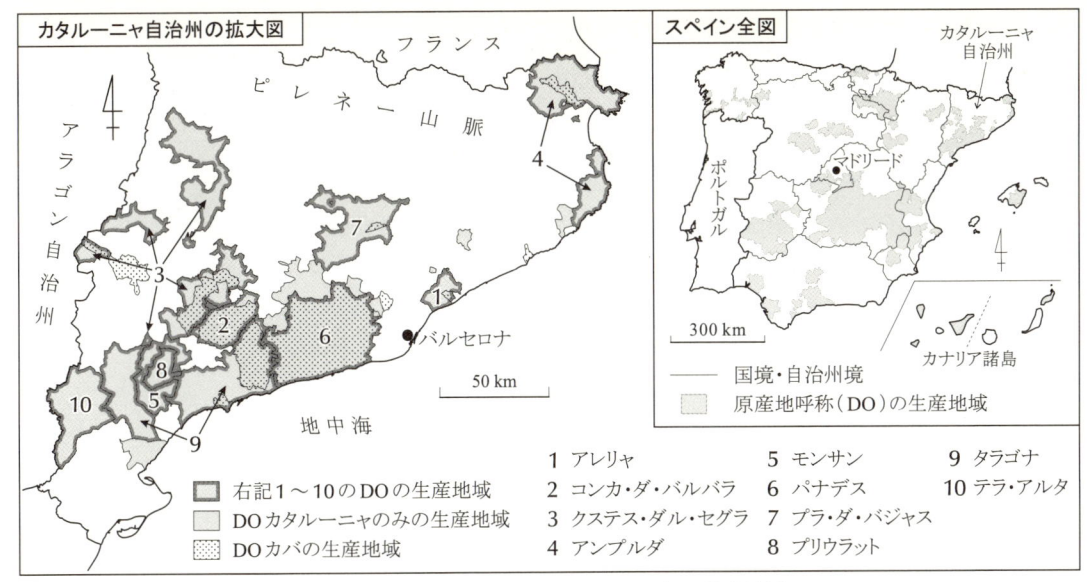

図2 スペインにおけるワイン原産地呼称（DO）の生産地域（2005年）

図中の原産地呼称（DO）には特選原産地呼称（DOC）を含む。DOカタルーニャは、DOカバを除く自治州内の10のDOすべてに、いずれのDOにも属していなかった若干の地域を加えたもの。

カタルーニャ自治州農業・食糧・農村行動省の資料をもとに作成。

凡例：
- 右記1〜10のDOの生産地域
- DOカタルーニャのみの生産地域
- DOカバの生産地域

1 アレリャ　2 コンカ・ダ・バルバラ　3 クステス・ダル・セグラ　4 アンプルダ　5 モンサン　6 パナデス　7 プラ・ダ・バジャス　8 プリウラット　9 タラゴナ　10 テラ・アルタ

　フランスのシャンパンと同じ製法を使用したスペイン産発泡ワイン、カバの場合には、複雑な形状の生産地域をもつDOが1986年に発足した。DOカバの設置にさいしては、カタルーニャを中心として国内各地に広まったカバ生産の実態を追認しつつ、七つの自治州に分布する既存のカバ醸造元を取り込んだ、継ぎはぎ状の生産地域が設定された。しかし、そもそもシャンパーニュ製法という技術で結ばれたカバを地理的に囲い込み、生産地域外の醸造元がカバ事業に進出する可能性を封じることに、果たしてどれだけの意味があるのかは疑問である。

3 境界づけが提起する問題

　産地の囲い込みから発する問題はそれだけではない。DOパナデスに立地するある大手醸造元は、スティルワイン（非発泡性ワイン）の生産のみを手がけてきた。カバ用の白ブドウ生産が卓越している地元では、赤ワインの原料である黒ブドウの大量調達は難しい。このため同社は、カタルーニャの他地域からブドウを買い集めて、パナデスの自社施設で醸造する方式を選んだ。しかし、他のDOで栽培されたブドウを使ったワインは、品質が高くとも、制度上はテーブルワインとしてしか商品化できない。DOカバを除くカタルーニャの全DOを包含する広域産地として、2001年にDOカタルーニャが導入されたのは、細分化されたDOの実態を前に、実力ある醸造元による多地域への事業展開を容易にするための打開策だった。

　DOプラ・ダ・バジャスにある別の大手醸造元は、スペイン各地から原酒を買い付けてブレンドし、テーブルワインとして商品化してきた。しかし、テーブルワイン市場が縮小している現在では、ブドウ品種や収穫年の表示が許される地域指定テーブルワインというカテゴリ（図1）を利用して、商品イメージの向上をはかっている。地域指定テーブルワインでは、ブドウの生産地域は限定されるが、醸造所の立地に関する縛りはない。このため、テーブルワイン生産者にとっては、事業の実態を大きく変えずに地理的呼称制度の恩恵を受けるための道具立てとなる。2006年に認定された地域指定テーブルワインの呼称「スペインブドウ畑」は、事実上のDOスペインともいうべき超広域産地である。

　原産地呼称制度の改変に向けた要求は、特定の地所（畑）で良質ワインを生み出している小規模醸造元からも発せられている。2003年の法改正では、良質ワインを産する個別の地所に対して、既存のDOの生産地域に含まれるか否かにかかわらず、地所限定ワインという新しいタイプのDOを認定するための道が開かれた。

（竹中克行）

49 ロンドンのインナーシティ問題

1 インナーシティ問題

インナーシティ問題は，ニューヨークや東京，大阪など先進資本主義国の多くの大都市でみられるが，最も早くに認識されたのは，1970年代の，ロンドンをはじめとするイギリスの大都市の都心周辺部においてであった。図1は，ロンドンの行政区（borough）別に人口増減率を示しているが，1971年から1981年までの増減率についてみると，増加したのは都心のシティ（City of London）だけであり，都心周辺部で人口減少の大きいことがわかる。背景には，人口と産業活動をニュータウン等へ移転させて大都市の過密を解消した政策の実施がある。

イギリス環境省は，インナーシティ問題として，工場等の経済活動が失われる経済的衰退（economic decline），住宅や諸施設が老朽化する物的衰微（physical decay），貧困者等が集中する社会的不利益の集積（social disadvantage）を示した。また，インナーシティにおいてみられるものとして，エスニックマイノリティ（ethnic minorities）の問題[1]もある。

インナーシティの特徴を様々な指標で示したイギリス環境省（Department of the Environment, 1995）によると，インナーシティにおける生活補助世帯は16.2%（インナーシティ以外では6.9%），千世帯あたりのホームレス数は20.5（インナーシティ以外では10.7），千世帯あたりの不良住宅は54.1（インナーシティ以外では17.8），失業率は9.5%（インナーシティ以外では3.9%），単位不足による学校中退者は13.0%（インナーシティ以外では8.8%），11歳の学業修了者は46.7%（インナーシティ以外の数値はなし）である。

このようなインナーシティ問題を解消するために，1980年代にイギリス政府は民間活力の導入により，都市再開発を行ってきた。次にとりあげるロンドンドックランズも，その地域のひとつである。

2 ロンドンドックランズ

ロンドンには，テムズ川を利用した河川交通の拠点があり，図1中のシティの東側の，タワーハムレッツ（Tower Hamlets），サザック（Southwark），ニューハム（Newham）にある複数の掘込み港のところは，ドックランズ（Docklands）と呼ばれている。ドックランズでは，かつては多くの移民労働者が働いていた。この地に住みはじめたユダヤ人は，事業の成功

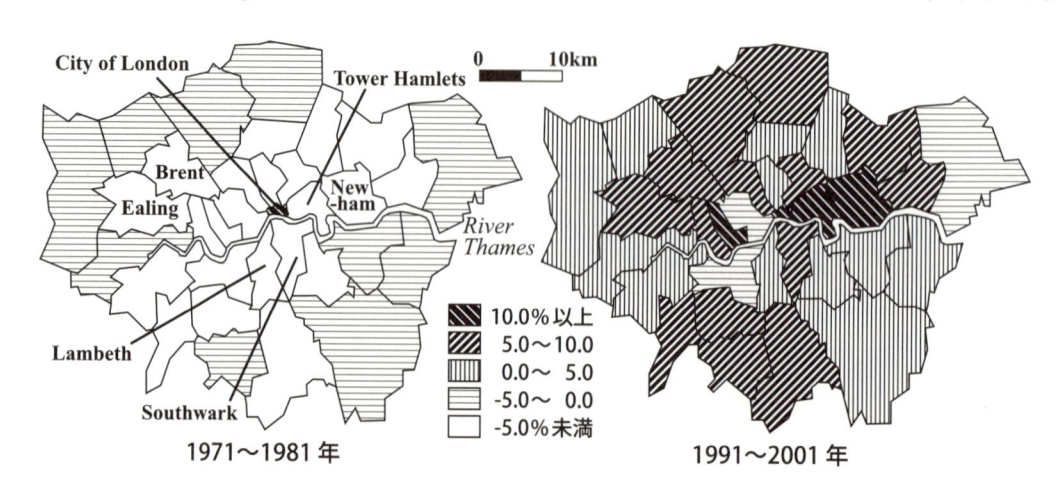

図1　人口増減率（1971～1981，1991～2001年）　　National Statisticsにより作成。

とともにこの地を離れ，その後にはバングラデシュ人が住むようになった。

河川を航行する船舶による貨物輸送から，鉄道・自動車による陸上輸送にかわるとともに，船舶の大型化に伴い外洋港の利用が増加したため，ドックランズの土地利用は大きく変わった。ドックランズでは運輸の企業だけでなく，港湾立地型の関連企業の多くが閉鎖され，ドックランズ周辺地域の失業率は高くなった。

イギリス政府は1980年代に，ロンドンドックランズ開発公社を設立するとともに，エンタープライズゾーン[2]を設置し，民間活力を導入してドックランズの再開発を行ったのである。ドックランズでは地下鉄やライトレール（中量輸送機関）の公共交通機関の整備が進められた。

その結果，金融業やサービス業など従来この地域にはなかった業種の新規企業の参入があり，新たな就業先を生み出した。

3　1990年代以降の変化

ロンドン全体の人口は，1939年に860万人でピークを迎え，1983年には680万人まで減少していたが，1990年代には増加に転じている。

図1より1991年から2001年までの人口増減率についてみると，インナーシティ問題の顕在化した1970年代に比べて，人口が減少したのは3区のみであり，成田（2005）が指摘するように，人口の増加する再都市化段階にあることがわかる。とはいえ，人口は一様に増加しているのではなく，シティから東側のタワーハムレッツ，ニューハムにおいては10%以上増加している。これは，ドックランズへの新規来住者の増加によるものである。

しかしながら，ドックランズやテムズ川南岸のサザックやランベス（Lambeth）においては，失業率は6.0%以上であり，他区に比べて高い（図2）。職を失った住民と新しく増加した就業先との雇用のミスマッチの解消は容易ではない。ロンドンでは，裕福な人々と貧困な人々とが同時に増加する社会的な分極化が問題として指摘されている（リビングストン，2005）。

ロンドン市民の約3分の1は，黒人または

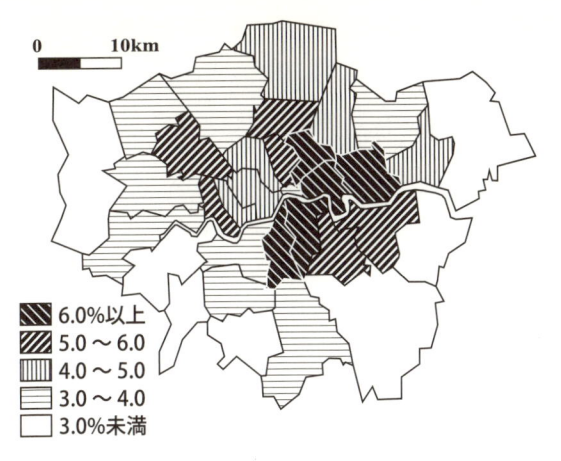

図2　失業率（2001年）
National Statisticsにより作成。

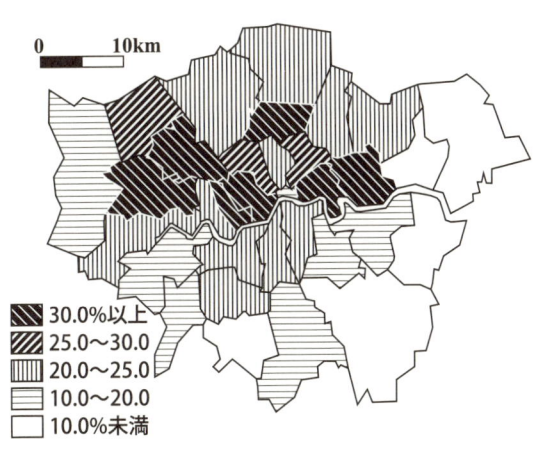

図3　EU域外出身者率（2001年）
National Statisticsにより作成。

アイルランド人やキプロス人，トルコ人といったエスニックマイノリティの人たちである。EU域外の出身者率を示した図3によると，比率はドックランズだけでなく，西部のブレント（Brent）やアーリング（Ealing）においても高い。エスニシティの分布においても，分極化が起こっているのである。

ロンドンでは，社会的分極化の解消のためにも，放棄された土地が多く存在する東部地域の再開発を行うとともに，比較的安価な住宅の供給を進めて，今後の人口増加への対応の必要性が認識されている。

---

1) 都市によっては郊外においてもみられる。
2) 税の減免や各種の規制緩和を行うことで，企業の自由な経済活動を支援する地域のこと。

（藤塚吉浩）

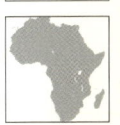

50 Asia ヒマラヤ・カラコルムの自然と環境問題

1 ヒマラヤとカラコルムの環境問題

　ヒマラヤ山脈は，中国，インド，ブータン，ネパール，パキスタンの5ヶ国にわたってひろがる東西約2000 kmの大山脈である。ヒマラヤ山脈とカラコルム（カラコラム）山脈を地理的にわけるのは，インダス川である。ヒマラヤとカラコルムはスケールがきわめて大きいため，自然環境や環境問題を単純化して議論することはできない。ここでは，アクセスが良く，海外からの観光客が多い地域を例に考えてみる。すなわち，ヒマラヤ中核部をなすネパール・ヒマラヤのエベレスト山付近とカラコルム・ハイウェー沿いのゴジャール地域である。

　ヒマラヤとカラコルムにみられる環境問題には，世界の山岳地域の環境問題と共通する事象が数多く認められる。主なものに，開発による自然破壊，森林伐採，氷河湖決壊洪水を含む災害，グローバリゼーション，貧困，紛争がある。

2 ヒマラヤとカラコルムの自然と人間生活

　これまで，ヒマラヤの南北方向の断面図は，地質，農業，民族など，さまざまな要素について描かれてきた。図1は，これらのうちのいくつかの要素について，エベレスト周辺地域の様子をまとめたものである。ネパール・ヒマラヤのなかでも，東西地域では断面の様子は大きく異なる。ヒマラヤ全域でみた場合には，異なる断面図がいくつも描けることになるのだが，図1に示した断面をみるだけでも，標高0m近くの低地から地球上で最も高い地表面までを含んだヒマラヤが，自然環境の点でも社会環境の点でも，多様であることがわかる。

　一方，カラコルムの自然の特徴は，多くの山域がモンスーンの影響を受けない，乾燥した環境におかれている点にある（図2）。通常，集落が位置している谷底ではほとんど降水がなく，集落の緑は，氷河の融け水を利用した灌漑によって成立している。谷底から斜面を登っていくと，高山乾燥ステップと呼ばれる，まばらな植生帯となり，さらに斜面を登って氷河に近づくと，相対的にやや湿潤な環境となり，まばらな針葉樹林が出現する。氷河直下の高度帯まで行くと，永久凍土が出現し，永久凍土の融解によってもわずかな水分が供給される。こうした斜面に成立した植物は，餌資源として野生動物と家畜に消費されている。湿潤なヒマラヤの植生とはまったく異なる高度分布がみられるのである。

　湿潤なヒマラヤでは，段々畑で水稲栽培が行われており，高所ではイモ，ソバ，ムギなどが

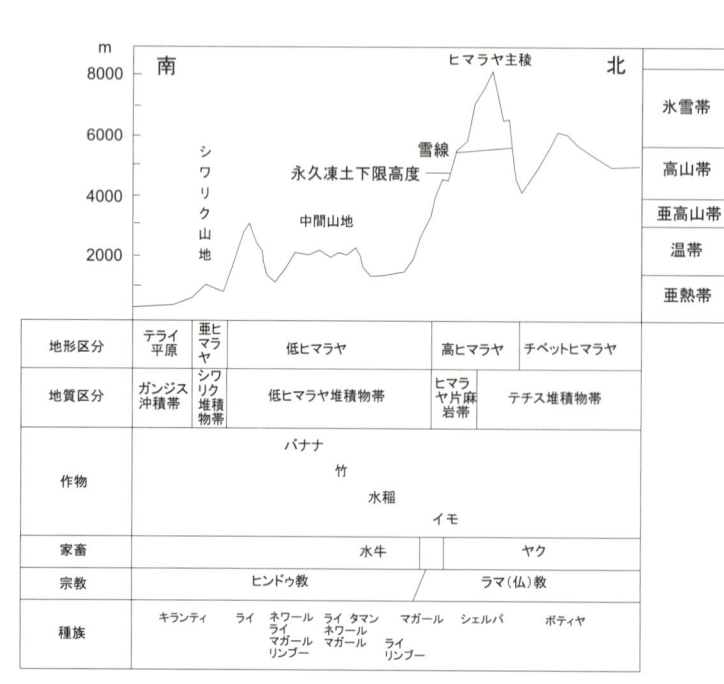

図1　ネパール・ヒマラヤ中央部の自然と人間生活
ハーゲン（1989），木崎（1994），五百澤（2007）などにより作成。

図2　カラコルム北部の自然と人間生活

栽培されているが，乾燥したカラコルムでは谷底付近で灌漑農業が行われている。また，ヒマラヤの高所では，ヤクが飼われているが，カラコルムでは乾燥に強いヤギ・ヒツジが主体となっている。

3　紛争と観光・自然環境保全

ヒマラヤ山脈やカラコルム山脈を抱える国の多くは，外貨獲得のため外国人観光客に依存している。特に貧困なネパールは，観光への依存度が高く，実際に，世界中から多くの観光客を受け入れてきた（図3）。しかし，近年，ネパールでは反政府武装運動が活発化し，治安が著しく悪化したことから，外国人観光客数は激減した（図3）。

こうした傾向は，途上国を中心に，様々な国・地域でみられ，カラコルムでは2001年9月の米国同時多発テロ発生後，外国人観光客が激減し，さらに2002年にSARSが発生，現在でも観光客数は回復していない。

観光開発そのものは自然破壊をもたらすことが多いが，一方で，エコツーリズムを中心とした環境に配慮した観光開発が進めば，地元に一定の収入がもたらされ，環境保全につなげることも可能となる。しかし，観光客数が回復しなければ，環境悪化につながる可能性が大きくなるのである。

4　温暖化と災害

ヒマラヤおよびカラコルムの環境問題のいくつかは，温暖化と強く結びついている。そのなかでも特に大きな社会問題となっているのは，氷河湖決壊洪水（GLOF）である。氷河の融け水が氷河の上や底などに溜まって，氷河湖ができ，湖がある程度の大きさになると，水をささえていたモレーンなどが壊れて，下流域で洪水被害が生じるのである。ヒマラヤのGLOFの発生は，1950年代以降に急増している。このことは，洪水を引き起こすような大きさの氷河湖が，数十年間で形成されることを意味している。Mool et al. (2001) は，ネパールとブータンのヒマラヤで，最も危険な氷河湖の分布図を作成した。これによると，これらの湖の下流域では，住民やトレッカーらに影響が及ぶ可能性がある。さらに，ダム建設や道路建設などの海外援助にも大きな影響が現れはじめている。

一方，カラコルムでは，多くの氷河が必ずしも融解して縮小しているわけではなく，氷河の急激な拡大と縮小が繰り返されることによって，住民生活に影響が生じている。一般に乾燥したカラコルムでは，水の存在が大きな問題となる。氷河の融け水がほとんど唯一の生活水であり，灌漑を行わなければ，農業も生活も成り立たない。しかし，年ごとに氷河の融け水の取水口の位置が大きく変わるため，灌漑用の水路を毎年のように付け替えなければ，農業さえ維持できないのである。

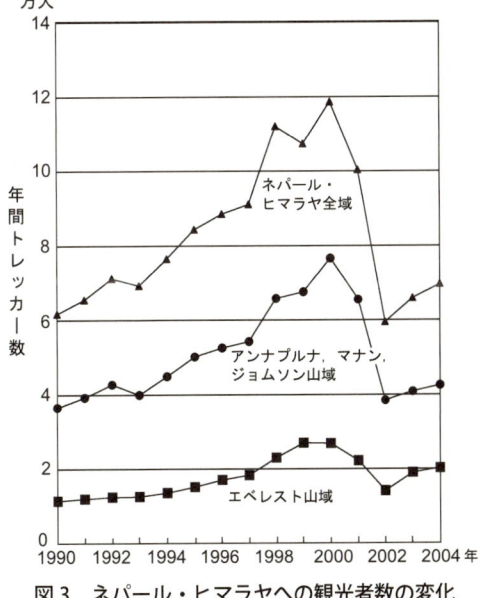

図3　ネパール・ヒマラヤへの観光者数の変化
ネパール政府観光省の資料により作成。

（渡辺悌二）

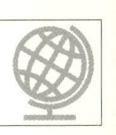

51 中央アジア・パミール高原の自然と環境問題

1 パミールの定義と分布

パミール高原の定義は，人によりさまざまである。そもそも日本語で「高原」と呼ぶことに対して抵抗感を抱く人が多い。一般的にパミール（英語で The Pamir(s)）と呼ばれる地域（図1）は，タジキスタン共和国の東半分にほぼ一致している。また，広義には，中国最西部の地域やアフガニスタン北東部のワハン回廊もパミールに含めることができる。これらの地域には，谷底に湿潤な草原が広がっており，そこはヤクやヒツジ，ヤギの放牧に利用されている。これらの放牧地は，より小さなスケールの「パミール」と呼ばれている。

以下では，パミールの中核部であるタジキスタンのパミール（タジク・パミール）に焦点をあてて，地域問題を考えてみたい。

2 自然環境の特徴

図1に示したように，パミールの東と西，あるいは南と北では降水環境が著しく異なっている。最も年降水量が多いのは北西部であるが（フェデチェンコ氷河の観測所では 2,234 mm），その南方約 50 kmに位置するサレス湖の観測所では 110 mm にすぎない。この違いは地形の違いと対応している。パミールのなかで最も標高が高いのは北西部で，図2の西半分の氷河に覆われた地域である。この地域にはイスモイル・ソモニ峰（旧コミュニズム峰，7495m）を含む 6000 から 7000m 級の山々が連なっており，谷が深くて急峻な山脈の集合帯となっている。これに対して，東パミールはのっぺりとした大陸的地形となっている。

こうした降水量の違いによって，植生にも大きな地域的差異が生じている。北西部では森林が広がっているが，南西部では谷底にのみヤナギ，ポプラ，カンバなどの高木がみられ，東部はヨモギやアカザの仲間などの灌木がまばらに生えた高山砂漠景観となっている。パミールには固有種が多く，生物多様性に富んでいることがよく知られている。

3 タジク・パミールの地域問題

パミールにおける最大の地域問題は，貧困と環境破壊（自然環境資源の消費）であろう。

タジキスタンでは，1991年の独立後，貧困状態が続いてい

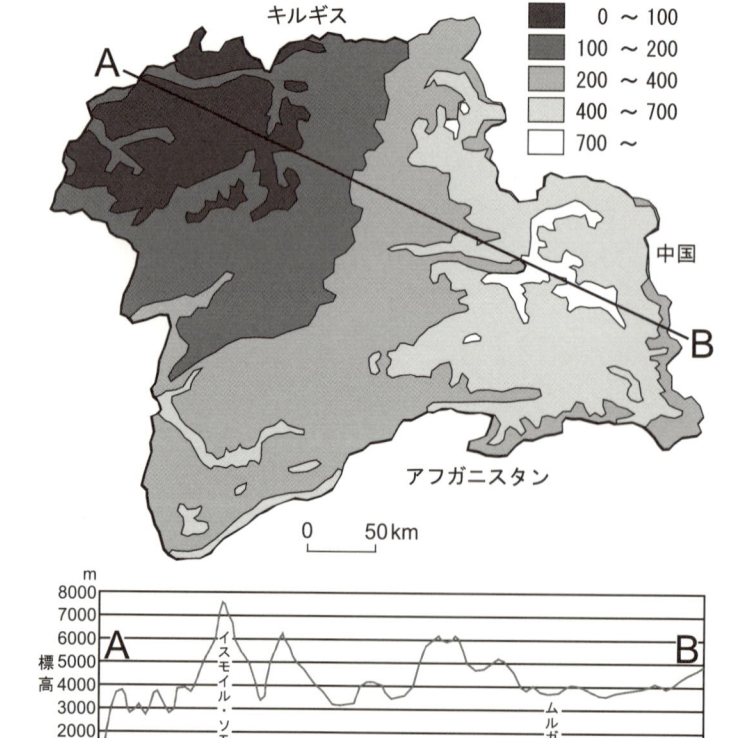

図1 パミールの降水量分布と地形断面
降水量分布図は CDE（2005）により作成。

る。世界銀行によれば2003年時点の貧困層は人口の64%にあたる（キルギスでは2001年時点で54%）。特にパミール地域では，1999年時点で97%が貧困層で，2003年には国際援助などで改善されたものの84%が貧困層となっている。

自然環境を保全するために，タジキスタン政府は1992年にタジク国立公園を設置した。タジク国立公園は，図1の範囲とほぼ一致する，標高1400〜7495mの山岳国立公園である。タジク国立公園の最大の価値は，マルコポーロシープ，ユキヒョウ，アイベックス，オオカミなどの大型野生動物の存在にある。

しかし，タジク国立公園は，これまで書類上の国立公園であったにすぎず，マルコポーロシープをはじめとする野生動物の保全はほとんど行われずに，放置されてきたことになる。

これに対して，国立公園周辺地域では野生動物に関連した商業活動が先行して浸透しており，東パミールでは，外国人客を対象とした，マルコポーロシープのトロフィー・ハンティング・ツアーが行われている。貧困であるがゆえ，自然環境資源を利用して，安易に外貨獲得を行っているのである。

タジク国立公園で最も問題視されている植物のひとつは，現地でテレスケン（写真1）と呼ばれているアカザ科の灌木である。テレスケンは，乾燥した東パミールの裸地に散見される植生である。貧困層がマーケットでテレスケンを販売して生計をたてるようになり，乾燥した砂漠地域の限られた植生資源の枯渇が懸念されている。タジク国立公園内の植生は，法律では守られているが，現場には管理者がいないため，市場で販売までされてしまっているのである。テレスケンの採取に関しては詳細な調査は行われていないが，採取量は加速度的に増えているといわれており，テレスケンの採取による土壌侵食の活発化も心配されている。図2に示した高山砂漠地域で裸地化が進むと，おもに風によって土壌が失われるのである。

写真1　テレスケン（2006年撮影）

このように，タジク・パミールでは，野生動物ハンティングと燃料のための植物資源（テレスケン）利用の二つを大きな環境問題として位置づけることができよう。これらの問題の発生は，タジキスタン共和国の独立とその後の紛争に関連して生じた貧困が原因となっている。貧困と自然環境資源の消費は，タジク・パミール周辺のキルギス南部や，アフガニスタン北東部（ワハン回廊），中国最西部でも同じように，大きな社会的問題となっている。

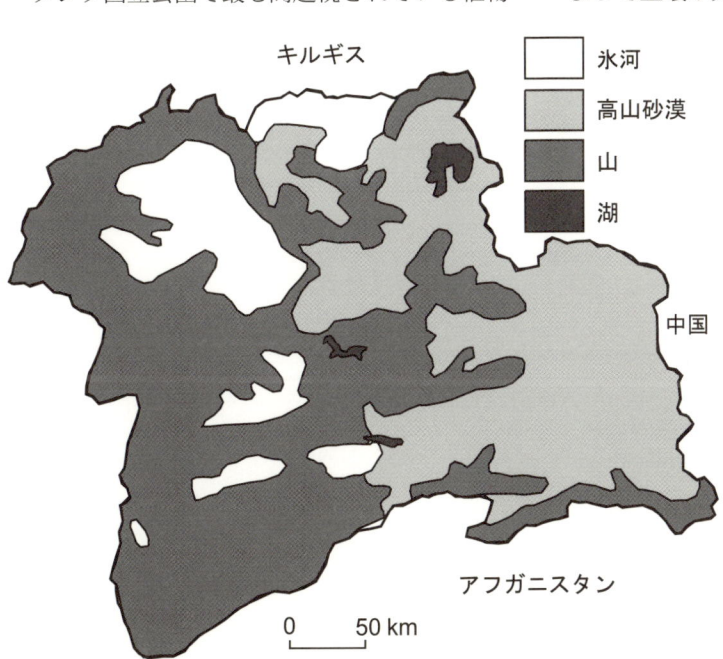

図2　パミールの景観分布
Safarov et al.（2003）により作成。

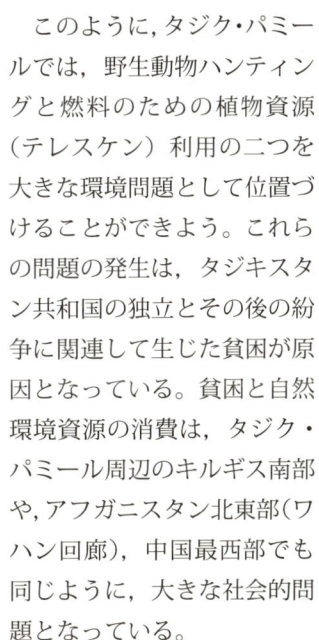

（渡辺悌二）

52 中央アジアのバルハシ湖流域における水資源問題 *Asia*

1 バルハシ湖，イリ川とカプチャガイダム

バルハシ湖は，カザフスタンの南東部に位置する中央アジアの内陸湖である（図1）。ここでは，湖の西側に注ぎ込むイリ川からの流入量が全体の約8割を占め，内陸湖であるため流出する河川はない。流域平均降水量は約220 mm/yと少なく（カダルほか，1996），半乾燥地域の気候の特徴が現れている。流域面積は413,000 km²であり，15%が中国，85%がカザフスタンに属する。

バルハシ湖流域を含む中央アジアの半乾燥地域では，旧ソ連の時代から，河川水を利用した大規模な灌漑農業が行われてきた。イリ川流域でも1960年代初頭からその傾向が顕著になってきたが（Kezer and Matsuyama, 2006），これには，イリ川中流に1970年に建設されたカプチャガイダム（図1，写真1）も一役買って

写真1 カプチャガイダム（1996年10月撮影）

いる。1970年代以降のカプチャガイダム下流部では，イリ川の河川流量は激減しており，これは，バルハシ湖への流入量の減少，湖の水位低下と面積の縮小，環境悪化を意味している。

それでは，カプチャガイダムの操業にともなう湖の水位変動は，操業前と比べて，どの程度の大きさなのか。また，ダム下流部の河川流量は，ダム建設前と比べて，どのように変わったのか。

2 カプチャガイダム操業前後の湖の水位変動

図2は，過去約130年間におけるバルハシ湖の水位変動である（カダルほか，1996）。この図から，1970年以降バルハシ湖の水位が低下傾向にあることがわかる。しかしながら，この図で注目すべきは，(1) カプチャガイダムが操業を始めた1970年以前にも湖の水位は長周期で変動していること，(2) しか

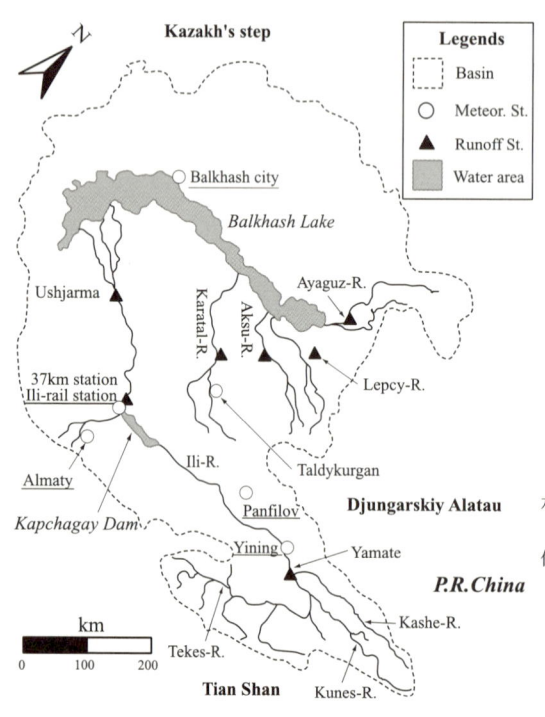

図1 バルハシ湖の概要
Kezer and Matsuyama（2006）による。一部改変。

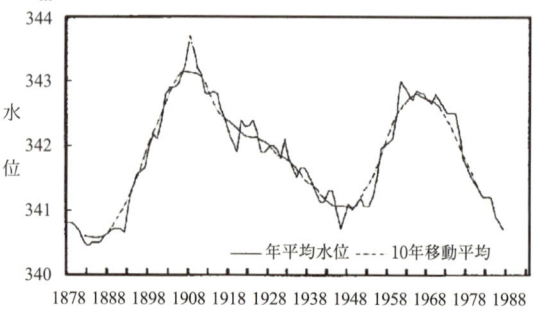

図2 バルハシ湖の水位の経年変化
Yang and Chao（1993）をもとにカダルほか（1996）が作成。

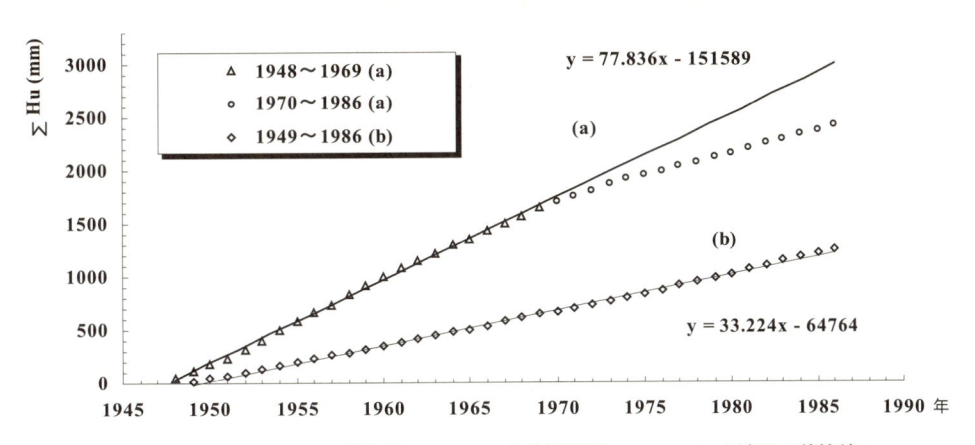

図3 イリ川 Ushjarma 観測地点における灌漑期（4〜9月）と非灌漑期（10〜3月）の流量の積算値（1949〜1986年）
(a) における直線は1949〜1969年の観測値に基づく回帰直線を1970年以降も外挿したものであり，○は実測値。
(b) における直線は1949〜1986年の観測値に基づく回帰直線であり，◇は実測値である。

Kezer and Matsuyama（2006）による。一部改変。

も1900年頃から1950年頃にかけての水位の低下幅は，1970年以降よりも大きいことの2点である。このことから，1970年以降の人為的な水位変動は，自然変動の範囲内であると言える。

だからと言って，過剰な水利用をいつまでも続けてよいわけではない。1900年頃から1950年頃にかけての水位の低下速度に比べて，1970年以降のそれは速く，このまま放置しておいては，バルハシ湖もアラル海のように縮小してしまうであろう（たとえば福嶌ほか，1995）。このことが考慮されたのか，2004年現在，バルハシ湖の水位は342.6mまで回復しており，水収支的には良好な環境にある（松山，2006）。

3 カプチャガイダムの取水量の季節変化

バルハシ湖流域はユーラシア大陸中央部に位置することもあり，気温の年較差が−45〜45℃と非常に大きい（カダルほか，1996）。イリ川の河川水を有効に利用して灌漑農業を行なうことができるのは主に暖候期（4〜9月）であるが，カプチャガイダムの取水量の季節変化はどうか。

図3は，イリ川下流のウシュジャルマ観測地点（図1）における灌漑期（4〜9月）と非灌漑期（10〜3月）の流量の積算値を1949〜1986年の期間について示したものである（Kezer and Matsuyama, 2006）。図3（a）の直線は，カプチャガイダムの取水がなかった場合に期待される河川流量であり，図3（a）の直線と○印との差が，ダムによる取水量に相当する。一方，図3（b）は非灌漑期についての同様のグラフであり，非灌漑期についてはダムによる取水がほとんどない。ダムによる取水の影響は，灌漑期にのみみられるが，これが全流量の変動の56%に相当することが分かっている（Kezer and Matsuyama, 2006）。

4 この地域の水資源問題の解決策は？

中央アジアは，日射量などの気候条件は農業を行うのに適しており，水をいかにして確保するかが重要になってくる。これを解決する一つの方法として，（実現性はともかく）旧ソ連の時代に，シベリアを流れる河川水をこの地域に排出させるという大規模な流域変更の計画があった（福嶌ほか，1995）。

また，バルハシ湖流域の水資源問題を複雑にしている一因として，イリ川が国際河川であることが挙げられる。この点に関して，カザフスタンにある中央アジア地域環境センター[1]では，イリ川における「持続可能な開発」や「環境問題の解決」を目指すプロジェクトが始まっており（松山, 2006），その進展が期待される。

1) http://www.carec.kz

（松山 洋）

53 Asia 南アジアの牧畜民と自然保護区

1 南アジアの牧畜民とは？

南アジアは全体として農耕社会であり，牧畜はマージナルな経済活動である。しかし，インドの主食のカレーなどにヨーグルトが付随するように，乳製品は広く消費されてきた。これらは，農耕社会で飼養されているウシや水牛によって供給されるが，彼らの社会のなかではヒツジの肉や毛，運搬用のラクダやヤクの需要も無視することはできない。

さて，南アジアの牧畜民には，ネパールのヒマラヤ山麓のシェルパやグルンの移牧のように垂直的移動を行う人々と，インド北西部の低地のライカやラバリのように水平的移動を行う人々がいる。前者ではヤクやヒツジが，後者ではヒツジやラクダが主な家畜として飼養されている。いずれにしても，両者とも本拠地としての集落を基点として，宿泊して放牧が行われている。

図1は，ネパールのヒマラヤ地域におけるヒツジ放牧の垂直移動を示している。羊飼いは，1300mの村を基点にして，夏には高山草地で冬には亜熱帯林の低地というように，標高差で4000mの山地を移動する。高山草地の放牧は国有林内で行われることに注意したい。ネパールでは，国有林内において地域に暮らすシェルパに利用権が与えられており，放牧が禁止されることはない。ここでは，羊飼いのグルンがシェルパの許可のもとに放牧を行っている。

その一方で，インドの北西部に位置するラージャスターン州（図2）に暮らすライカのラクダ牧畜の場合はどうであろうか。彼らの生活を自然保護区とのかかわりのなかで詳しく紹介する。ライカは，14世紀にアフガニスタンからインドに移住してきた歴史を持ち，ラクダ，ヤギ，ヒツジなどを飼養する職業的な専門家である。また，調査地の村では，イギリス植民地時代に農耕は全く行われず，約5,000頭のラクダが飼養されていたが，独立後の1950年頃に掘り抜き井戸がつくられた結果，乾季における灌漑農耕が実施されるようになった。現在，彼らは，ヒンドゥー教を信じて，牧畜カーストに含まれている。

2 牧畜民の暮らし

ライカは，定住集落を持ち，世帯の一部が牧畜に従事する。ここで紹介する調査地域は，州の東部を北東から南西に向けて走るアラーワリー山地の西側に位置している（図2）。この山地の大部分は，インド政府によって森林保護

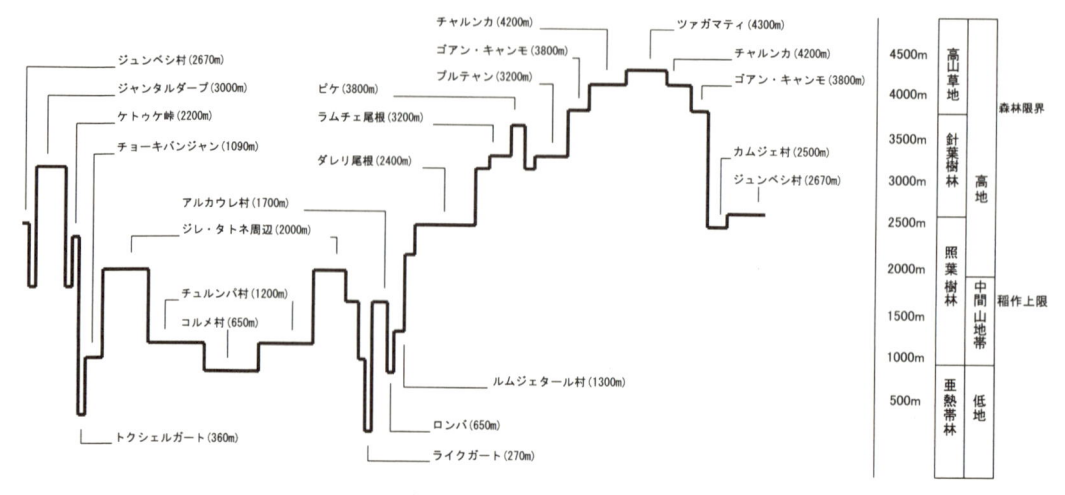

図1　ネパール東部における羊飼いの垂直移動

渡辺（2007）による。

図2 インド・ラージャスターン州の位置

区に指定されているため，そのなかでの人の利用がトライブ（もともと先住民が住んでいた地域）を除いて制限されている（図2）。

ライカの家畜飼育者は，ラクダ飼いとヒツジ飼いという二つのタイプに分かれる。前者はラージャスターン州内での移牧（図3），後者では，飼養頭数が多い場合には隣接するマディヤ・プラデーシュ州まで行っての移牧になるが（図3），飼育頭数が少ない場合には集落からの日帰り放牧になる。この中でラクダ飼いの場合には，雨季には主として森林保護区内，乾季には収穫の終了した農耕地を転々とするように，放牧地が季節に応じて変化していくことになる。ただ，ほんの一部のラクダは，ミルク生産・販売のために村の近くで飼養されている。

ラクダ群は，複数の所有者による集団で放牧

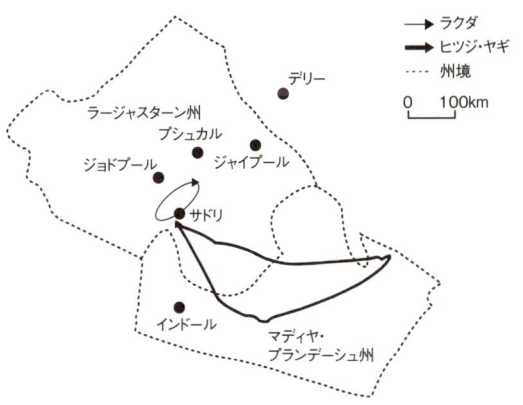

図3 ライカの移牧ルート　池谷（2006）による。

され，それらの放牧集団の形成には，親族関係や姻族関係が作用している。また，宿営地では，ラクダ囲いをつくらないが，各々のラクダの足にはロープをつないでおり，群れは常に宿営地の近くにいることになる。さらに，女性や子どもは宿営地に行かないため，男性の牧夫が自炊をしている。ラクダ飼いは，様々な要因が作用して放牧地が不足しているために，生まれて6ヶ月を過ぎた雄ラクダをできるだけ早く売却するか，4～5歳にして最も高価なときに売るような戦略がたてられる。

しかし，世帯の収益をみると，ラクダ飼育は年1回の市で販売する程度で収益が少なく，牧夫の雇用代や薬代などがかさみ赤字になっている場合もある。近年では，灌漑が導入されたりして綿花やジイラ（香辛料の一種）栽培が可能になったほかに，水牛飼育や出稼ぎも行われており，ラクダ飼育の比重は急速に減少している。なかでも水牛飼育は，毎日の餌の確保は大変である。毎日，ミルクを販売することで現金を入手できるのである。

3 自然保護区と雨季の放牧地

雨季は農作物が生育し，放牧地が限られるために，森林保護区が放牧地として積極的に利用されている。ここでは，対象集団が利用する「クンバルガル・サンクチャリー」と呼ばれる森林保護区を対象にする。この保護区は，長さ100km以上，幅10kmである。このなかには，サルやクマなどの野生動物が生息するほかに，ヒンドゥー寺院などがみられる。

現在，森林保護区は，家畜の種類と頭数に応じて現金を支払うことで放牧ができる規則になっている。ただし，森林保護区内の幼木を育てる核心地区での放牧は完全に禁止されている。そのため，保護区を管理する森林局と牧夫とのあいだに放牧をめぐる衝突事例がみられる。

以上のように，現在のライカの牧畜では放牧地の確保という問題が最も深刻であるために，森林保護区が彼らの放牧地として注目されている。しかし，近年の保護区をめぐる制限の進展によって，彼らが放牧地を確保することがさらに困難な状況が生まれている。

（池谷和信）

54 Asia インドにおける人口増加と女性の教育

1 増え続けるインドの人口

11億の人口を抱える大国インド。近年の目覚しい経済成長で国際社会にその存在感を増してきたインドでは、都市部を中心に裕福な中間層が急増する一方で、依然として貧困から抜け出せずにいる人々が農村部を中心にきわめて多く存在する。増え続ける人口はそうした貧困問題解決の大きな障害ともなっている。インドの人口の自然増加率は減少傾向にあるとはいえ、依然として高い（2005年の推定値16.3‰）。2026年にはその人口は約14億にまで膨れ上がると予想されている。

インド各州における人口の自然増加率を示した図1からは、北部のヒンディー語地帯で増加率が特に高くなっているのに対して、南部の州では低いことがわかる。インドの人口問題は南北の地域差を顕著に表すものとなっている（佐藤、1994）。増加率が20.0‰を上回る州の人口は、全インド人口の約36%を占め、インド全体の人口増に与える影響は大きい。

人口抑制のためには出生率の低下は不可欠であるが、その出生率の低下にとってしばしば重要視されてきたのが女性の教育である。

2 女性の教育（識字率），出生率，乳幼児死亡率

女性が教育を受けることにより、女性の避妊に関する知識や自己決定能力が高まるとともに、結婚年齢もあがり、出生率が低下する。また、教育を受けた女性においては、育児に対する意識や知識も高く、そのことが乳幼児死亡率の低下をもたらす。さらに、乳幼児死亡率の低下は、亡くなった子どもの埋め合わせのための更なる出産を抑制するため、出生率を低下させる。このように、女性の教育と出生率（さらには乳幼児死亡率）との間には密接な関係があると考えられ、インドにおいてそれを実証する研究もなされてきた（Drèze and Murthi, 2001など）。各州における女性の識字率（2001年）を示した図2を図1と比べてみると、女性の識字率と人口増加率とは、地域差はあるものの、おおむね反比例の関係にある。一人の女性が一生の間に生む子どもの数である合計特殊出生率で見ても、例えばBihar州、Uttar Pradesh州、

図1 インド各州の人口の自然増加率 (2005年)
SRS Bulletin vol.41,no.1 (October 2006) により作成。
首都圏デリーとその他の連邦直轄地のデータは示されていない。

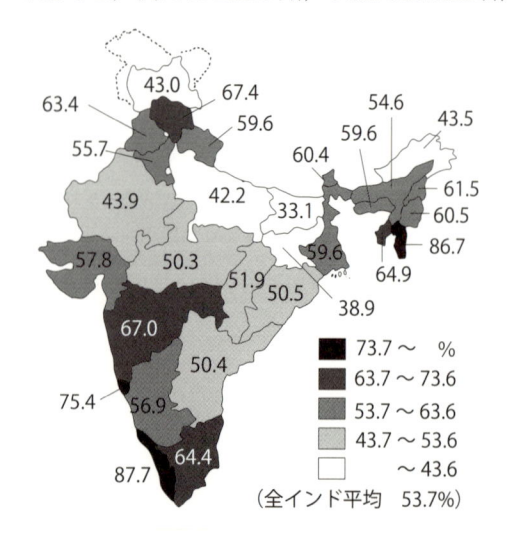

図2 インド各州の女子（7歳以上）識字率 (2001年)
Census of India 2001 により作成。

Rajasthan 州，Madhya Pradesh 州ではそれぞれ 4.0，3.8，3.2，3.1 と高く，逆に，Punjab 州，Kerala 州，Himachal Pradesh 州，Tamil Nadu 州ではそれぞれ 2.0，1.9，1.9，1.8 と低い[1]。ちなみに，乳児（0～11 ヶ月）死亡率（生存出産 1,000 人中の死亡数）においても，同じような傾向がうかがえる（Uttar Pradesh 州 73，Madhya Pradesh 州 70，Jharkhand 州 69，Rajasthan 州 65，Bihar 州 62 に対して，Kerala 州 15，Tamil Nadu 州 31）。

3 教育の多様なあり方

ところで，ここ十数年間のスパンでデータを見ると，学校教育を受けていない女性の間でも，依然数値は高いものの，出生率の顕著な低下が見られる。また，乳幼児死亡率低下における女性の識字能力の重要性は，安全な飲み水，医療サービス，都市へのアクセスに比べ，相対的に低いとする研究もある（Bhattacharya, 2006）。

とはいえ，女性の教育が人口抑制に果たす役割は過小評価できない。非識字女性がその地域内の教育を受けた女性の影響を受け，出生率を減少させているとも考えられるからである（Arokiasamy et al., 2004）。州より下位の県レベルでのデータを扱ったある研究では，出生率の傾向は地理的に近い地域ほどよく似た特徴を示し，そうした伝播とも考えられる傾向は近年になるほど強くなっているという興味深い分析結果を紹介している（Guilmoto and Rajan, 2001）。教育を受けた女性の言動や（政府のキャンペーンや NGO などでの女性の）意識的な活動が，地域内外の非識字女性の意識にも影響を及ぼしている可能性は否めない。また，近年のテレビの普及に象徴されるメディアの影響も見逃せない。実際，定期的にメディアに接している女性の割合が少ない州（Bihar 州 41％，Rajasthan 州 46％，Uttar Pradesh 州 52％，Madhya Pradesh 州 53％ など）では出生率も高い。ちなみに Kerala 州，Tamil Nadu 州ではそれぞれ 90％，88％ である。また，近年のインドにおいては農村部の低所得層といえども，子どもに対して教育熱心であり，子どもへの十分な教育投資の必要性から出生率が抑えられているとも考えられる。識字率や学歴だけからでは判断できない，女性の知識習得のあり方や意識変化も出生率の変化と無縁ではない。もちろん，女性の教育（知識習得・意識変化）と出生率との関係の程度は一律ではなく，より小さな地域単位での社会経済状況，家族形態（押川，1992），開発政策のあり方や実施方法，宗教等の諸条件を考慮した詳細な検証が必要とされている。

4 人口問題と女性

人口増加率の低下は，必ずしも経済的な豊かさ（所得）を必要とはしない。また，人口抑制政策を強行に推し進めれば良いというものでもない。貧困をケイパビリティ（人が価値あると考える生活を選ぶことのできる自由）の欠如として捉えるセン（2000）は，「目標達成」の強固な主張によって半ば強制的になりがちな人口抑制政策の効果を疑問視し，あくまで女性の能動的な力（教育や就労）と地位の向上の重要性を主張している。

もちろん，人口問題は女性だけの問題ではない。しばしば，人口問題は「産む性」である女性の問題であるかのように解釈され，途上国の人口抑制政策においても（女性の避妊手術を促すなど），女性にのみ過重な負担を強いる傾向がある。また，近年のインドでは，乳幼児死亡率は低下してきているものの，0～6 歳人口における女子の比率（男子 1,000 人に対する女子の数）は，1991 年の 945 人から，2001 年には 927 人に減少している。出生率の低下とともに，生まれてくる子どもの性を選別する傾向が強まっているとも言われている。

開発におけるジェンダーの平等が叫ばれている今日，人口問題においても，女性のエンパワーメントとともに男性側（さらには社会全体）の意識変革と積極的な関与が必要であることは言うまでもない。

---

[1] 本章で紹介する合計特殊出生率，乳児死亡率，メディアに接する率に関する数値は，インド政府の Ministry of Health and Family Welfare の National Family Health Survey（NFHS）2005-2006 による。

（森　日出樹）

55 インドにおけるIT産業の地域的展開

1 インド経済の動向

インドでは1947年の独立以降，混合経済体制のもと公共セクター主導の重化学工業化をはじめとした輸入代替化政策が推進され，高度な工業構造がもたらされたが，そうした工業化は同時に非効率的な経済構造を誘発した（岡橋，2007）。こうしたなか，1991年の経済自由化を謳った「新経済政策」によりインド経済は新たな時代を迎えることとなった。これ以降，産業を巡る環境が一変し，外資の流入や技術導入とともにIT産業や自動車や電機などの耐久消費財工業が発展していった。

独立以後のインドのGDP成長率は乱高下を繰り返していたが，1990年代以降，比較的安定した成長率を示すようになった。GDPは1997年には10兆ルピーを超過するに至り，2002年においては13兆ルピーへと1997年に比して約1.3倍の規模に拡大した（図1）。

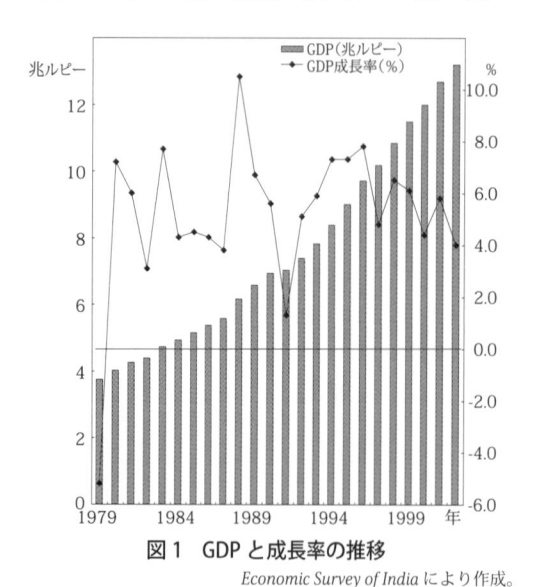

図1 GDPと成長率の推移
Economic Survey of India により作成。

2 IT産業の発展と変容

インドのIT産業は1991年の経済自由化に端を発し，1990年代半ばに本格的な成長を開始した。当該産業の動向をみた図2によると，2002年には165億ドルを計上し，飛躍的な拡大をみた。インドのIT産業はソフトウェアの開発・生産（以下，ソフトウェアサービス）を主とした輸出拡大を背景として成長を遂げてきた。

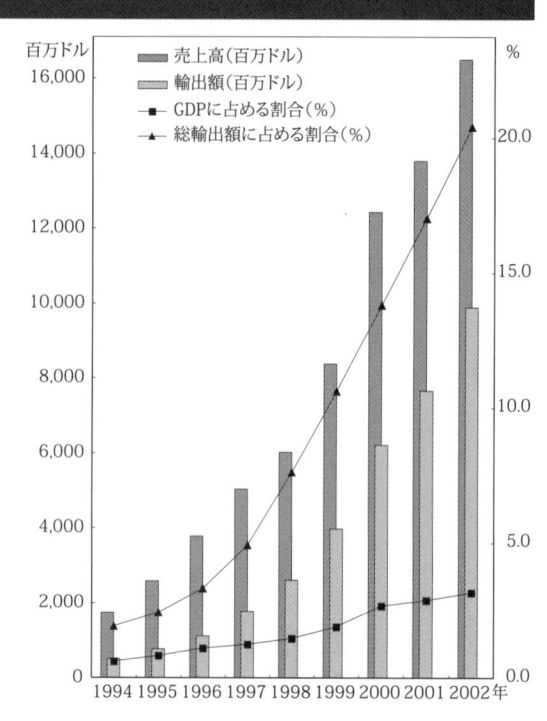

図2 インドのIT産業の成長と輸出額の推移（2001年）
Strategic Review および Indian Software Directory により作成。

現在，インドのソフトウェアサービスの輸出は，オフショアサービス方式（以下，オフショア方式）へ移行しつつ増大している。オフショア方式とは，インド国内から海外の顧客に対し，データ回線を経由してサービスを提供することである。当初，インドのソフトウェア企業は，インド人技術者を顧客先に送り込み，そこで開発・生産に従事させるオンサイトサービス方式（以下，オンサイト方式）を採用していた。しかしながら，最大の輸出相手先であるアメリカ合衆国における経済状況の変化や情報通信技術の発展により，インドのソフトウェアサービスの輸出はオフショア方式へと次第に変化してきた。

以上のようなオフショア方式への転換と輸出拡大により急成長を遂げたインドIT産業であるが，近年，当該産業の構造に変化が生じつつある。なかでも，遠隔地からコミュニケーションネットワークなどの情報通信技術を用いて，アウトソーシングにより提供されるコールセンターなどのIT活用サービスが新たな成長部門として注目されている。

3 IT産業の分布とその変化

インドのIT産業は，その発展過程においてほぼ6ヶ所の産業集積地域が形成された。インドのIT企業の分布をみた図3では，ムンバイ，バンガロール，チェンナイ，ニューデリー，ハイデラバード，コルカタの6大集積地が確認できる。また，大都市圏郊外にはグルガオンやノイダ，シカンデラバードなどの都市にも新たな企業集積がみられる。とくに，バンガロールはインド最大のIT企業集積地域となっている（北川，2005）。

経済自由化以降，外国資本が挙ってインドへ進出してきたが，その多くはバンガロールを立地先に求めた。当該都市には，1980年代後半に立地をみたテキサス・インスツルメンツをはじめ，フィリップス，ジーメンスなど有名な多国籍企業のほかインドを代表する大企業となったウィプロなども立地する。

4 IT産業の成長要因と地域格差

インドのIT産業の成長を可能にした要因の一つとして，大量の良質な人的資源が存在したことが挙げられる。鍬塚（2004）によれば，インドの高等教育機関には約700万人もの学生が在籍し，毎年大量の修了者が労働市場に参入している。このうち理工系の修了者数は2002年には126,500人にのぼる（小島，2004）。そうした高等教育の中核をなしているのはIIT（インド工科大学）などであり，全国に15校設立されている（図3）。

しかし，こうした大量の高学歴者を吸収できる産業をIT産業以外に求めることは難しく，労働市場には高学歴で英語能力を有し，若くて優秀な人材が大量にプールされる。そうした豊富な人的資源を最大限に活用できる環境にインドのIT産業は位置している。

また，最大の輸出先はアメリカ合衆国であり，インドとは約半日の時差がある。そのため，ソフトウェアの開発・生産は両国間で情報通信ネットワークを用いればほぼ全日可能であり，このような地理的な優位性もインドは有している。

政府の産業政策もIT産業の発展には不可欠であった。インド政府は，ソフトウェア産業が輸出を目的として輸出加工区（EPZ）などに設立された輸出専用の事業所において行われていることから，STPI（ソフトウェア技術パーク）の設置を通じて，インフラストラクチャーの整備や制度面での充実に力点を置いている。こうしたSTPIはバンガロールをはじめとした特定の都市に設置されてきた。

こうした要因により，インドのIT産業は急速な発展を遂げてきたが，IT産業がインド全土にわたり発展しているわけではない。これは，前述の高等教育機関やSTPIが立地する都市をみても理解されるように，特定の都市がIT産業の発展にとって有利な環境にあることに影響されていると考えられよう。

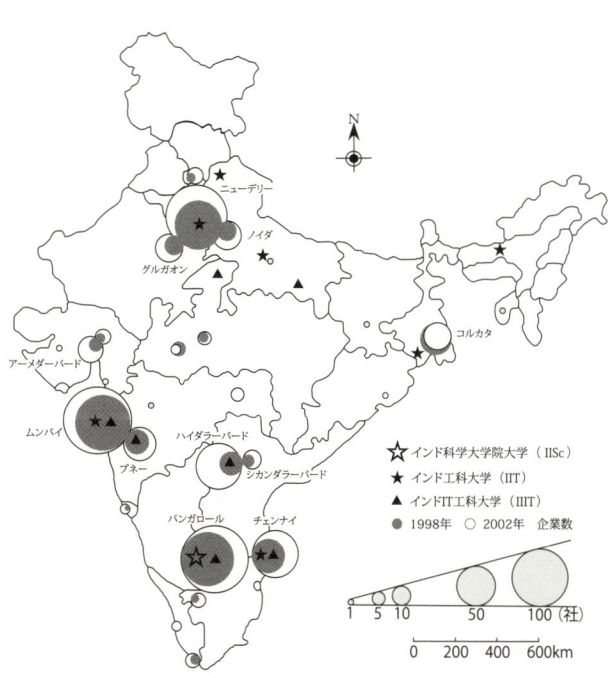

図3 インドにおけるIT高等教育機関およびIT企業の分布とその変化
北川（2005）による。一部改変。

（北川博史）

56 Asia スリランカにおける2004年津波災害と地下水

1 被害の概要

2004年12月26日にスマトラ島沖で発生した巨大地震による大津波は、地震発生約2時間後の現地時間午前9時半から10時半にスリランカに到達した。3回の津波のうち第2波は10mの高さに達し、震源に対して島の影となる北西部を除いて、沿岸域で大きな被害が発生している。

この日は日曜日であり、ポヤデーというスリランカの祝日でもあったため、帰省や行楽に出かけていた人たちの多くが犠牲となった。なかでも島の南西部では、コロンボから南へ向かっていた8両編成の列車のうち5両が津波で海にひきずりこまれ、1,000人以上が亡くなった。スリランカ全体での死者・行方不明者は約40,000人、90,000戸の家屋が消失した（図1）。

スリランカの津波被害で深刻な問題の一つは、津波によって海水が井戸に浸入し井戸水が塩水化したことである。都市部を除いてスリランカの海岸地域では上水道設備の普及は遅れており、飲料水や灌漑用水を井戸水に頼っている地域がほとんどである。

災害発生後、給水車による飲料水の配給が行われる一方、日本や各国のボランティア団体も現地に入り、井戸に入り込んだ海水や海砂を掻き出して井戸の洗浄作業をおこなった。しかし、スリランカ東岸にはラグーンが連続する砂質海岸が発達しており、砂層中を流動する地下水そ

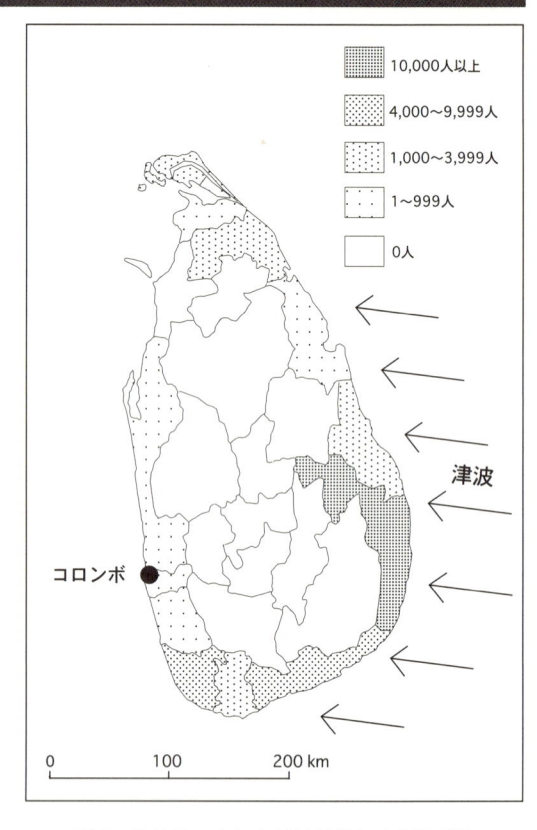

図1 スリランカにおける津波による死者数
IWMIの資料により作成。

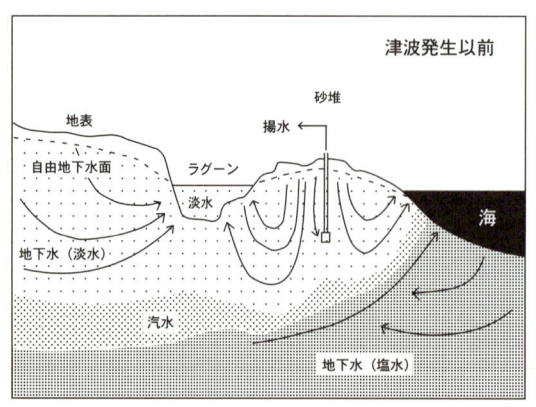

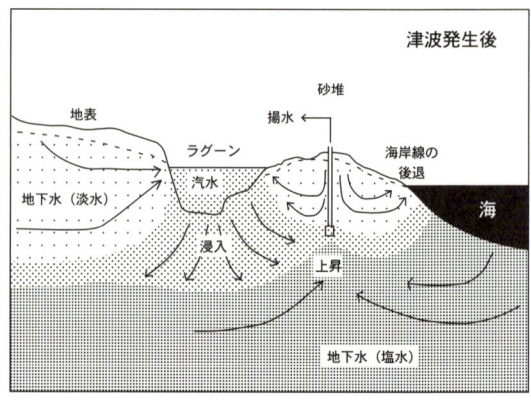

図2 津波前後の浅層地下水の変化
IGRAC資料により作成。

図3 井戸水の塩分濃度の変化　　IWMIの資料により作成。

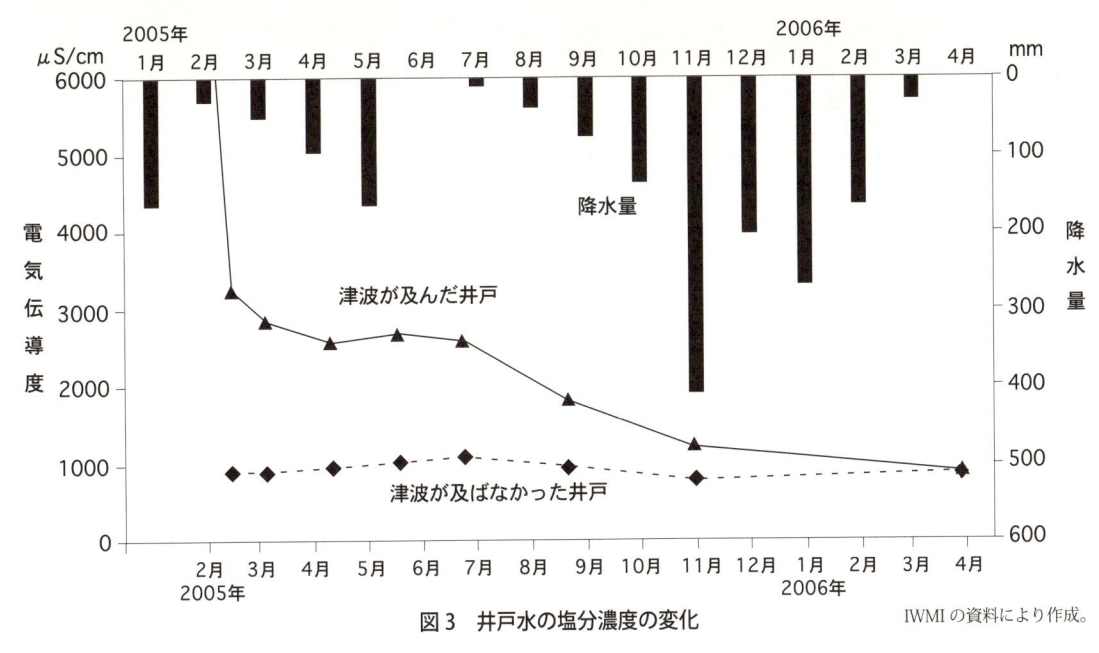

のものが津波の影響を強く受けているのではないかと懸念された。

2 津波による井戸水の塩水化問題

　図2は，津波災害前後の浅層地下水の変化を模式的に示したものである（IGRAC，2005）。津波浸入前,ほぼ閉塞状態にあるラグーンの水は，天水と陸側や砂堤から供給される地下水に涵養され，淡水の状態にあった。ラグーン周辺には淡水の浅い帯水層が形成され，人々は井戸から飲料水や生活用水を汲み上げて使用してきた。しかし，津波が沿岸地域に遡上すると，井戸やラグーンに海水や海砂が混入し，塩分濃度は上昇する。ラグーンからは高塩分の地下水が地下に浸出し，淡水の帯水層に浸入する。したがって，井戸を洗浄して地下水の汲み上げを行ったとしても，浅層地下水自体の塩分濃度が高まっているため，井戸水の回復には時間がかかる。特に井戸水の過剰な汲み上げは，淡水の帯水層の下にもともと存在していた塩分濃度の高い地下水層の上昇を引き起こすおそれがある。

　実際には，井戸水の塩分濃度はどのように変化したのだろうか。図3にIWMI（国際水管理研究所）が行った調査結果を示す。電気伝導度は，水中に含まれるイオンの総数にほぼ比例することから，塩分濃度の代替的な指標として使われる。例えば，海水の電気伝導率は河川水の数十倍高い。東部沿岸地域で測定された井戸水の電気伝導度は，津波発生後2ヶ月ほどで急減するものの，以前のレベルまで完全に戻るのに1年以上かかっている。2004年の津波はスリランカにおける雨季に発生しており，IWMIの調査では，地点によっては雨季の終了後，井戸水の塩分濃度は改善しないまま乾季が過ぎ，再度の雨季の到来でようやく元のレベルに戻っていた。

　このように，海岸域は津波に対して水資源の側面からも脆弱な場合があり，その場合，復興にさらに時間や費用が必要となる。実際，マドゥマ・バンダラ教授（ペラデニア大学）によると，災害発生後の海岸地帯の復興は単純には進まなかった。

　海岸域は農業や漁業などの第1次産業の舞台である一方，都市開発も必要である。さらに海岸は重要な観光資源であり，かつ，貴重な生態系の保全区域でもある。それらのバランスを取りつつ，防災の視点も加味しながら海岸域の利用をどのように調整していくのか，これはスリランカのみならずグローバルに存在する海岸管理の大きな課題である。

（川瀬久美子）

57 タイ南部における2004年津波災害時の住民の避難行動

1 タイ南部における被害の概要

2004年12月26日にスマトラ島沖で発生した地震はマグニチュード9クラスの巨大地震であり，その地震動の大きさもさることながら，発生した大津波によって広範囲にわたって大きな被害が生じた（図1）。津波は約2時間後にタイやスリランカに，8～12時間後にはアフリカ東岸に到達した。

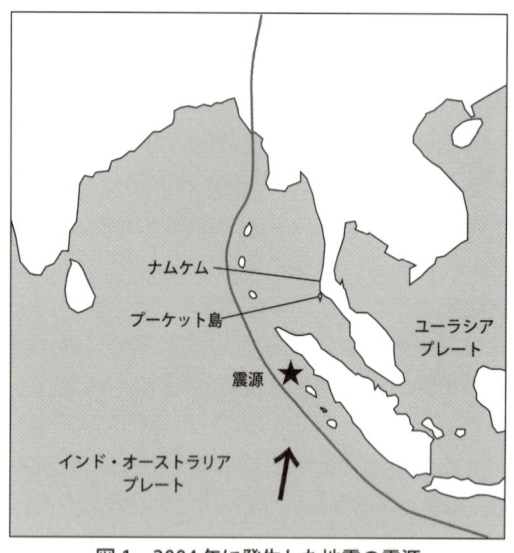

図1　2004年に発生した地震の震源
矢印はプレートの運動方向．

タイにおける2004年の津波災害には，主に三つの特徴がある。ひとつは，国際的なリゾート地が津波の襲来を受け，地元住民のほか海外からの旅行者が多数被災したことである。プーケット島や周辺の島々には高級なリゾート地があり，クリスマス休暇を温暖なビーチで過ごすため，スウェーデンやイギリスなど主に欧米から，多数の観光客が滞在していた。海外からの観光客の犠牲者のなかには，日本人40名も含まれている。次に，今回の災害でタイ王室にも犠牲者があり，そのこともあって被災地の救援・復興に王室が大きな役割を果たしたことである。亡くなったのはタイ国王の外戚であり孫にあたる21歳の若者で，王室に敬意を抱く人の多いタイでは，災害のショックはさらに大きなものとなった。タイ王室は元々福祉活動に積極的であり，災害で身寄りを失った孤児たちの引きとりに乗り出している。そして，最後はタイだけでなく今回被災した他のインド洋沿岸諸国にもあてはまることだが，行政や住民の津波に関する基礎知識が欠けており，それが被害を大きくしたことである。この点について，プーケット島から北へ100 kmの漁港ナムケム（Nam Khem）周辺における当時の被災者の行動を検証しながら考えてみよう。

2 ナムケムにおける津波流動

まず，ナムケムの地域概要と2004年の津波の流動について述べる。ナムケムはインド洋アンダマン海に面し，河口に立地する漁港である。丘陵地や段丘の前に発達する幅1 km前後の海岸平野は，スズの採掘による地形改変が著しい（図2）。当地域のスズ採掘は30年以上前に終わっているものの，露天掘りされた採掘跡は放置されて深い池となり，比重分別後に大量に生まれた廃土は，あちこちに積まれて標高10m前後の小丘をなしている。海岸平野では，住宅の周辺にカシューナッツなどの樹園がある以外，あまり土地利用が進んでいない。

ナムケムでは津波の遡上高は7mに達し，海岸の家屋では1階の天井近くに達した。前述の地形的特徴のため，津波による浸水範囲や津波の流動は複雑になった（図2）。津波には，海洋で発生した波が陸上に乗り上げる「押し波」と，陸上を覆った水が再び海に戻っていく「引き波」がある。海側および河口沿いに侵入した津波は内陸に発達する段丘崖まで達したが，海岸平野に存在するいくつかの小丘の高さは10mを越えるため，島状に浸水をまぬがれた。津波の水流はこれらの丘に阻まれ回り込み，引き波は起伏の低所に集中していくつかの流れが合流し海に引いていった（海津ほか，2006）。

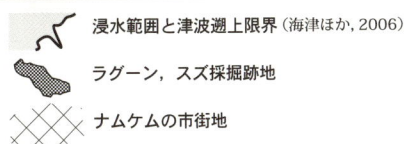

図2 タイ南部ナムケム周辺における津波被害
矢印は住民が避難した小丘。北東の小河川右岸は未調査地域。

3 ナムケムにおける津波被害
――何が生死を分けたのか？

　ナムケムにおける死者は住民の半数近い2,000人に上り、その被害は甚大であったが、漁港から約3km南に位置する小村（図2のA）では、約80名の住民のうち死者1名、行方不明者1名の被害におさまったという。いったい何が生死を分けたのだろうか。

　村は海岸から内陸1kmに位置しており、この村の村長は村の西方の海辺にバンガローを所有していた。津波発生時に海岸にいた村長は、海の異変に気づき、大慌てで村へ戻り車のクラクションを鳴らしながら住民に避難を呼びかけた。当時集落にいた住民は、日曜日のため家にいた子どもたちともども陸側へ逃げ、近くにあったスズ採掘の廃土でできた丘に登った。小さな丘のため、津波によって結局は水没してしまったが、それでも波にさらわれて命を落とすことは無かったという。海水は一帯に5分ほど留まり、15分ほどかけて引いていった。村長の機転によって住民の命は救われたが、集落の近くには付近から流れてきた7名の遺体が打ちあがっていたという。

4 津波被害軽減のために

　ナムケムでは、プーケットに住む姉妹から電話で津波の発生を知らされ、海岸近くから逃げるように警告されたものの、信じられずに避難せず罹災した女性もいた。これらの住民の行動から、以前から指摘されている二つのことが確認できる。ひとつは、津波発生時に避難の呼びかけが迅速であれば、人的被害はかなり軽減できることである。そして、避難警報に適切に対応できるように、住民が津波災害に関する知識を備えていることの重要性である。

　今回の大津波で、地震発生時の津波の恐ろしさは、これまで津波の存在さえ知らなかったインド洋沿岸の人々に強い印象を与えた。しかし、地震発生地点が遠隔地の場合、地震動を体感できず、地震の発生そのものに気づかないことがしばしばある。

　日本は1960年に地球のほぼ裏側で発生したチリ地震による津波によって、太平洋岸で142名の犠牲者を出した。以来、津波災害対策の先進国として、様々な対策技術やシステムを蓄積している。2005年1月26日にジャカルタで行われたASEAN緊急首脳会議では、日本はインド洋および東南アジア地域における地域津波早期警報システムの構築を提案した。ユネスコや国連防災会議においても、太平洋津波警報センターのような警報システムをインド洋に求める声が高まり、現在、インド洋沿岸各国で警報システムの整備と共同運用可能なシステムの構築が進められている。これらのシステムの整備とともに、海岸居住住民や観光客などの一時滞在者に対し、継続的に防災教育を行っていく必要がある。

（川瀬久美子）

58 Asia ベトナムの海岸侵食と地域社会問題

1 北ベトナムの海岸侵食

日本では高度経済成長時期から，河川を取り巻く自然環境が人間活動の顕在化によって変化してきている。河川流域内での土地利用形態が変わり，土地被覆変化量が大きくなり，また，変化速度も速められている。洪水軽減，電源開発，都市用水・農業用水などの水資源の確保を目的として，河川の上流地域にはダムが建設されていき，ダム湖が建設されることで，河川本川への流下量を人間の手で変更させることは可能となった。水資源運用を弾力的に考えることも可能となったが，一方で，ダム湖には堆砂量が増加していき，河川流域内で生産された土砂の下流地域への流出量は減少した。このため，かつて河川河口部に形成されていた堆積域が減少し，海岸侵食も顕著になってきている。

北ベトナムの紅河デルタの最前線でも海岸侵食が発生しており社会問題となっている。ことに海岸侵食が顕著になってきたのは1980年代の後半からであるが，デルタ南部での海岸侵食量は大きい。ところによっては1年で200mを超える侵食が生じている地域もある。

海岸侵食の背景には五つの要因がある。(1)水資源の多目的使用のために建設されたホアビンダム。ダム湖での堆砂による下流地域への流下土砂の制限がある。(2)ハノイをはじめとして都市地域の拡大に伴って需要の増加した建設資材を調達するために，紅河の本川河床を浚渫し，建設骨材として利用すること。(3)人口増加による社会的な圧力から耕地を拡大し，また，現金収入の至便として，エビ・魚などの養殖地を増設するために行った紅河デルタ最前線におけるマングローブ林の伐採による自然の防潮堤の減少。(4)都市用水・工業用

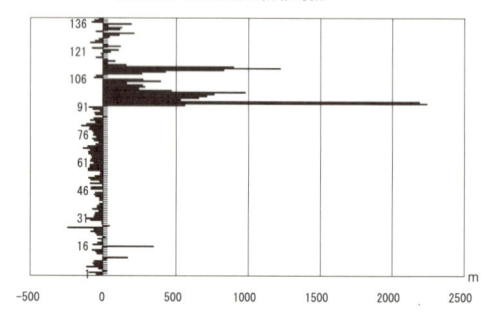

図2 紅河デルタ南部の海岸線の侵食堆積
縦軸は観測地点番号（図1に表示）。

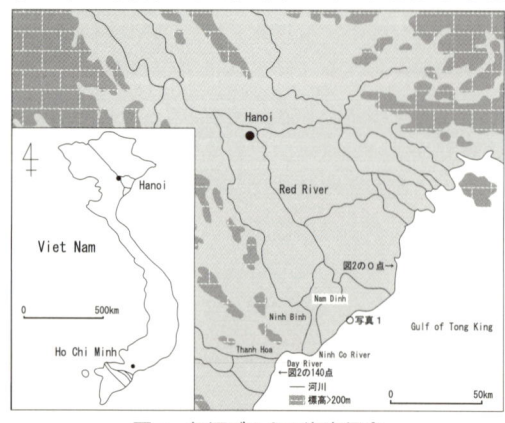

図1 紅河デルタの海岸侵食

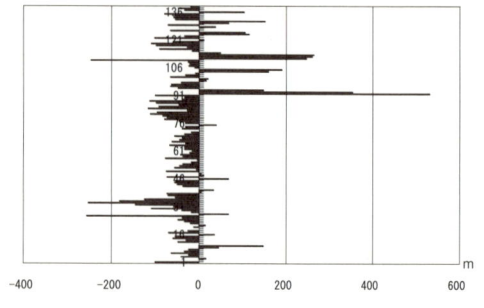

写真1 紅河ナムディン省の海岸侵食と一軒残った家屋
（1999年撮影）

水を確保するために行われてきた紅河デルタの広域にわたる地下水くみ上げによる地盤沈下。（5）トンキン湾内部での液化ガスの採取による地盤沈下などの人間の活動が進められたことによる自然環境への大きな影響。これらの要因に加えて，北ベトナムでは最近20年間で台風の襲来数が増加しており，強風のために沿岸部では台風時に海岸侵食地域は拡大傾向を示している。

2 海岸侵食のもたらす地域環境変化

紅河デルタでの沿岸部では海岸侵食によって社会的な問題が生じている。また，ソシアルキャピタルでもある社会組織には変化が起きはじめている。ひとつは，海岸侵食によって失われた土地を内陸部にその振り替え地を求めて移住する農民が出始めていることである。土地を失った農民が出て行く先は，現在のベトナム政府が耕地拡大を推進している中部ベトナムの高原である。ダックラック地域などの中部ベトナムの高原では，山地斜面での森林伐採が進められるとともに，換金作物である茶・コーヒーなどの商品作物が栽培され始めているが，谷底平野を利用して自給的な稲作を行っている地域もある。一方，ハロン湾岸に移動して観光業で働くことを指向する者もある。

北ベトナムの農業社会では，かつては，災害時に備えて地域共同体が替地を保有しており，災害を受けた農地の転換が行われ，村落の共同体全体が災害を相互補完し合ってきた。しかし，広域にわたる海岸侵食は土地なし農民を多く生み出しており，村落の共同体では保持しえなくなっている。

写真2　ハイハウの塩田（1999年撮影）

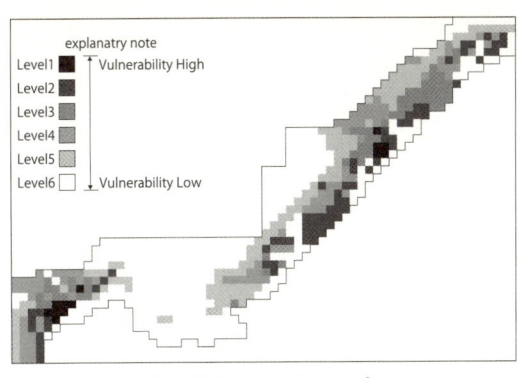

図3　海岸侵食に対するリスクマップ（分解能は500m）

また，海岸侵食を受けている地域にとどまって稲作を継続する農民も多いが，もともと塩分濃度の高い農地であるために，稲作の生育障害比率が高められている。農業では生活ができなくなり，転職を余儀なくされる場合もある。また，このような地域では村落共同体の紐帯が希薄になり，将来的な地域計画を立てる際にも，隣接地区での灌漑用水の引水の秩序が乱れ，土地争いなどが発現している。

3 リスクをどのように見るのか

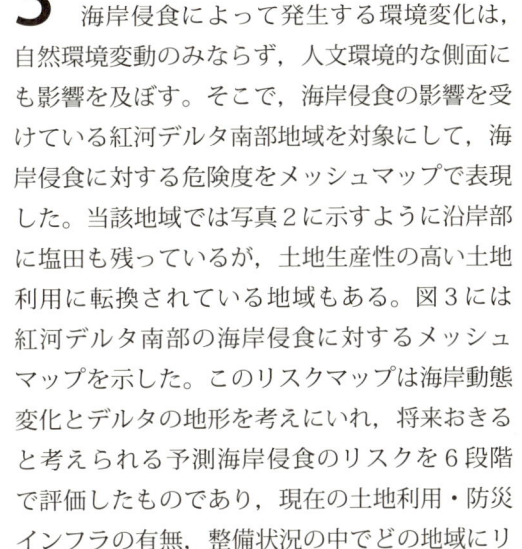

海岸侵食によって発生する環境変化は，自然環境変動のみならず，人文環境的な側面にも影響を及ぼす。そこで，海岸侵食の影響を受けている紅河デルタ南部地域を対象にして，海岸侵食に対する危険度をメッシュマップで表現した。当該地域では写真2に示すように沿岸部に塩田も残っているが，土地生産性の高い土地利用に転換されている地域もある。図3には紅河デルタ南部の海岸侵食に対するメッシュマップを示した。このリスクマップは海岸動態変化とデルタの地形を考えにいれ，将来おきると考えられる予測海岸侵食のリスクを6段階で評価したものであり，現在の土地利用・防災インフラの有無，整備状況の中でどの地域にリスクが大きいかを勘案したものである。デルタを土地資源として活用する場合に自然環境共生型の適切な土地利用政策を考える上でこのようなマップが重要となる。

今までの地域計画では必ずしも，地域の長期にわたる基層的な自然環境変動を視野に入れたものではなかったが，災害軽減に向けた計画を考えるにあたり，人間活動・将来的な予測を盛り込んだ計画論が必要である。　　　（春山成子）

59 ジャワ島における稲作の脆弱性 *Asia*

1 インドネシアの稲作

インドネシアの水稲の作付面積は年平均約1,000万haで,陸稲は約130万haである。国の約1/2の水稲作付面積がジャワ島に集中する。ジャワ島は,一般的に雨季は11月から2月で,西よりのモンスーンの風によって雨がもたらされる。一方,乾季は4月から9月までである。したがって,降雨季を待って植える天水田の場合は,雨季を主作物（main crop）季と呼び,水稲を植える。乾季には,可能なところでは水稲を作付けるが,水が十分でない場合,陸稲やトウモロコシ,ピーナッツ,キャッサバなど,土地条件に合った作物を栽培する。したがって,降水のパターンから,米作としては二期作である。しかし,ハイブリッド米が開発され,灌漑の施設が整い,広域で乾季にも十分に水が供給できるようになってきた。熱帯は常に放射量は十分であり,肥沃な土壌に恵まれているところでは,水稲の三期作が可能である。すなわち,米の収穫は統計的には3期に分けて第一期作（1～4月），第二期作（5～8月），第三期作（9～12月）として示される。天水田の場合の主作物季はこのうちの第二期作に相当する。

インドネシアでは,ハイブリッド米の導入が進み,IRRI（国際稲作研究所）で作る稲もみを導入するようになり,反当収量をあげ,確実に三期作が行えるよう,河川水を稲作地帯に供給する灌漑施設の導入を行ってきた。ジャワ島の低地帯は,グルムソル（別称黒綿土）といわれる東南アジアの中でもきわめて肥沃な土壌からなる。したがって,ほとんど無肥料に近い状態でも水が常に供給されるなら三期作に耐えられる条件が整っている土地である。

2 ジャワ島のエルニーニョイベント，ラニーニャイベント

エルニーニョイベントは,ペルー沖で海水温が高まることによって起こる種々の現象をさす。

1995年から2000年のSOI（Southern Oscillation Index: タヒチとダーウィン間の地表面気圧差）について,平均からの偏差を図1に示した。ジャワ島では強い干ばつに見舞われた1997年3月から1998年4月まで負であり,最も強いエルニーニョイベントとされている。一方,1998年6月から1999年4月まではSOIが正でラニーニャ現象が発生した。この時期ジャワ島では十分な降水量があった。1997/98年のエルニーニョイベントと,1998/99年のラニーニャイベントの降水量の平年値に対する偏差は,図2のとおりである。1997/98年のエルニーニョイベントの降水量

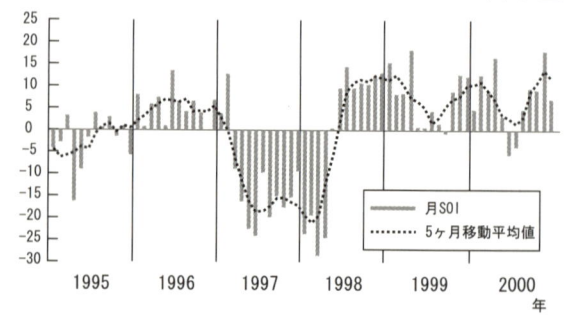

図1 SOIの平均からの偏差の変動（1995～2000年）
漆原（2001）による。

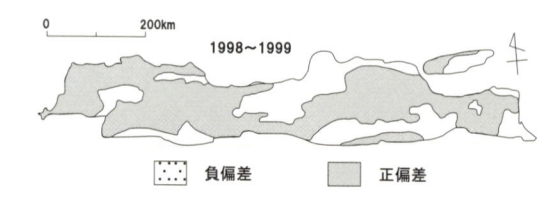

図2 インドネシアにおける降水量の負偏差（below normal）と正偏差（above normal）の分布 吉野（2001）による。

は，ジャワ島の広域にわたって平年値より降水量が少なく，反対に1998/99年のラニーニャイベントに転じてからの降水量は全域にわたって平年値より多いことがわかる。1991年から1999年までの水稲の収穫面積・生産量を比較すると，1997/98年のエルニーニョイベントでは，収穫面積も減り，生産量も減少した。1998/99年のラニーニャイベントでは，逆に面積が増大し，生産量も高まった。

3 エルニーニョイベントの米生産への影響

ジャワ島の水稲地帯で1997年3月から1998年4月まで続いた強いエルニーニョイベントの影響について，聞き取り調査をした。ジャワ島中・北部では，主作物季ですら河川の水は減り，灌漑水が得られた地域はきわめてわずかであった。灌漑水の及ばなかった地域はキャッサバやピーナッツに変えたが，著しい減収であった。灌漑水がわずかになった地域は，害虫の発生や，稲の病気に見舞われ収穫をあげることができなかった。村の男性はみな都市へ出稼ぎに行き，残された高齢者と女性は食糧不足のため自殺をはかった場合もあった。ジャワ島南東のケペック村における，人口の推移を図3に示した。とりわけ水稲は壊滅的で，キャッサバとトウモロコシで飢えをしのいだ村である。1997年9月から生まれる子供が減り，高齢者の死亡者が増加した。高齢者の死亡者が多いという傾向は，1999年4月まで続いた。すなわち，エルニーニョイベントによる食糧事情の悪さは人口減少としてあらわれ，エルニーニョイベントが終わった後，約1年間影響が続くことがわかった。

4 米作の脆弱性

エルニーニョイベントがジャワ島において干ばつをもたらすことは，1981年から1998年までの水稲の収穫量の変化をみても明らかである（吉野，2001）。熱帯の稲作といえども気候変動に対応できない。しかし，収量が減少し，被害を加速させたのは，自然要因ばかりではない。1種類の米を作っていたこともその一因である。ジャワ島では，1997/98年のエルニーニョイベントの際は，ハイブリッド米のIR64のみが栽培されていたことが病虫害を加速させた。

1997/98年のエルニーニョイベントの際，ジャワ島より東に位置し，さらに干ばつの被害が激しいはずのバリ島において，稲の収量を聞き取り調査により明らかにした（漆原，2001）。ジャワ島と同じか，それ以上の干ばつが起きたことが予想されるが，農民たちは「灌漑水には困らなかった」，「山に向かって拝めば雲が雨をもたらしてくれた」と答えた。米の収量は10～15%減少したに過ぎず，この島では強いエルニーニョイベントにもかかわらず，深刻な被害がなかった。バリ島は信仰上，アニミズム的なヒンズー教徒の島である。この島は1997/98のエルニーニョイベントでは深刻な被害がなかった。標高約1500m以上の山地の森林は神が宿るところとして，原生林のまま残されている。そのため，降水量が減少しても，山麓の湧水がたえることはない。また，灌漑水の水利組織「スバック」があり，灌漑水の管理が行き届いている。このことが，このエルニーニョイベントに対して被害を最小限にした。

将来的に，世界の人口増が見込まれ，多くの人口を養うには「麦より米」の時代が来ることが予想される。しかしながら，熱帯の農業生産は，実はきわめて脆弱な農業に変質している。バリ島のようなエコシステムを利用した農業を再度見直す時期に来ているのではないだろうか。

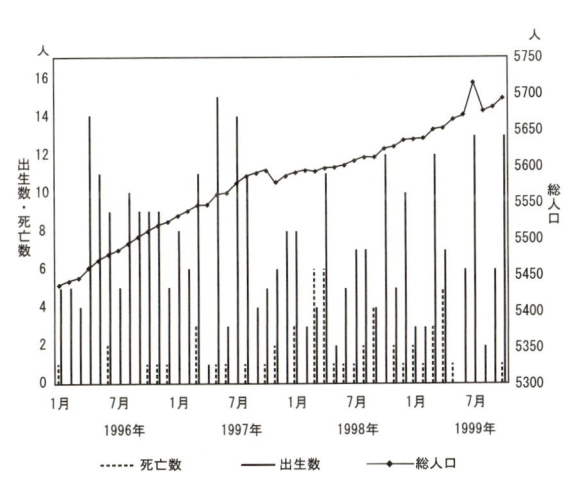

図3 ケペック村（Kepek）における人口の推移
（1996～1999年） 漆原（2001）による。

（漆原和子）

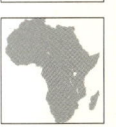

60 Asia 海賊行為と沿岸漁業

1 海賊の海

東南アジアの海域世界で増える海賊行為は，数々のメディアによって注目されている。国際海事局（IMB: International Maritime Bureau）によれば，2004年，東南アジア全域で海賊事件が156件にのぼった（図1）。2005年3月にマラッカ海峡において，日本船籍のタグボート「韋駄天」が海賊集団に襲撃されたことも記憶に新しい。マラッカ海峡や南シナ海を日本の大型タンカーや輸送船が航行するだけに，日本にとってもこの危険な行為への対応を真剣に考えなければならない。

国際海事局や国際海事機関（IMO：International Maritime Organization）によって，近年，海事上の犯罪や不法な行為を阻止する目的から海賊情報が蓄積されつつある。しかし，犯罪学や社会学，人類学，地理学など関係諸科学の間では，依然としてまとまった研究がなされていないし，ローカルな沿岸漁業地域で日常的に生じている海賊行為は全くといってよいほど知られていないのが実情である。

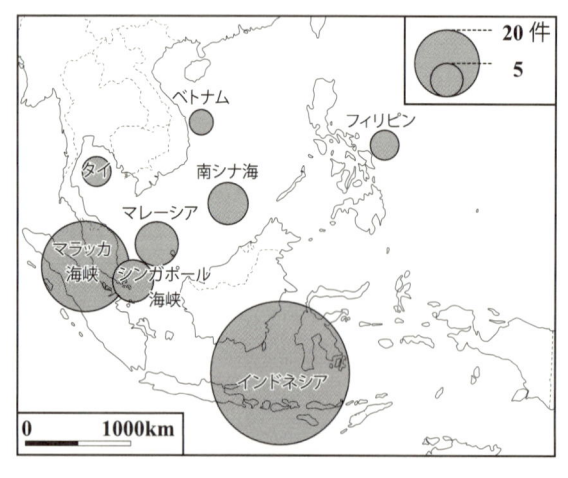

図1　東南アジアの海域における海賊事件数（2004年）
国際海事局の資料により作成。
インドネシアの件数には，マラッカ海峡およびシンガポール海峡で発生した件数を含まない。

2 海賊とは

国連海洋法条約第101条は，海賊行為について以下のように定義している。

(a) 私有の船舶又は航空機の乗組員又は旅客が私的目的のために行うすべての不法な暴力行為，抑留又は略奪行為であって次のものに対しておこなわれるもの
　(ⅰ) 公海における他の船舶若しくは航空機又はこれらの内にある人若しくは財産
　(ⅱ) いずれの国の管轄権にも服さない場所にある船舶，航空機，人又は財産
(b) いずれかの船舶又は航空機を海賊船舶又は海賊航空機とする事実を知って当該船舶又は航空機の運航に自発的に参加するすべての行為
(c) (a)または(b)に規定する行為を扇動し又は故意に助長するすべての行為

本条には5つの要素が含まれている。それらは，①海賊が不法な暴行，拘留，略奪行為であること，②海賊が，いわゆる「公海自由の原則」を危険に陥れる行為であること，③海賊は，船内での反乱や私掠行為ではなく，自らが乗った船で他船を襲うこと，④海賊は私的な部分とかかわりあうこと，⑤海賊の攻撃は私的に所有された船舶の乗組員あるいは乗客におよぼされるので，海賊は軍艦による攻撃の範囲外にあることである。

このような海賊行為はいくつかの種類に分けることができる。たとえば，停泊中あるいは錨泊中の船舶から金品を盗み出す「こそ泥型」，他船に乗り込み，乗組員の金品や船内装備を奪う「追いはぎ型」，金品や装備を奪う以外に乗組員を人質として拘束し，人質を返還する代わりとして金品を要求する「身代金要求型」，さらに貨物を積載した船舶の全てを奪取する「ハ

イジャック型」などがある。日本船籍のタンカーや輸送船の場合，その被害の多くは，「身代金要求型」や「ハイジャック型」によるものである。他方，マラッカ海峡やインドネシアの周辺海域で操業する地元漁船の中には，「こそ泥型」や「追いはぎ型」の被害にあうものがきわめて多いようである。

以下では，マレー半島西海岸南部ジョホール州にある華人漁村パリジャワでの調査経験を通じて，沿岸漁業と海賊行為との関係について考えてみたい。

3 マラッカ海峡の小規模漁業と海賊

パリジャワが面するマラッカ海峡南部は海峡の中でもとくに幅が狭く，対岸のインドネシア，スマトラ島沿岸部との間は，最も狭いところではわずか20カイリ（1カイリは1,852m）にすぎない。マレーシア，インドネシアの両国は，1969年，マラッカ海峡における領海および大陸棚の境界設定に関する条約を締結しており，海峡南部の国境線はほぼ中間に直線的に設定されている。漁業者はこの狭い海域で，フエダイやハタ類などの高級魚をねらうかご漁，マナガツオやサワラなどを獲る浮刺網漁を続けてきた。

1990年代，パリジャワの漁業者は，海賊の被害にあうようになった。海賊行為は物品の略奪のみならず誘拐にまで及んだ。1996年から1998年までの2年間に50人の漁業者が漁網3,000セット（1セットは網丈約120m）と数多くのエンジンを奪われ，被害総額は400,000リンギット（1リンギットは約40円，1998年）にのぼった（New Strait Times, 1998年6月4日）。2000年6月までの過去3年間においても，少なくとも50人の漁業者が漁船，エンジン，漁網，漁具などの窃盗被害にあった。

一方，誘拐は身代金目的である。海上で漁船ごと強奪され，スマトラ島沖の小島に連行された。そこで船長が拘束され，残りの船員は，漁船とともにパリジャワに戻された。船員は身代金をそろえて再びインドネシア領海まで行き，海上で船長と身代金との受け渡しが行われたのである。

1998年4月から5月にかけては，11人が，武装した海賊に襲われたのち誘拐され，結果として合計54,000リンギットの身代金が支払われた。4月18日には6人が，パリジャワ沖10カイリの海上において，銃で脅され誘拐されている。彼らはスマトラ島沖のベンカリスに近い小島へ連行され，身代金の支払いを強いられた。一人につき6,000リンギットの支払いに応じた。5月30日には3人の漁業者が，沖合10カイリのマレーシア領海内で，武装した海賊に捕らえられ，スマトラ島沖に連行された。彼らはゆでバナナ，コーヒー，タバコなどを与えられたという。海賊は20,000リンギットを要求したが，結局14,000リンギットで話がついた。解放されパリジャワに戻った2人は，準備した身代金を携えて再び出港し，パリジャワ沖27カイリの海上で海賊のリーダーにそれを手渡した。

漁業者の話によれば，被害はもっと多いという。犠牲者は海賊からの報復を恐れて事件を速やかに報告しないのである（New Strait Times, 1998年5月29日）。パリジャワ漁業公会は，1998年5月に海賊行為をなくすために，200人の漁業者による自警団を立ち上げた。漁業者は集団で操業すること，できるだけ沿岸域で操業することという自衛手段も講じた。1998年6月には，政府が，漁業者からの要請に応じて，マレーシア領海に侵入する外国船を阻止するために，マラッカ海峡のパトロールを強化することを関係諸機関に命じた。海上警察は，空・海からの取締りを強化したのである（New Strait Times, 1998年6月4日）。

マラッカ海峡沿岸部に暮らす人々の間には経済的な格差が厳然として存在する。持たざる者が，持てる者から金品を奪い取る行為が漁業の背後にたち現れてきている。海賊たちは奪った金品を彼らの住む村に持ち帰り，村びとに分け与えるともいわれる。その行為が義賊化していることが報告されている。本来の漁業とはほど遠いゆがんだ構造がマラッカ海峡に出現しているのである。

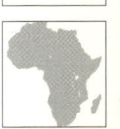

（田和正孝）

61 東南アジアの破壊的漁業
――魚毒漁と爆薬漁

1 東南アジアの破壊的漁業

東南アジアの沿岸海域にはマングローブ湿地やサンゴ礁など海洋生物資源を育む豊かな自然環境が展開する。そこでは，かご漁や釣り漁など小規模な自給的漁業から，まき網や底曳網などの近代的な商業漁業まで多様な漁業がおこなわれている。

ところで，東南アジア海域に広がるサンゴ礁の面積は10万km²におよぶ。この面積は，世界全体のサンゴ礁のおよそ3分の1にあたる。今，このサンゴ礁域の環境が魚毒と爆薬を使った漁法によって危機に瀕している。これらは一般に破壊的漁業と称されている。WRI（World Resources Institute）ほかの試算によると，東南アジアのサンゴ礁の56％が破壊的漁業によって危機的状態にあるという。フィリピン，マレーシアでは3分の2以上，インドネシアでは2分の1以上のサンゴ礁域が脅威にさらされているともいわれている（図1）。

それでは破壊的漁業とはいったいどのようなものなのか。以下では，東インドネシアのスラウェシ島南部を事例にこの漁業の実態について考えてみたい。

2 青酸カリを用いた魚毒漁

香港や東南アジアの華人集住地域には，水槽に泳ぐ活魚を食材の「売り」にした海鮮レストランがふえている。人気の中心は，白身で淡白な味のハタ類である。これらは客の求めに応じた調理方法によって饗される。

今日，活魚を生産・供給する地域が，東南アジア各地に広がっている。スラウェシ島南部，マカッサル海峡に浮かぶ島々も1990年代に活魚の生産地域に組み込まれた（田和，1998）。まず，中国漁民を乗り組ませた香港漁船がハタ類を求めて，この海域に進出した。その後，香港漁船はスラウェシの地元で漁業者を調達するようになった。これに続き，インドネシアに住む華人の資本による同様の漁業が開始された。

漁法は，伝統的な釣り漁や筌漁にとどまらず，魚毒漁が広く用いられるようになった。操業形態は，活魚水槽を備えた母船に6〜10隻の船外機付き小型船を搭載して漁場に赴き，漁場に着くとダイバーが小型船に分乗し，それぞれ海中に潜って漁をするものである（Erdmann and Pet-Soede, 1996）。ダイバーは，青酸カリ（シアン化合物）の薄い溶液を入れた器具を携えてサンゴの海に潜った。魚を見つけると，この溶液をそれに噴射し，麻痺させて漁獲したのである。水槽に移された魚はほどなく元気を取り戻したという。

その後，いくつかの島の周辺では地元資本による活魚生簀の経営が開始された。小規模な漁

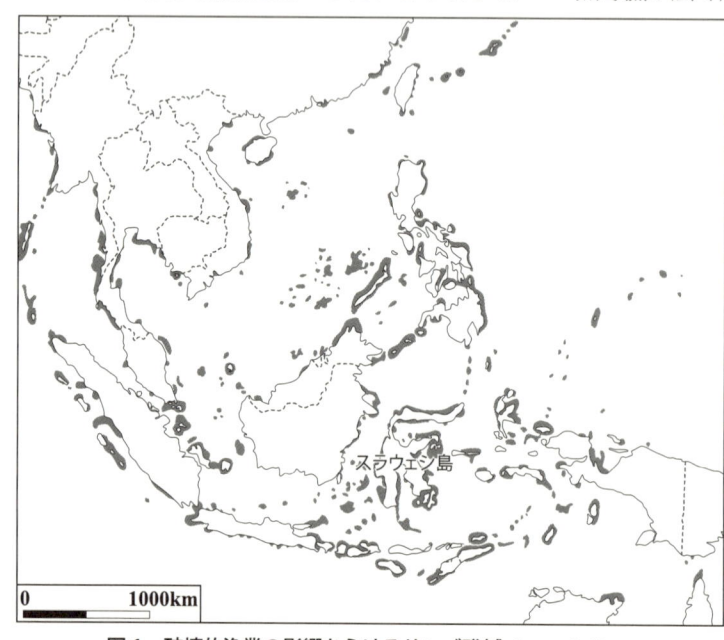

図1 破壊的漁業の影響をうけるサンゴ礁域（アミの部分）
Burke et al. (2002) により作成。

業者も獲れた魚をこの生簀で買い上げてもらった。こうして，大量の魚類が蓄養されるようになった。香港からは，活魚漁にやって来るのではなく，活魚運搬船が巡回し，生簀業者から活魚を買い求めた。さらに航空機による輸送も開始された。輸送時間は短縮し，致死率も低くなり，結果として付加価値が大きい活魚輸送形態が確立したのである。

この地域で漁獲されるハタ類の漁獲量を確定できるデータはみあたらない。しかし，マカッサルでは，活魚のハタ流通量は地元の鮮魚流通量に匹敵するともいわれていた。鮮魚に比べてはるかに高い漁獲金額を得られる活魚ビジネスは，多くの漁業者を惹きつけ，確実に伸びてきた。データはやや古いが，1997年，マカッサルに買い付けに来ていた香港の商人が扱っていたハタの卸売kg単価は，スジアラが日本円にして約2,000円，サラサハタが約5,000円，他のハタ類が約1,500円であった。香港のレストランに並ぶ時には，価格はいずれも5〜7倍に上昇したという。これらは，地元水産物市場に並ぶkg単価が数十円から数百円の各種の鮮魚に比較して格段に高い。利益の大きいこのビジネスの拡大が，青酸カリで海を汚染し，サンゴ礁と多くの海洋生物を著しく傷つける結果になったことはいうまでもない。

青酸カリを使用する漁は違法である。それにもかかわらずこの漁が横行していることに対して，地方当局による違法操業の取締りが欠如していることも指摘されている。また，当局が違法操業を見逃したり，ハタをめぐるビジネスの良きパートナーであったりする場合もあるという。一方で，漁獲時に「魚を落ち着かせる」目的で青酸カリを使用することは認められている。これが抜け穴となり，魚毒漁の法的規制が骨抜きにされているともいえる。

3　爆薬漁の背景

爆薬漁もスラウェシ島南部で蔓延していた。この漁も違法であるが，50年以上にわたって普及してきた（Pet-Soede and Erdmann, 1998a）。しかし爆薬漁を行わなければならない論理的な根拠はない。そこで，Pet-Soede and Erdmann（1998b）は，爆薬漁について，技術，漁獲物，漁業者が漁を続ける理由などを調査した。漁業者の視点に立った爆薬漁に対する正確な理解があってこそ，この漁業を効果的に管理できると考えたからである。

彼らの調査によると，漁業者は安価で手に入れることができる爆薬を使用していた。農薬とケロシンオイルを3：1に混ぜ，ガラス瓶に詰めた自家製の爆薬である。漁の方法は以下の通りである。大型・中型漁船の場合，漁場でまず小船をおろし，この上から漁業者がゴーグルをつけて海中をのぞき，魚群を探した。魚群を見つけると，そこからやや離れた後，爆薬を魚群に目がけて投げつけた。爆発後，死んだり気絶したりした魚を集めるために，本船から複数の漁業者が，たも網を持って海中に入った。

作業は，最初，素潜りで行われていた。しかし，その後，送気式潜水器の利用が普及した。漁獲量については，大型漁船は7〜10日の出漁で2t以上，中規模漁船は1日あたり5〜200kg，1人乗りの小型船で出漁する漁業者は1回の出漁で1〜15kgを漁獲したという。

爆薬漁によるもっとも明確な被害は，サンゴ礁に対するものである。爆風がサンゴを粉砕，破壊した。これに加えて，生息する魚類，無脊椎動物など広範囲の生物相が失われた。

漁業者が爆薬漁を続ける共通の理由は，代替できる仕事がなく，爆薬漁が他の漁具を使用するよりも安上がりですむということであった。この漁では高価な漁網を必要としない。また，潜水器の使用によって，操業はさらに効率化した。収入も漁業者にとっては魅力であった。大型船の乗組員は，地方政府の公務員以上の月収を稼いだという。

漁業者は，爆薬によるサンゴ礁の破壊が将来の漁獲におよぼす悪影響について，依然気づいていないのだろうか。いや，そうではない。しかし，漁場環境の悪化を理解していると思われる人ですら，宗教的な信仰心に基づいてこのことを合理的に考えている。「海はアッラーの力のように広大であり，豊かな魚を常に保証してくれる」「魚は神からの授かりもの」といった観念で漁獲をとらえているのも事実である。

（田和正孝）

62 東南アジアのマングローブ林
——環境破壊と修復の企て

1 ベトナムの蘇ったマングローブ林

 2008年はカンザ地区の植林開始30周年を迎える。カンザは，マングローブ生態系に興味を持つ多くの専門家にとってゆかりの地である。

 ベトナム南部の大都市ホーチミンの市域はアラビア数字の「8」のような形をしている。その南半分がカンザ郡と呼ばれるデルタ域である。ベトナムと言えばメコンデルタが有名だが，ここは，その北隣に位置する。70,000haの広大な地区の約半分がマングローブの森である。2000年には，人工林としては世界で初めてUNESCO/MABの生物圏保護地区に指定された（図1，写真1）。

 カンザでは，ベトナム戦争当時，徹底した枯葉剤散布が行われ，そこに本来広がっていたマ

図1　カンザ地区の位置

写真1　マングローブ林の中を行く貨物船（2005年撮影）

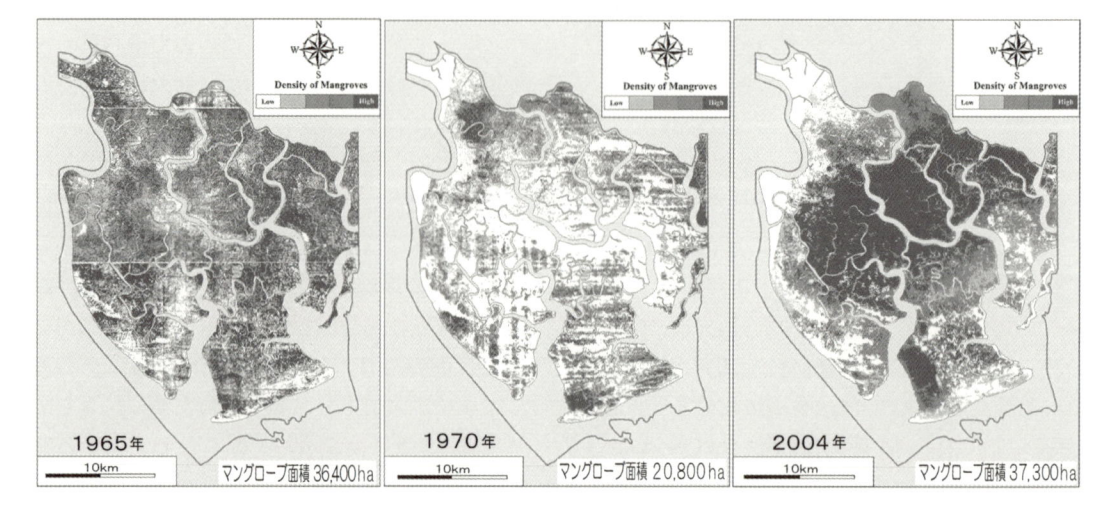

図2　カンザ地区におけるマングローブ林分布の変化　　Hayashi et al.（2006）により作成。

（1965年 マングローブ面積36,400ha／1970年 マングローブ面積20,800ha／2004年 マングローブ面積37,300ha）

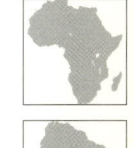

ングローブ林はほぼ皆滅した。しかし，その直後から住民の手で植林が始められ，それをホーチミン特別市が引き継いで大々的な植林事業となった。広大な森は苦難と栄光の軌跡である。その変化を米軍の空中写真地図や衛星画像を用いてデータ化した（図2）。実際に植林を施した面積は18,000haであり，残りの面積は枯葉剤で破壊された後に，自然に広がった森である。

2 森が修復されるメカニズム

30年間の森の変化を衛星画像で解析すると，①戦争による破壊で疲弊した地域では，植林が進むが，同時に戦災を免れたカンザ地区周辺部の森では徹底した伐採が進んでいた。②植林は広く行われたが，枯葉剤散布以後，もともとあったマングローブ林の周りに，やや低い地盤が広がったようで，そこに植林面積に匹敵する規模のAvicennia[1]林が自然に広がった。③枯葉剤以前の森は，Ceriops[2]など高い地盤高に立地する樹種が広い面積を占めていた。植林は，有用材として需要が高いRhizophora[3]が用いられ，それが成功している。

この事実経過からは，枯葉剤による破壊以降の森は，決して以前の状態の復元ではないことがわかる。潮間帯の地盤高に応じて群落が帯状に発達するマングローブ林は，土地条件との対応性がきわめて良い森林である。そうすると，枯葉剤散布前後の森林の配列や規模の変化は，単に「人が専らRhizophoraを植えたから面積が広い」のではなく，「適合する地盤が広がる」という立地環境の変化も一因であるという視点が生まれる。

3 人工の森に生態的価値はあるか

一般に，陸域の植林（例えばユーカリやマツ，スギなど）の場合，単一の樹種が広範囲に植林されることで，そこに本来存在していた植生とはかけ離れた自然が作られることが一般的である。これは，林業という営みゆえに，当然ともいえる。しかし，近年は，森林の生態的価値が重要視され，また病害虫の問題もあり，より自然に近い状態の森を育成する試みも行われる状況にある。マングローブの植林の場合はどうか。

マングローブ林の形成と発達を考えると，陸

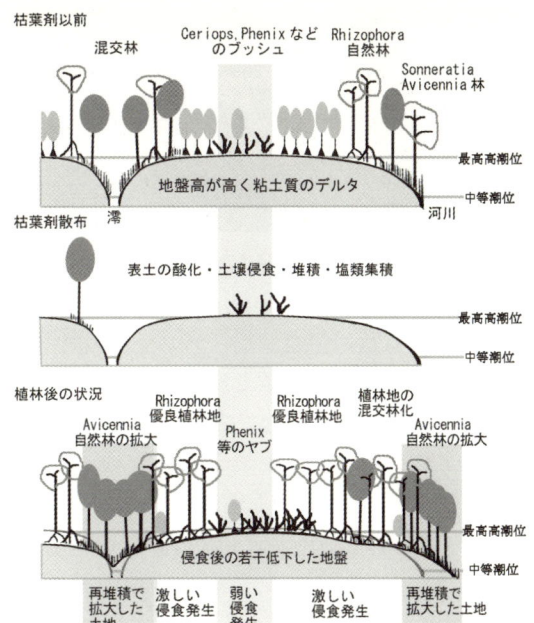

図3 カンザ地区の森と土地の再生過程

域の森とは大きく異なった特徴がある。マングローブ生態系とは，「陸・海・植物の相互作用」で生態系が創られることをいう。カンザでは，枯葉剤で消滅したのは，森林だけでなく，その土地条件も一変してしまったのではないか。植林の歴史は30年に及ぶ。様々な林齢の森の地形・植生の構造を丹念に調べると，自然の再生過程を理解することができる。図3に，その概要をまとめた。

枯葉剤の散布で森は消滅し，土地は激しい侵食や酸化に曝され，地盤が高い所では塩分集積も生じた。この変化は，一方でCeriopsに適合していた地盤高がRhizophoraの植林に適合したものになり，侵食土砂は林縁に再堆積してAvicenniaの森の土地になり，一部の高い地盤はPhenixが茂る契機となった。植林された森では，潮汐とともに多様な樹種の種子が流入し，現在の地盤高に相応した樹種構成に再編されつつある。

1) Avicennia：ヒルギダマシ属の種群で，潮間帯上半部に広く見られるが，中等潮位付近の土地に先駆的に森林を形成することも多い。
2) Ceriops：コヒルギ属。潮間帯の平均高潮位付近から高い位置に立地する。
3) Rhizophora：ヤエヤマヒルギ属の種群で，カンザ地区で最も広く植林された。平均高潮位よりも低い土地に，樹高20m以上に達する森林を作る。

（宮城豊彦）

63 Asia 東アジアの都市間競争

1 国際ハブ空港

ハブ空港とは，空港を車軸に見立てた呼称で，ハブ空港に航空路線（スポーク）を集中させることで，路線数を減少させ，運行の効率化を図る方式のことを指す。ハブ空港は，乗り換えによる乗客と物資の移動の拠点となり，周辺地域の経済発展も期待できるため，各空港間では，着陸料金の値下げなどによる誘致合戦が激しくなっている（成美堂出版編集部，2007）。

図1は，2004年の主要空港利用者数を示したものである。中国が航空路線を開放するまでは，中国への玄関口として香港は非常に重要な役割を果たしていた。香港では，1999年の中国への返還前に，市街地に隣接し手狭な啓徳（カイタック）空港にかわり，ランタオ島に新空港が建設された。中国は他国機の中国上空の通過を認め，さらには，中継地として北京や上海浦東（プートン）などの主要な空港を整備したため，香港との格差は縮小した。

韓国では，仁川（インチョン）空港を開港させるとともに，金浦（キンポ）空港を国内専用とした。韓国では，KTR（新幹線）が開業し，主要都市間が3時間程度で結ばれるようになったため，国内航空路線が大きく再編された。大韓航空やアシアナ航空が国際路線のハブ空港とする仁川空港の方が，金浦空港よりも利用者数は多くなっている。

日本では，成田空港が国際的な玄関口であるが，国内線では，主として羽田（東京国際）空港が利用される。地方間を結ぶ多くの路線が廃止され，羽田空港で乗り換える利用者は，増加している。羽田空港の利用者数は，アトランタハーツフィールド空港，シカゴオヘア空港，ロンドンヒースロー空港に次ぐ世界第4位である。一方，成田空港の利用者数は，羽田空港の半数近くである。羽田空港は，沖合への拡張工事を進めており，限界に近づいている収容力を高める一方で，近年では，ソウルの金浦空港や上海の虹橋（ホンチャオ）空港への国際チャーター便が就航している。これらより遠距離の路線がないのは，羽田空港からの最も長い国内線路線である石垣空港までの距離以内の路線のみを認めてきた方針があるためである。騒音問題や用地買収の問題を避けるため，海上に建設された関西空港は，2007年8月に2本目の滑走路が供用開始された。これにより夜間の補修等の滑走路閉鎖がなくなり，日本初の24時間運用可能な空港となった。国内線と国際線を同じ空港で乗り換えられる利便性の高さを売りにしているが，割高な空港着陸料金のため，外国航空会社の路線の誘致には課題も多い。国際ハブ空港としての都市間競争には，日本の出遅れている感は否めない。

2 物資の移動

都市の経済に大きな影響を及ぼすのは，物資の移動である。航空貨物は，運賃が高いため，利用の対象となるのは，小さくて高価なものが多い。そのため，半導体や液晶パネルなどの電子部品は，航空貨物を利用して輸送されることが多い。国際ハブ空港としての整備の進む香港空港や仁川空港では，航空貨物の取扱量は多い（図2）。東京も多いが，北京や上海における取扱量は，他都市に比べて大きくない。

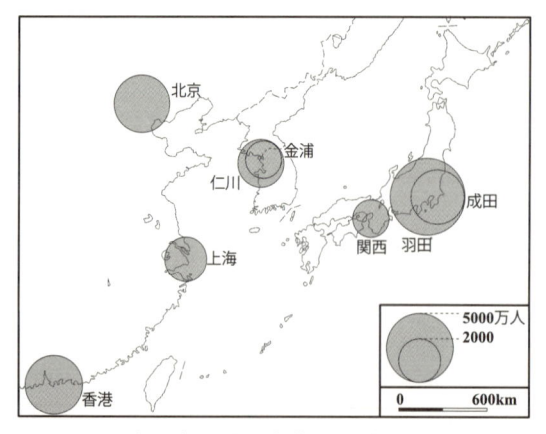

図1　東アジアの主要空港利用者数（2004年）
成美堂出版編集部（2007）により作成。

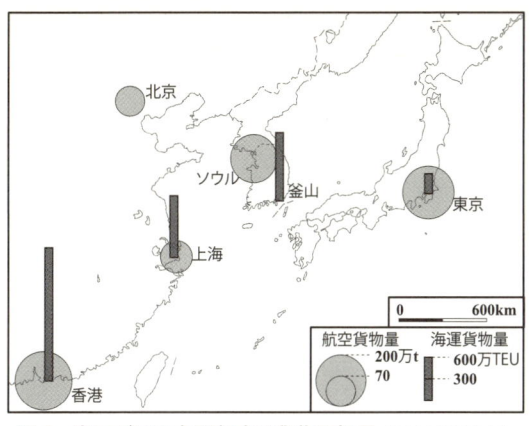

図2　東アジアの主要都市の貨物取扱量（2002/2003年）
Seoul Development Institute（2003）により作成．
統計年次は，航空貨物量が2003年，海運貨物量が2002年．

一方，海運では，輸送時間はかかるが，運賃は安く，大量に物資を輸送する場合に適している．工業化の進んだ香港では海運貨物量が多く，次いで，釜山で多い．近年，経済特区として，外国資本を積極的に導入し，工業地として開発された浦東地区のある上海においても，取扱量は大きい．それに対し，東京における取扱量は大きくない．これは，東京からは重厚長大な製品を輸出することが多くなく，日本では，横浜をはじめとする東京以外の港での貨物の取り扱いが分散しているためである．

3　国際会議の開催

会議の開催は，開催地の経済，特に，アーバンツーリズムに大きな影響を及ぼす（Law, 1993）．それは，会議への参加者が，宿泊したり飲食したりして，その都市で消費活動を行うとともに，会議の前後に都市内の観光地などを訪れるためである．近年では，多くの都市が，会議を積極的に誘致している．

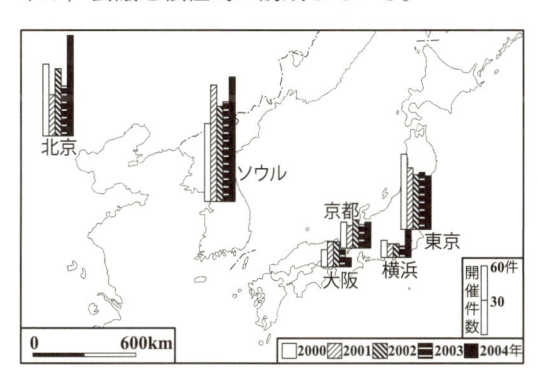

図3　主要都市の国際会議の開催件数（2000～2004年）
JNTOの資料により作成．

国際会議の開催数は，都市のステータスにとっても非常に重要であり，その都市の世界での知名度にも大きく影響している．図3は，国際会議の開催数の推移を示したものである．図3中では，ソウルでの国際会議の開催件数が最も多い．また近年北京での開催件数が増加している．これは，北京オリンピック開催を控え，会議場をはじめ，ホテルなどの施設の充実とともに，通訳や案内ガイドの育成など，訪問する外国人へのサービスを充実させ，国際会議開催への対応の基盤が整ってきたためである．

一方，日本では，東京での国際会議の開催件数が最も多く，次いで京都での開催が多い．これは，和風迎賓館をはじめ，地球温暖化に対応する京都議定書の策定など，国際的な知名度の高さによるためである．次いで，大阪と横浜での開催数が多い．韓国ではソウルに，中国では北京に国際会議の開催が多いのと，対照的である．

都市の世界的な知名度を高めるためには，国際会議が集中することは重要である．しかしながら，都市の状況が世界的によく知られている場合には，それは必須条件ではない．むしろ，国土の均衡ある発展には，機会が均等にあることが重要であり，日本のように国際会議の開催地が分散している方が望ましいといえる．日本では，2008年に開催が予定されている先進国サミットも，北海道の洞爺湖畔で開催の予定であり，さらには，主要閣僚会議の開催地は，京都，大阪，神戸，横浜などの大都市と新潟が予定されている．地方での開催は，国際会議開催の経済波及効果を分散させるものである．

東アジアでの都市間競争の意味するものは，本章で取り上げた三つの指標だけで表されるものではない．しかしながら，ここで強調したいのは，特定の大都市だけに集中するよりも，地方都市を含めた様々な都市に機能が分散することの重要性である．

将来は，韓国や中国においても，特定の大都市だけでなく，地方へ諸機能を分散させるように施策を変化させてくると想定される．すなわち，東アジアの都市間競争の様相も大きく変わるであろう．

（藤塚吉浩）

64 韓国における大規模干拓事業と地域感情

1 「環境問題」論争の建前と本音

いま，韓国では世界最大規模の干拓事業が行われている。韓国西海岸の広大な干潟に33kmにも及ぶ防潮堤で，諫早干拓地の約11倍に当たる40,100haの農地や湖を造り，食糧増産と水資源を確保するというものである。ここでは韓国最大の環境問題となったセマングム干拓事業を題材に，大規模公共事業に伴う環境問題を韓国の社会経済的な背景と関連づけて紹介したい。

セマングム干拓事業には，1991年着工以来すでに2兆ウォン（1円は約7.5ウォン，2007年6月）以上が投じられ，事業完了までの総工事費は約10兆ウォンに膨らむとの予測も出ている。セマングム干拓事業については，1990年代後半以降全国的に賛否両論が起こり，一時事業が中断されたものの，2005年ソウル高等裁判所が環境団体等の事業反対側の敗訴判決を下し，2006年4月に防潮堤が締め切られてしまった。

セマングム干拓事業をめぐる論争は従来の「開発か環境か」という二分論的な対立軸を超えて「干潟と水田のどちらの環境価値が高いか」という論点を中心に展開されてきた。すなわち，この事業の推進主体である韓国農林部とセマングム事業団は，汚染され効用価値が低下した干潟を干拓し農地を造成することによって，急増する土地需要に応えるとともに，親環境的な国土管理を図ると主張する。また，その根拠として水田が干潟より1.73倍も経済的価値が高く，生物体の質量単位であるバイオマスも3.14倍であるため，生態的価値も水田の方が遙かに高いとの調査結果を提出している。一方，環境団体等はむしろ干潟の価値が3.3～100倍も高いとの相反する研究結果に基づき，干潟の生態的価値が高いと主張し，干拓事業の中止を求めてきた。

しかし，これらの論点はあくまで表面的なものに過ぎず，その背後には様々な主体の当該地区との関わりが重層的な空間スケールに投影された地域間格差が存在する。セマングム干拓事業をめぐる論争は直接的な利害関係をもたない人々を巻き込んで全国的な展開を見せてきたが，これらを空間スケールでみると，「干拓事業の直接的な利害関係住民＝生活基盤をなくすため反対だが，補償との関係で消極的；補償対象外の地元住民＝地域振興への期待と環境悪化への不安；広域の地元（全羅北道(チョルラプクド)）＝地域振興への期待で賛成；全国＝環境面への配慮からおおむね反対」という構図となっている。実際に，広域の地元のマスコミの論調は事業の早期完工を促すものがほとんどで，地方選挙では常に「複合産業団地」への用途変更を視野に入れた公約が表明されており，推進派，反対派を問わず干拓地の土地が農地として利用されると考えている人はほとんどいない。

このようにセマングム干拓事業をめぐる論争が全国的に拡大した背景には，セマングム干拓事業そのものが従来の干拓事業とは桁外れに大規模であること以外にも，「地域感情」と称される韓国国土開発の負の遺産が大いにかかわっている。したがって，セマングム干拓事業をめ

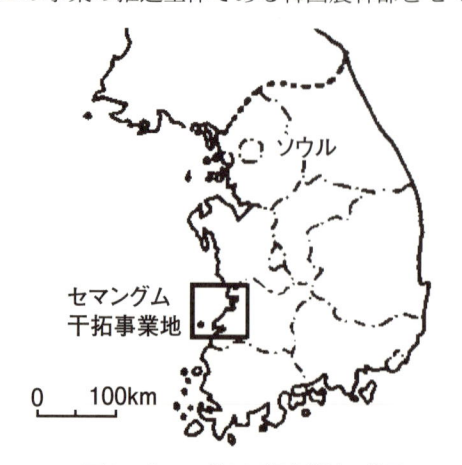

図1　セマングム干拓事業地の位置

ぐる対立構図を理解するためには，韓国における国土開発に関する理解が不可欠となる。以下，セマングム干拓事業との関連のもとに韓国の国土開発の特徴を紹介し，それらがセマングム干拓事業をめぐる論争（または運動）とどのようにかかわっているかについて述べる。

2 国土開発政策とセマングム

1962年に始まった第1次経済開発5ヶ年計画（1962～1966年）を契機に韓国は高度経済成長期に入り，1980年代まで華々しい経済成長と国土全体にわたる地域変動が続いた。過去30年間，その国土開発戦略は拠点開発（1960・70年代），広域開発（1980年代），地方分散型開発（1990年代），均衡開発（2000年以降）と，地域間格差を縮小する方向へ変わりつつあると言われているが，国土空間の両極集中（首都圏と東南臨海地域）は依然として解決に向かわず，国土面積の約25％に過ぎないソウル～釜山軸上に総人口の70％以上が住んでいる。このような過程で開発の恩恵から遠ざかっていたのが湖南地方と呼ばれる全羅南道（チョルラナムド）と全羅北道であり，この地域における開発からの疎外感は，当地域出身の政治家である金大中氏への迫害への憤慨とも相まって，「抵抗的地域主義」を生み出した。セマングム干拓事業に対する地元（全羅北道）の執着には，このような国土開発からの疎外に対する補償心理も大いに働いており，複合産業団地のような地域経済への波及効果の大きい産業部門への用途変更がその前提となっている。

3 地域感情と地元の役割

ここで注目すべきところは，「全羅北道」の役割である。セマングム干拓事業の主体は中央政府であり，地方政府である全羅北道ではない。公共事業による環境問題の一般的な対立構図は，事業主体と地元の利害関係者間で現れるが，セマングム干拓事業では事業主体の中央政府は仲裁の役割に回り，事業主体でない全羅北道が前面に出ている。セマングム干拓事業に反対する環境団体が全羅北道民の支持を広げられなかった理由もこうした対立構図のねじれ現象と関連している。すなわち，環境団体がセマングム干拓事業の中止を求めたのは事業主体である中央政府であり，それは当然の論理的帰結であったと言える。しかし，その結果，全羅北道や地域住民を対立構図から排除することになってしまった。つまり，全羅北道民の目には従来のセマングム干拓事業をめぐる論争が，地元の将来に関わる問題なのに，環境団体が地元の行政と住民の意見を無視して中央政府との間で解決策を探るように映ったのである。そして，開発から疎外されてきたことも相まって，大多数の全羅北道民がセマングム干拓事業の早期完工という合意に回り，その希望を地方政府である全羅北道に託すことになったのである。

実際に，筆者が2005年に行ったアンケート調査（金，2006）からも，表面的には圧倒的多数の賛成と少数の反対という構図であったが，その中身をみると，賛成派の中には少なくとも9つの異なるグループが存在し，それを束ねる物差しは「全羅北道の発展」であることが明らかとなった。要するに，セマングム干拓事業に対する地元住民の判断が必ずしも当事者としての利害関係に基づくものではなく，開発への願望や環境意識などが分裂した形で一貫した論理構造をもたない反射的なものと言える。

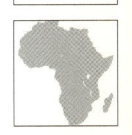

(a) 防潮堤の締め切り以前（2003年8月撮影）
地元住民が抗議するために立てたムツゴロウのモニュメント。

(b) 防潮堤の締め切り以後（2006年11月撮影）
写真(a)と同じ場所。まるで砂漠のように変わってしまった。

写真1　セマングム干拓事業地の変化

（金　科哲）

65 中国の三農問題

　1980年代中頃以降，中国は著しい経済成長を遂げてきた。しかしそれは都市と工業の近代化であり，農村と農業の近代化ではなかった。農村問題，農業問題と農民問題いわゆる三農問題は深刻な社会問題としてクローズアップされている。

1 農村問題

　農村は農業活動と農民生活の空間である。中国の農村面積が約920万km²で国土面積の95.9％を占めている。1978年の改革開放までは，厳格な戸籍制度という見えない城壁によって，国民は都市住民と農村住民に，国土は都市中国と農村中国に分断されていた。

　これは都市優先の公共資源の配置，農村の社会事業の遅れ，都市住民と農村住民の待遇の不平等に現れている。農村では道路・電気・水道などのインフラ整備は大幅に遅れている。医療施設の配置も都市に偏っている。中国衛生部の資料によると，総人口の70％の農村人口は20％の医療資源しか享受できない。また87％の農民は医療保障を全く受けられない。さらに，教育資源の不平等配置は農村の教育レベルの低下を招き，農村の近代化を遅らせる結果となった。

　これまでの改革に伴い，都市・農村の対立構造が崩れつつあるが，農村に対する都市の絶対的な優位性は依然として存在している。農村から都市に農産物に加えて，労働力と土地も提供されるようになった。農村からの出稼ぎ労働者は農民工と呼ばれ，建築業や清掃などの肉体労働を余儀なくされている。また，近郊農村では地の利を活かして近郊農業が発展した一方，農地の転用で多くの良質な農地が失われ，わずかな補償金と引き換えに生活の術を失った農民は，農業以外の産業へ必ずしも順調に再就職できない。改革開放後に増加した都市的土地利用の約7割は，デベロッパーが一部の地方幹部と手を結んで，開発という名の下で農民から違法に略奪したものといわれている（牛ほか，2004）。

　中国の農村部には592の国定貧困県（総面積約242.7万km²，国土の約1/4）がある。国務院（2001）によると，貧困人口は1978年の約2.5億人から2000年の約3千万人に減ったが，農村全体としてやや余裕のある生活，いわゆる「小康レベル」に達するまでの道程がまだ長い。しかし2006年1月から農業税が廃止され，地方財政によって賄われていた義務教育費も内陸部から順次に免除され，農村にも明るい兆しが見えてきた。

2 農業問題

　計画経済から市場経済への移行がまず農村部で行われた。人民公社が解体され農業活動が集団生産から農民個人の請負制に転換されたため，農民の労働意欲が大きく向上した。農産物が市場に溢れるようになり，1995年まで農業生産額は大幅に増加してきた。しかし，1995年以降は農業生産額の伸びが鈍くなった。国家経済における農業の地位は低下する一方である。これに対して農業労働者数は約3.3億人（総労働人口数の46.9％，2000年）に達した。農業余剰労働力の農業以外の産業への移転が課題である。

　小規模で零細な農業経営では労働生産性の向上に限度がある。農業余剰労働力の農業以外への移転は不可欠であるが，農業労働者の素質（高卒以上2.3％，高卒9.3％，中卒48.1％，小卒32.2％，非識字者8.1％，2000年）は彼らの都市進出や農外就業を阻害している。また都市に流入してきた農民は，安定した職業に就かず，都市部の失業者とともに社会不安の潜在的要素になっている。

3 農民問題

　農民問題は三農問題の中で最も核心的な問題である。都市・農村の二元構造の下で，農

民の経済活動が農村に限定され，都市への廉価な農産物の拠出を強いられていた。農民は都市への移住も制限され，都市住民のように一切の社会保障を受けることもできなかった。

戸籍制度で農村戸籍とされる人口は改革開放初期の1978年に約7.9億人で，2004年に7.6億人であった。この数は総人口の82.1％から58.2％に減少したが，依然として半数以上を占めている。国家運営は政治・経済・社会・教育・文化などあらゆる面において都市部を中心に行われたため，農民が十分な機会を得ていない。今後の都市化と工業化に伴い，中国の農民階層は人数が減少し分化していく傾向にあるが，農民は平等な国民待遇を勝ち取るまでには紆余曲折が多い。

実は農民は1980年代における改革政策の最初の受益者であった。豊かになった農民の象徴として「万元戸」が多く出現した。しかし，1990年代になると都市化が加速する一方，農民の税負担が加重され，農民と市民との格差は縮小したどころか図1のように拡大した。

現在，主な農民問題として，これまで欠如してきた農民の権益にかかわる，土地問題（所有権と処分権），余剰労働力の農外就業問題，社会・政治権利の問題と，農民の組織化問題などが挙げられる。これらの問題の抜本的な解決策は都市部との教育格差の是正である。経済格差をそのまま農村への教育格差にせず，農村の教育環境を整備し，農民子弟の教育を受ける権利も保障し，義務教育の実施を徹底すべきである。

4 三農問題の地域性

中国では南北方向での気温変化と，沿海部から内陸部への降水量の変化によって多様な自然環境が形成され，地形の起伏によってこれらの自然環境がさらに複雑化している。農業は，これらの自然環境に対応し，展開されてきた。図2は中国の南東部から北西部にかけて農業経済の空間模式を表したものであり，農業生産性が南東部から北西部にかけて低下していくことを示している。計画経済の時代に都市と農村が分断され市場経済が発達しなかったためこの特徴はより明瞭であった。農業の地域格差は基本的に自然環境の地域差異に起因するものであった。

市場経済が導入されてから，農業経済に対する都市の影響は計画経済時代より大きくなった。都市の影響を加味したものは図2中の実線である。地域の多様性を強める要因として都市の役割が一層大きく，都市周辺に顕著なチューネン圏が形成されている。都市の規模によって曲線が起伏するが，南東部から北西部にかけて生産性が低下している特徴が依然として存在している。このように中国における三農問題は，沿海部と内陸部との決定的な相違に加えて，都市との位置関係によって抱える課題が異なる。

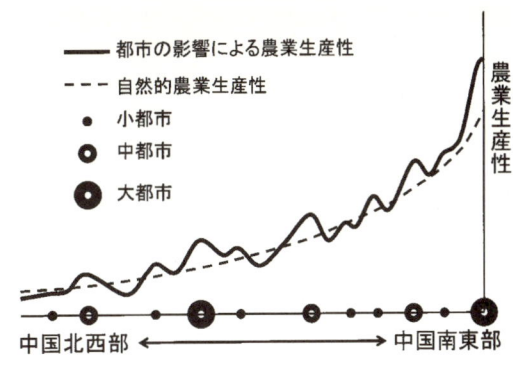

図2 中国における農業経済の空間模式

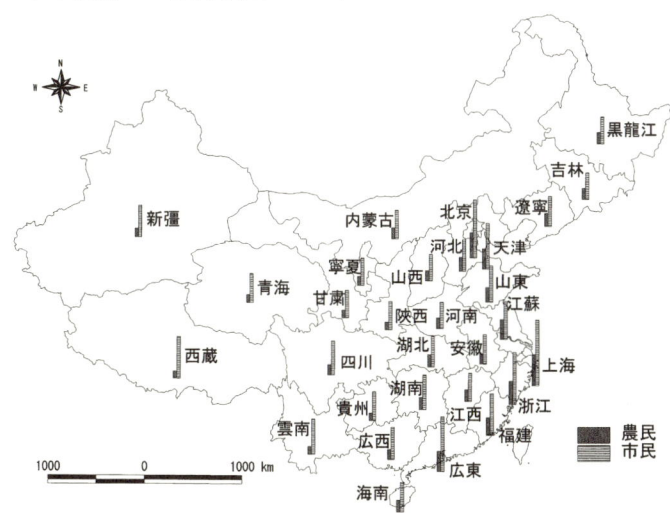

図1 中国における市民の可処分所得と農民の純収入（2000年）
『中国統計年鑑』により作成。

（張　貴民）

66 ハルビンにおける歴史的町並みの保全

1　中国における歴史的町並みの保全

今日，世界文化遺産の登録数の増加にみられるように，歴史的環境の保全に対する関心が世界的に高まっている．中国でも近年では，北京などの世界文化遺産への登録地域のみならず，全国的に歴史的環境の保全が進められている．

中国における歴史的環境の保全に関わる制度としては，文物保護制度がある．これは1950年代から萌芽的にはじまる文物を中心とした保護制度で，文化大革命後の1976年から整備が進み1982年には文物保護法として法的に確立した．同時に文物の概念が，単体のものから，空間的な広がりを持つものへと拡大が図られ，「歴史文化名城」の保全が示された．この背景には，改革開放政策開始後の都市建設の過程で，歴史的建築物の保護が軽視されていたことがある．「歴史文化名城」とは，「文物が豊かで，重要な歴史的価値と革命意義のある都市」のことで，同年には第1回として，北京，南京，蘇州，桂林など24都市が「国家歴史文化名城」に指定された．その後，1986年には第2回として，天津，上海，瀋陽，重慶などの38都市が，1994年には第3回として，吉林，青島，鄭州，ハルビンほか37都市がその指定を受けた．

「歴史文化名城」の指定は，都市全体の保全を指示したものであり，当初は歴史的町並みの保全には言及されていなかった．しかし，次第にその重要性が認識されるようになり，1996年以降は，歴史的環境の保全には，単体文物保護，歴史文化名城保全，歴史的町並み保全の三者が不可欠とみなされるようになっている（王，2003）．

2　ハルビンの都市形成

ハルビンの都市建設は，帝政ロシアによって，1898年に始まった．帝政ロシアは，日清戦争後の中国東北地方において，平原を東西に横切る鉄道（東清鉄道）敷設権を得たが，その建設に着手するなかで，水運が盛んであった松花江（ソンホワンチアン）との交点に位置するハルビンは，商業都市建設には絶好の地であった．中国領内であったハルビンは，鉄道附属地[1]という形で，ロシアの支配下に置かれ，都市建設が開始された．まず，香坊（シャンファン）（現在の香坊区）が都市建設の拠点とされ，香坊とハルビン駅の間の秦家崗（チンジアガン）（現在の南崗区）が官庁街として，駅と松花江河畔を結ぶ埠頭区（プリスタン）（現在の道里区）（タオリー）が商業地として建設された．埠頭区には，ロシア人をはじめとした欧米人，日本人が店舗を構えた．そして埠頭区に接した鉄道附属地外には，欧米人との商売のための中国人街である傅家甸（フージャデン）（現在の道外区）（タオワイ）が形成された．帝政ロシアが崩壊したのちは，中国の権利も回復し，埠頭区には中国人も闊歩（かっぽ）するようになった．1920年のハルビンの人口は約29万人であったが，そのうち約半数が外国の居留民であり，ハルビンはロシア，日本，イギリス，アメリカ，ドイツ，フランスなどの人々が住む国際都市として繁栄

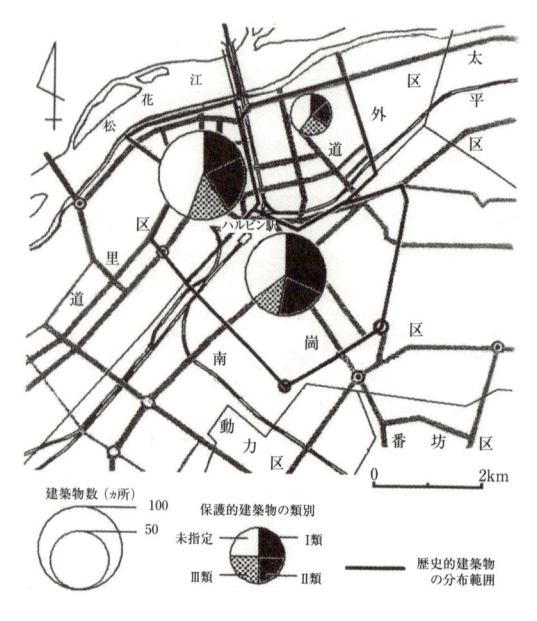

図1　ハルビンにおける歴史的建築物の分布（2001年）
王（2003）による．一部改変．

した。埠頭区の中心的な商業地区であるキタイスカヤ（現在の中央大街（ジョンヤン））地区には，欧米の銀行や百貨店，ホテルなどが軒を連ね，中国では上海のバンドに並ぶ欧米文化の中心地であった。そのため，ハルビンでは，アールヌーボーやビザンティン，ゴシックなど様々な様式をもった洋風建築物が多く建設された（西澤，1996）。

3 ハルビンにおける歴史的町並みの保全

ハルビン市では，1984年から歴史的建築物と町並みについて，調査と保護策の検討を開始した。その結果，市内74ヶ所の建築が，芸術的価値と歴史的意義，現状の保存状態から市指定保護建築物とされ，Ⅰ類からⅢ類の三つの等級（Ⅰ類が最も価値が高い）に分けて，保護の基準と措置が制定された。これによって，歴史的建築物の保護が開始されるようになったが，措置には法的強制力がなく，管理手法も明確でなかったため，十分な成果をあげることはできなかった。そこで，1994年に「国家歴史文化名城」に指定されたのを機に，1997年より新たな管理措置が公表されることとなった。

写真1 中央大街の町並み（2002年撮影）

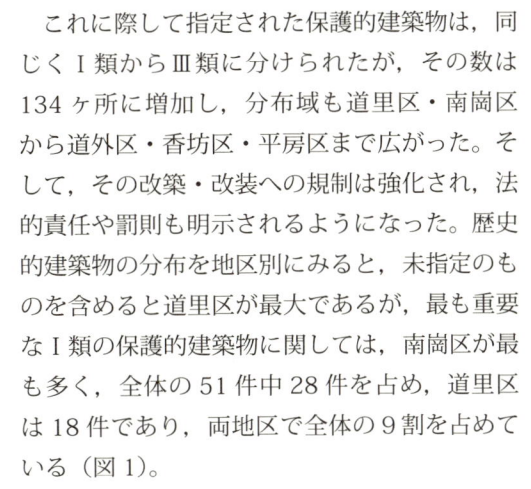

これに際して指定された保護的建築物は，同じくⅠ類からⅢ類に分けられたが，その数は134ヶ所に増加し，分布域も道里区・南崗区から道外区・香坊区・平房区まで広がった。そして，その改築・改装への規制は強化され，法的責任や罰則も明示されるようになった。歴史的建築物の分布を地区別にみると，未指定のものを含めると道里区が最大であるが，最も重要なⅠ類の保護的建築物に関しては，南崗区が最も多く，全体の51件中28件を占め，道里区は18件であり，両地区で全体の9割を占めている（図1）。

ハルビン市は，1997年に保護的建築物の指定とともに，中央大街，紅軍（ホンジュン）街，靖宇（ジンユ）街を保護的町並みに指定し，市独自の歴史的町並みの保全を図っている。なかでも中央大街は保護的建築物が最も多く，市を代表する歴史的町並みである。中央大街の長さは1,450mで，通りに面した部分の歴史的建築物は25件，そのうち14件はハルビン市指定保護的建築物であり（図2），石畳の街路の左右に様々な様式の洋風建築物が並び，独特の景観を示している（写真1）。ハルビン市はこの町並み保全のため，建築や看板の規制など各種の施策を行っているが，管理措置の公表以前に立面が損壊されるなど，その保全は必ずしも十分とはいえないのが実情である（王，2003）。

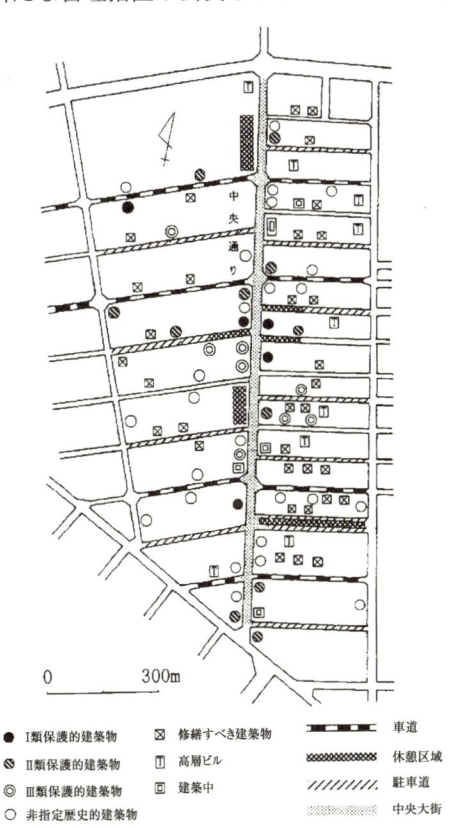

図2 中央大街の歴史的町並み保全の現状（2001年）
王（2003）による。一部改変。

● Ⅰ類保護的建築物
◐ Ⅱ類保護的建築物
◎ Ⅲ類保護的建築物
○ 非指定歴史的建築物
⊠ 修繕すべき建築物
▯ 高層ビル
▯ 建築中
▬ 車道
▨ 休憩区域
▨ 駐車道
▨ 中央大街

1) 鉄道建設と警護のために取得が認められた鉄道沿線の土地であるが，実際には租界と同様の治外法権の場所となっていた。

（中西僚太郎）

67 Japan 日本の氷河地形の保全

1 日本の氷河地形の特徴

日本の氷河地形は，北海道の日高山脈，中部日本の飛騨・木曽・赤石山脈（日本アルプス）の稜線から山麓にかけて分布している。このほか，利尻岳，大雪山，飯豊・朝日連峰，谷川岳などで氷河地形の報告があるが，明瞭なものは，先の四つの山脈に限られている（町田ほか編，2006：図1）。日本アルプスでは，冬期の降雪量が多い日本海側の山域で氷河地形の分布範囲が広く，特に降雪量が増加する白馬岳以北で，顕著に見ることができる。

氷河地形には，稜線付近に分布する明瞭な地形と，その下流に連なるやや不明瞭な地形とが存在する。写真1の北アルプス黒部五郎岳では，山頂付近には露岩の多い壁に囲まれた明瞭なカール地形があり，その下流側には植生に覆われた比較的従順な谷壁と広い谷底を持つやや不明瞭なU字谷がある。U字谷の右岸側には，大規模な側堆石（ラテラルモレーン）がある。

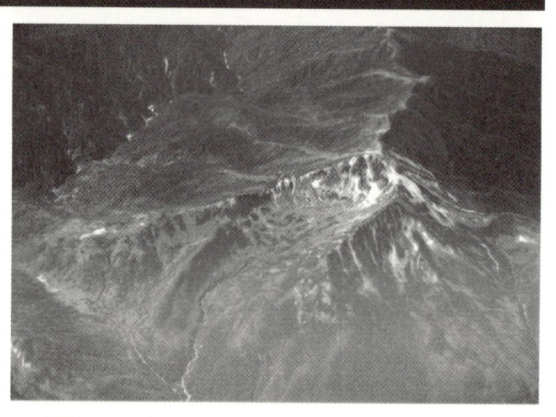

写真1　黒部五郎岳のカールとU字谷（2002年撮影）

これらの氷河地形のなかで，明瞭な部分は比較的新しい時代（新期：約2万年前）に氷食を受けた範囲に発達し，不明瞭な部分は相対的に古い時代（旧期：約6万年前）に氷食を受けたため，後の侵食や風によって不明瞭になった氷河地形である。

2 氷河地形の破壊と観光開発

最終氷期においても，日本列島では山脈の稜線付近とそれに連なる山間部の河谷のみに氷河の発達は限定された。そのため，現在の日本で氷河地形を見るためには，一般的には登山が必要になる。また，氷河地形が存在する高山帯の広い範囲は国立公園として開発から保護されている。そのため，日本の氷河地形の多くは高強度の破壊からは免れてきた。しかし，低標高域に達している旧期の氷河地形の一部は林道工事などによって破壊を受けている。また，高標高域のみに分布する新期氷河地形でも，その一部では，自然環境への配慮が小さかった高度経済成長期に観光開発が行われた。破壊されつつある日本の地形を示した

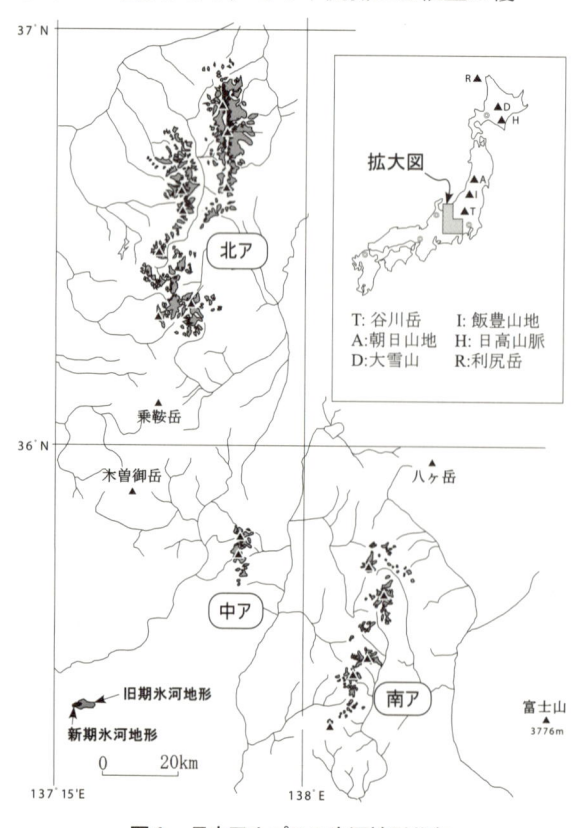

図1　日本アルプスの氷河地形分布

写真2　千畳敷カール（1994年撮影）
矢印部がロープウェイ駅。

小泉・青木（2000）には5つの氷河地形がリストアップされ，中央アルプスの木曽駒ヶ岳の千畳敷と北アルプスの立山について特に破壊が著しいと指摘されている。両者とも，大規模観光開発にともなって氷河地形が破壊されただけでなく，簡便に多数の観光客が訪れることによるオーバーユースが環境破壊を引き起こしている。

　中央アルプスの木曽駒ヶ岳は，日本で最も破壊が進んでいる氷河地形である。稜線直下の新期氷河地形である千畳敷・極楽平カールと，その下流の中御所谷に連なる旧期氷河地形のU字谷やモレーンが発達している。1967年に中御所谷のターミナルモレーンであるシラビ平と千畳敷カールのカール底を結ぶ駒ヶ岳ロープウェイが建設された。この建設に際し，シラビ平駅ではターミナルモレーン上にバスターミナルが建設され，千畳敷カールではモレーン頂部が開削されて駅とホテルが設置された。

　1971年に全通した富山駅と信濃大町駅を結ぶ立山黒部アルペンルートは，北アルプスの中核部を横断しており，一部で氷河地形を破壊している。美女平〜室堂間の高原バスが走る道路は，立山カルデラの位置に存在していた立山火山から流下していた氷河が形成した氷河地形の末端部を横断している。また，室堂平では氷河性堆積物の上に山小屋や遊歩道が建設されており，登山客だけでなく，毎年100万人を越える観光客が訪れる観光地となっている。

3　登山客と氷河地形の保全

　環境保全に対する意識が高まってきた今日，今後，木曽駒ヶ岳や立山黒部アルペンルートのような大規模開発が高山域で行われることはほぼ考えられない。注意すべきは，低強度ながら高頻度となる登山客による環境圧である。

　前述の木曽駒ヶ岳や立山の他にも，穂高岳の涸沢カール，白馬岳の白馬尻など，氷河地形の一部が改変されて山小屋が建設されていたり，仙丈ヶ岳の藪沢カールのように幕営地として利用されている場合もある。このような氷河地形では，登山客によるオーバーユースと，モレーンなどの小地形の破壊に特に注意する必要がある。

　氷河地形の内部には，積雪の多寡や起伏，土砂移動などによって多様な環境が成立しており，地生態学的に見て高山植生にとって重要な生育地となっている。登山客の増加や登山道を外れて写真を撮るなどの行動が，登山道の拡大や土砂の流亡などを引き起こし，脆弱な高山環境にとって負荷となっている。

　こうした地形や自然環境を保全するには，国立公園特別保護地域などによる開発規制や天然記念物としての保護も必要であろう。しかし，中央アルプスの核心部は県立公園であり，国立公園に指定されていない。また，氷河地形の学術的な意義，希少性や地形の分布が明らかにされたのが新しいため，天然記念物に指定されている氷河地形は薬師岳のカール群，立山の山崎カールのみである。

　一方で，氷河地形が分布する高山帯に登山客が入山するのは避けられない。このような状況下における環境保全の方策として，小泉武栄氏は登山客に対して「知的登山」を提唱している。登山に際して，単に山頂に到達することや高山植物や風景を見るだけではなく，風景が持つ意味や科学的背景を理解し，山の自然環境に配慮した登山ができるようになることを登山客に求めている。山岳域の自然史や地生態系を理解することは容易ではないが，登山客のマナーを向上させて高山環境を保全するためには，知的登山は必要な視点であろう。

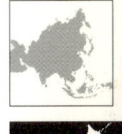

（青木賢人）

68 Japan 日本の重化学工業の再編と工業都市の動向

　重化学工業は，企業城下町を形成することが多く，中核企業が立地地域に強い影響を与えている。しかし，日本の重化学工業の国際競争力低下とともに各社は事業再構築を進め，工場設備の廃棄や縮小により深刻な事態になっている地域もある。ここでは鉄鋼業に注目して重化学工業の再編の動向を述べ，重化学工業都市への影響と産業再生の取り組みを概観する。

1　鉄鋼業の動向

　日本の鉄鋼生産は，1950年の朝鮮特需以後急増し，1960年代には急成長を遂げ，1973年には過去最高の1.19億tに達した（図1）。その後，著しい生産過剰と設備の遊休化から構造不況に陥り，1980年代前半には各社は合理化計画を策定し過剰設備の廃棄に着手した。加えて，1985年以降の急速な円高により，輸出が急減する一方で海外からの輸入が増大し，日本の鉄鋼業に大きな打撃を与えた。そこで，各社は徹底した合理化により生産性の向上とコストダウンを図り，国際競争力を維持するとともに，新分野への参入を積極的に進めるなどの事業再構築を進めてきた。

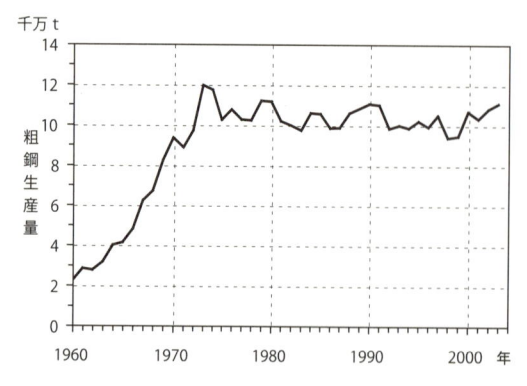

図1　日本における粗鋼生産量の推移（1960～2003年）
『日本国勢図会』により作成。

2　鉄鋼業の立地再編

　製鉄所の分布をみると（図2），関東から北部九州に至る太平洋ベルトの臨海部にほとんどが分布する。時期別にみると，まず1901年の官営八幡製鉄所の立地を手始めに，明治期に室蘭や釜石に相次いで近代的製鉄所が立地した。これらは原料立地したものであり，八幡は筑豊の石炭と中国からの鉄鉱石，釜石は地元の鉄山，室蘭は道内の鉄鉱石と石炭への近接により輸送費の削減を指向した。その後昭和初期から第二次世界大戦終了までに，消費地である工業地帯の近接地への立地が進んだ。

　第二次世界大戦後，朝鮮戦争による中国からの原料輸入の停止などにより原料供給地が世界中に拡大し，原料立地の重要性は失われた。1950年代の前半までは大都市地域で高炉建設がなされ，一貫製鉄所ができた。1960年代には，これら高炉メーカーが，生産品種の多角化を図り全国的な流通体制を整備するため，最新鋭の銑鉄鋼一貫製鉄所を太平洋ベルトの臨海部に相次いで建設した。この時期の特徴は，東日本に基盤を置く企業が西日本に，西日本に基盤を置く企業が東日本にというように，東西相互

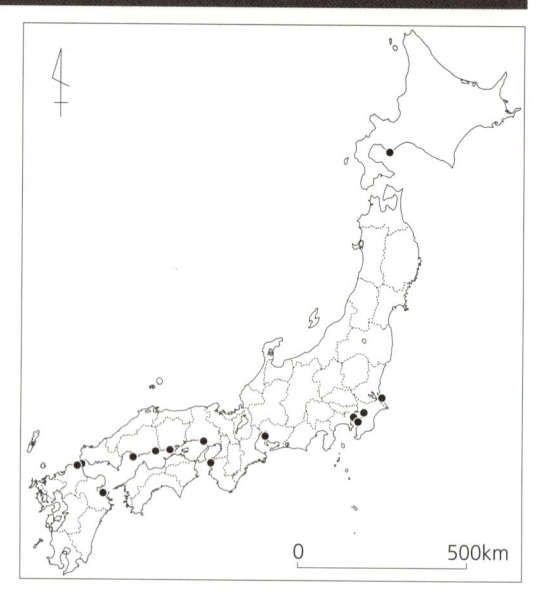

図2　日本における製鉄所の分布（2003年）
炉内容積2,000㎥以上の高炉をもつ工場のみ。
『鉄鋼統計要覧』により作成。

浸透を進めたことである。新日本製鐵の前身の富士製鐵は東日本に基盤をおいていたが、1964年に名古屋、1972年に大分に進出し、富士製鐵と後に合併する八幡製鐵は、1965年に堺、1968年に君津に進出した。NKKは東の京浜と西の福山、川鉄が東の千葉と西の水島、住金が東の鹿島と西の和歌山・小倉というように、東西にそれぞれ拠点を置く体制を構築した。

石油危機以降は国内原料依存型の古くて小規模で市場から離れた位置にある製鉄所が閉鎖・縮小され、相対的に新しく市場に近接した大型製鉄所に投資が進められた（表1）。なかでも円高不況が深刻化した1986年から1987年にかけて高炉6社が相次いで発表した合理化案は、計6.4万人の人員を削減し、高炉8基を休止するというものであった。新日鐵の合理化案では室蘭、釜石、堺、広畑の高炉を休止し、君津、名古屋、大分、八幡の4製鉄所8高炉に集約するとされていた。バブル期の内需拡大により合理化計画は先送りされたが、新鋭製鉄所への集約が進められている。さらに、2002年にはNKKと川崎製鉄が経営統合してJFEグループとなったのに加え、新日本製鐵、神戸製鋼所、住友金属工業の3社が資本提携し、事実上2大グループに再編されたことから、今後さらなる立地再編が進むとみられる。

3 事業再構築と工業都市への影響

重化学工業の事業再構築は、地方の企業城下町において、特に深刻な影響をもたらした。岩手県釜石市では、新日鐵釜石製鉄所が1989年に高炉を休止し、線材圧延部門だけが残された。1960年代には約8千人の従業者を擁したが、高炉休止前にはすでに現場作業員は1,500人にまで減り、休止後は余剰人員の他製鉄所への転勤や派遣も行われ、1995年3月時点では436人になった。その結果、人口は最盛期の約9.2万（1962年）から、1985年には約6.0万、2000年には46,521人にまで減少した。基幹産業の縮小が人口減少に直結したのである（中島、1997）。鉄鋼の室蘭、石油化学の新居浜、大竹など、重化学工業への依存度の高い地域でも、同様の不況が発生した。

基幹産業の不振を克服するために、近年では産業再生に向けた取り組みもみられる。重化学工業の立地場所は大都市に近接した臨海部の広大な敷地で、産業インフラが既に整備されており、将来においても利用価値の高い土地である。この立地条件を活用した取り組みの一つが、エコタウン事業である（松永、2004）。これは、あらゆる廃棄物を他の産業分野の原料として活用し、最終的に廃棄物をゼロにすること（ゼロ・エミッション）を目指し、資源循環型社会の構築を図る事業である。2004年10月現在で全国24地域が承認され、千葉県や川崎市、北九州市など、素材型重化学工業を活用した地域が多く含まれる。北九州市では、環境・リサイクル産業の集積と循環型地域社会の形成を目指した取り組みで注目を集めている。その中で新日鐵は各プロジェクトに参画し、重要な役割を果たしている。こうした産業再生の取り組みにおいて、中核的な企業が地域で果たすべき役割は大きい。

（鹿嶋　洋）

表1　高炉5社の製鉄所別粗鋼生産量の推移

会社名	主要製鉄所名	所在地	操業年	1965	1975	1985	1995	2001
新日本製鐵	室蘭	北海道	1909	2,410	3,074	1,943	1,024	953
	釜石	岩手	1903	807	1,091	601	0	0
	君津	千葉	1968		6,763	6,412	8,274	8,218
	名古屋	愛知	1964		4,918	4,427	5,185	5,006
	堺	大阪	1965	816	3,109	1,521	0	0
	広畑	兵庫	1939	2,770	3,364	1,682	977	943
	八幡	福岡	1901	6,889	6,887	5,161	3,307	3,213
	大分	大分	1972		2,942	6,399	6,950	7,357
	小計			13,692	32,148	28,146	26,165	26,134
NKK	京浜	神奈川	1927	4,265	2,115	5,261	3,453	3,369
	福山	広島	1966		12,327	6,640	7,422	9,508
	小計			4,265	14,442	11,901	10,875	12,877
川崎製鉄	千葉	千葉	1953	4,190	5,714	4,525	3,441	4,222
	水島	岡山	1967		7,253	6,214	6,636	8,056
	小計			4,190	12,967	10,739	10,080	12,284
住友金属工業	鹿島	茨城	1971		4,971	5,833	5,590	6,667
	和歌山	和歌山	1961	2,935	6,092	3,925	3,188	3,033
	小倉	福岡	1939	957	1,681	887	1,085	1,181
	小計			3,892	12,744	10,645	9,948	12,147
神戸製鋼所	加古川	兵庫	1970		4,662	5,031	4,776	5,306
	神戸	兵庫	1959	1,612	2,323	1,116	988	1,020
	尼崎	兵庫	1941	644	391	0	0	0
	小計			2,256	7,376	6,147	5,911	6,473
5社	合計			28,968	80,454	67,733	62,979	69,915

小規模な製鉄所を省略しており、各製鉄所の合計は各社の小計と一致しない。
『鉄鋼年鑑』各年版および松原（2002）により作成。

69 Japan 日本における米軍基地の不均等分布

1 在日米軍

共和党のネオコン（新保守主義 neo conservatism）信奉者をコアメンバーとするブッシュ政権が誕生して以来，米国の対アジア戦略の一環で「日米同盟の強化」が謳われるようになって久しい。キャンプ座間への陸軍第1軍司令部の移転など，ラムズフェルド前国防長官による「トランスフォーメーション」計画でアジアに点在する米軍基地の戦略的整理・移転の方針が打ち出されてはいるが，イラクへの軍事介入もあって，日本におけるその実施については流動的である。

1945年以来米軍は日本に駐留しているが，1951年の日米安全保障条約施行以前は占領軍であった。在日米軍司令部は東京の横田飛行場に置かれているが，陸・海・空・海兵隊の四軍それぞれの司令部は，キャンプ座間（神奈川県座間市・相模原市），横須賀海軍施設（神奈川県横須賀市），横田飛行場（東京都福生市・立川市・昭島市・武蔵村山市・羽村市・瑞穂町），キャンプ・コートニー（沖縄県うるま市）に置かれている。陸海空の三軍の司令部が東京と神奈川に立地しているのに対し，海兵隊のみが沖縄に置かれている。2004年9月現在，陸軍1,790人，海軍4,802人，空軍14,240人，海兵隊19,238人が日本に駐留しているが，沖縄には約15,000人の海兵隊が配備されている。これは在日米軍全体の約4割に当たる数である。

2 沖縄の基地負担の現状

在日米軍基地は27都道府県に分布しているが（図1），その74.7％は，国土面積の0.6％を占めるに過ぎない沖縄県に集中している。日本本土における分布については，図1にあるように，関西圏，中京圏，四国，日本海側にないといった偏りがみられる。在日米軍の戦略上こうした基地配置になっているが，とりわけ沖縄県には100万㎡以上の基地が13ヶ所集中している（図2）。基地が立地することは，基地施設のみならず，兵器，軍人もそこに配備されることを意味する。

米軍基地が存在する大きな問題は，日米地位協定による米軍側の優位性が，あたかも壁のようにそびえていることである。ひとたび米兵による事故や事件が発生したとしても，日本の警察（この場合沖縄県警）が現場を取り仕切ることはできない。つまり眼の前にいる容疑者さえ捕縛できない状況にある。1995年にキャンプ・シュワブ付近で発生した米兵による少女暴行事

● 100万㎡以上の米軍基地

図1 日本における米軍基地
沖縄県には13ヶ所あるが，すべてを図上に落とせないので多くを省略している。

写真1　普天間飛行場の空中写真（1990年代前半ごろ撮影）

件は，沖縄県民の基地反対運動に火をつけ米軍基地の存続をめぐる県民投票にまで発展した。また，2005年に発生した普天間飛行場に隣接する沖縄国際大学キャンパスへのヘリコプター墜落事故は，県警による調査が拒否され，再び地位協定の壁をまざまざと見せつけられることとなった。夏休み期間であったことから，校舎の火災による被害は最小限にとどまったものの，学期内であれば甚大な被害に至ったであろう。

3　辺野古の事情

米兵・米軍による直接的な被害以外にも問題は生じる。沖縄本島北部の東海岸に位置する名護市辺野古の集落（村）（本書70図3）とその海は，1990年代後半から今日に至るまでテレビや新聞で事あるごとに取り上げられ注目を浴びてきた。辺野古集落の東部，辺野古崎に立地するキャンプ・シュワブに，宜野湾市の住宅地に囲まれてその危険性を指摘されていた普天間飛行場の機能移転が決定したからである。1999年に決定されて以降，辺野古崎およびその西南に広がる海は，滑走路用の敷地をどう配置するかをめぐる議論の対象となった。海岸には基地反対派の集会施設があり，ジュゴンが餌を食べに来る生態学的にも貴重な藻場である海，また先祖から受け継いだ生活のための海を守ろうという村の古老たちと彼らを支援するために村の外からやってきた者たちが詰めている。

しかし，そこに村の若者たちの姿を目にすることはほとんどない。北部振興開発費とも関連しながら，巨額の公費が本島北部地区に投下された。キャンプ・シュワブの基地機能強化は，実質的に集落の北側（丘陵側）の地域への移転を前提としていた。集落移転に伴い新しい敷地を整備し住宅も供給しようという，いわばバーター契約ともいえる取引に，古老たちは反対したが，より機能的で「快適」で，「もしかしたら」「安全」かもしれない集落（村）に魅力を感じる若者たちも少なくないと聞く。基地機能移転によって，村の内部に大きな意見の対立が生じることとなったのである。

われわれがメディア報道によって知る辺野古の海は，基地であれジュゴンであれ俯瞰的・鳥瞰的な視線によって語られる。だが実際にその現場に行けば，事がそれほど単純でないことを理解できるし，何よりも，俯瞰的な視線によってしか語られない基地配備の問題設定によって押し潰されてしまう生活空間を想像する力こそが，いま私たちに必要とされている。ポストコロニアルな批評を重々承知しつつもあえて言うならば，遠く離れた地域（この場合は島）の出来事に思いをはせることこそ，地理学の元来の出発点ではなかっただろうか。

図2　沖縄本島における主な米軍基地施設
新崎（2001）による。

（大城直樹）

70 Japan 風水思想がもたらす集落景観とその崩壊

1 風水思想とは何か

　風水思想は日本において1990年代中頃から急速に注目されてきた。古代の宮都の造営や陰陽師の存在など，風水思想に関わる案件は無かったわけではないが，これらは一部の特権階層が占有していた知識に過ぎないと言うこともできよう。しかしながら，確かに特権階級（この場合は支配階級であるが）の占有物であったには違いないものの，民間レベルでもその知識が共有されるにいたり，今日においてもなおこの思想の影響を受け続けている場所がある。それが沖縄である。

　沖縄への風水の伝来はそれほど古くはない。17世紀に周国俊が福建で風水師に学び沖縄に持ち帰ったことが，琉球王府の正史『球陽』に記されている。琉球王府は風水師を官吏として雇い，政策運営にも協力させていた。ある農村が，予定されていた村請の貢納の水準に達しない生産レベルとなった場合，王府が風水師にその実情を視察させ，対処法を指示するために派遣していたほどである。現地に赴いた風水師は，検分と称して村落景観の風水的読解を行い，解釈的に不都合な箇所を指摘し，その対処の仕方を伝えるのである。風水検分の対象は，陽基（集落立地），陽宅（家・屋敷など集落景観構成要素），陰宅（墓・墓地）の三つであり，何よりも集落がどういう場所に立地しているか，つまり陽基が重視される。立地する場所が悪い場合には，集落ごと良い場所へと移転させた。19世紀の風水検分記録である『北木山風水記』や『神山親雲上真喜屋・稲嶺御検分日記』などはその具体的な事例を記録していて興味深い。風水的にあまり好ましくない場合の処方が記されているからである。

2 風水思想と景観

　風水思想は万物は「気」で構成されると考える「気」一元論であり，それを土台にしつつ，地の理（ことわり）を解読するものである。そのために，いくつもの解読コードが設定されている。例えば陰陽からなる太極，木火土金水からなる五行，八卦，九宮，十干，十二支等々。また風水的に好ましい集落景観像というものが存在し，景観構成要素となる地形ユニットや微地形一つ一つが認識されている。たとえば集落の背後の山は主山，左手の山並は青龍，右手は白虎などと名称を付された山局図が存在する（図1）。さきに言及した風水検分の記録を見ても，沖縄の集落もまたこうした理念的な形に合うよう設計されていたものと考えられる。図2はその山局図の沖縄版であり，19世紀の風水師であった与儀兼徳が所持していた『風水書』に掲載されているものである。これをみると，中央に家屋群が描かれているが，集落の前方だ

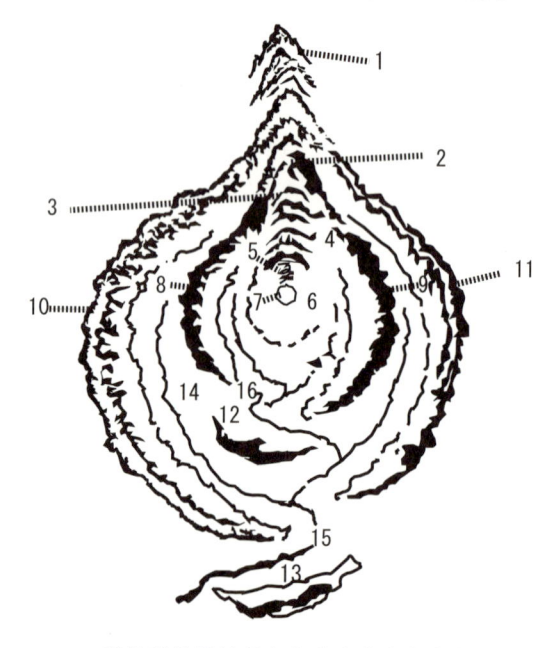

16 15 14 13 12 11 10 9 8 7 6 5 4 3 2 1
内 外 水 朝 案 外 内 内 穴 明 眉 頭 入 主 祖
水 水　　　青 白 青 白　　　　　　　主
口 口　 山 山 龍 虎 龍 虎　 堂 砂 脳 首 山 山

図1　風水的地形ユニットの理念型：山局図
村山（1931）により作成。

図2 沖縄の山局図 与儀兼徳『風水書』により作成。

けが開放され，三方が樹林で囲まれているのがわかる。この集落を取り囲む樹林帯のことを沖縄では抱護林と呼ぶ。

図2では集落の下手に「眠弓玉帯」とあるが，これは集落の前を通る道路が帯のように集落を緩やかな曲線で包んでいる様をいう。瞼が閉じているのを正面から見た感じである。逆に曲線が集落にぶつかるように弧を描く場合は「反弓」という。九曲路とは直線ではなく，ごくわずかに右左に振れる曲線からなる道路のことを指す。直線は好まれないのである。祖山を背後にして集落から前方に見える山を案山という。龍脈沿いに流れる気がいっぺんに流出しないために必要とされる。図2では連続しているようにみえるが，実際には集落から距離を隔てた場所にあり連接することはない。

3 景観の破壊

現在，集落を取り囲む抱護林はみられない。これは第二次世界大戦中に旧日本軍の陣地構築資材用に伐採が行われたからであると言われている。各集落にそれぞれあった抱護林がほぼすべて供木の憂き目にあったのである。戦後にあらためて植樹されることはなかった。近世期に王府の指導により植栽された樹齢数百年の樹林群が一瞬のうちに消失してしまったのである。

図3は，沖縄本島北部の辺野古集落に伝わる風水伝承を図化したものである。集落を取り巻く丘陵は，龍の首ないしは口として伝えられてきた。龍の両あごが閉じてトゥン（集落の枢要な祭祀場）が食われてしまわないように，小さな岩が玉として考えられている。普天間基地の移転に揺れる集落にも，長年伝えられてきた風水の景観が存在している。

もし，ここに滑走路が建設されれば，大幅な景観変化が引き起こされる。長年にわたって伝えられてきた風水的景観の全体的な意味は，一つの構成要素がなくなるだけでも損なわれてしまう。景観の破壊は，物理的な破壊のみならず，景観に込められた風水的な体系の破壊でもあることを，我々は肝に銘じなければならない。一度破壊されてしまったものを回復することはもはやできないからである。

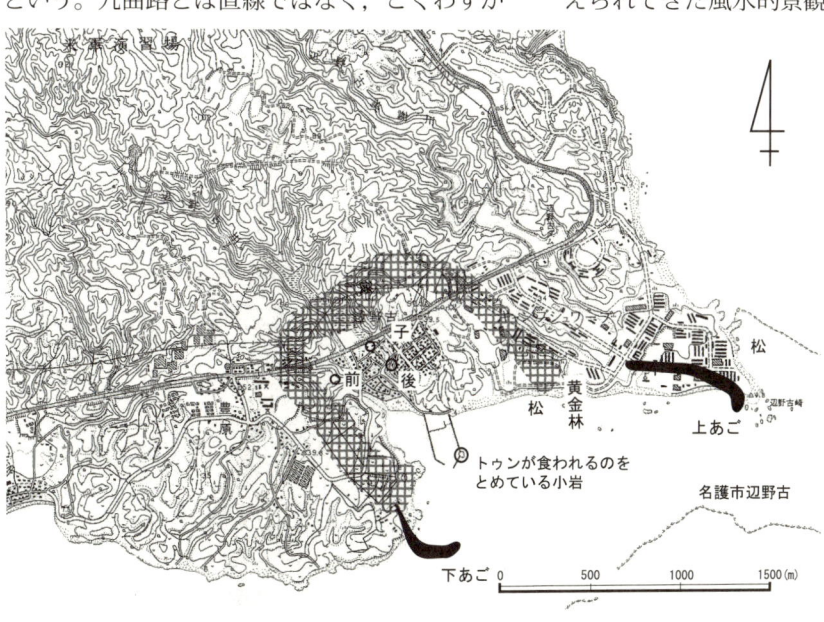

図3 辺野古の村落風水（原図は中村誠司氏作成）

（大城直樹）

71 Japan 海を渡る獣害
——高知県宿毛市沖の島の事例

1 獣害

人間の生活空間の近くに野生動物が現れると，問題の起こることが多い。2004年に本州では，ツキノワグマが民家の近くに現れ，大きな問題になったことは記憶に新しい。これは台風や豪雨，猛暑などの影響による木の実の凶作が主な原因であった。また，シカによる苗木の食害も深刻であり，奥多摩町では山肌がむき出しになった（朝日新聞社出版本部事典編集部，2005）。

本章でとりあげるイノシシの被害も広域に及んでいる（図1）。イノシシは積雪に弱く，積雪が30cm以上，70日間続く地域では行動が妨げられるため，そのような地域では生息しない。図1において，石川県から宮城県以北では，イノシシの捕獲数が激減するのは，積雪が影響して，生息数が限られるためである。イノシシの主な活動場所は，広葉樹林や竹林，耕作放棄地などである。農業従事者の高齢化が進み，耕作放棄地が多くみられる中国，九州，四国南部において，イノシシの捕獲数は多い。

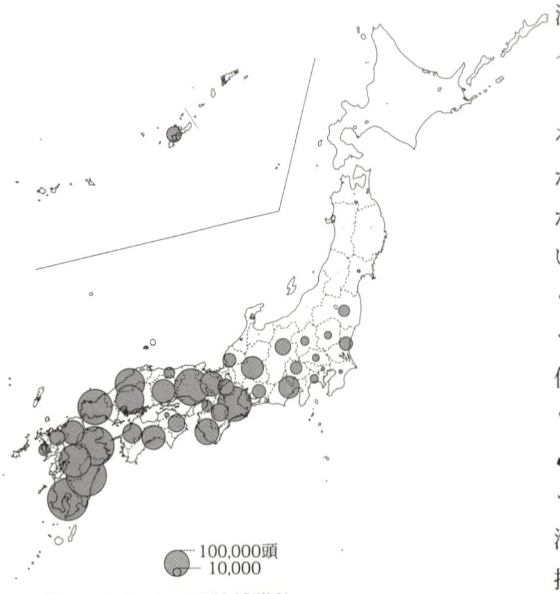

2 沖の島の鹿垣

本章で事例としてとりあげる高知県宿毛市沖の島には防風のための石垣がある（漆原ほか，2005）が，『宿毛市史』（宿毛市史編纂委員会，1977）によると，沖の島には鹿垣も存在する。現在沖の島にシカはいないが，藩政時代にはシカが多く，シカの害を防ぐために，1,230間（2,236m）余りの鹿垣が1,215人により建設された。

日本文学を専門とする勝又 浩氏は現地調査において，「鹿はシシともいうので，イノシシのシシと間違えて，それを鹿垣と記したのではないか」と推測した。鹿垣について聞き取りをしたが，昔はシカがいたとのことであった。イノシシは，かつて殲滅されたが，近年また出没して被害が出ており，猪除けもあるとのことであった。

第二次世界大戦後，沖の島では山頂近くまで開拓が進められ，それにともないイノシシも撲滅されたのであった。それなのに，なぜ今またイノシシの被害があるのだろうか。

聞き取り調査を続けていくと，イノシシは海を渡って来るらしいことがわかった。イノシシが泳いでいるとの連絡を受けて，船で捕獲に出かけた人の経験談を聞くことができた。泳いでいるイノシシを突こうとすると，それをかいくぐって潜り，10mほど先に浮かび上がるという。イノシシは，島まで泳ぎ着く十分な体力を備えているのである。

3 海を渡るイノシシ

シカやイノシシは，本当に泳げるのだろうか。長崎県対馬市浅茅湾内の海域では，対馬海上保安部の巡視艇が，海を泳ぐツシマジカを撮影しており，海を泳ぎ切り島に上陸したという（『長崎新聞』2005年11月19日付）。奄美大島では，イノシシの泳いでいる様子が海

図1 イノシシの通算捕獲数（1960～2000年度）
環境庁『鳥獣関係統計』などにより作成。
捕獲数は駆除数と狩猟数を示している。

上保安署の巡視船によって撮影され，イノシシを救助しようとしたが拒否され，そのまま対岸の島までの遠泳を無事見届けたとのことである（高橋，2001）。広島県倉橋町鹿島の東約500mの海上では，呉海上保安部の灯台見回り船の乗組員が海を泳ぐイノシシ2頭を撮影し，追跡すると島に上陸して山に逃げたという（『中国新聞』2002年11月15日付）。このように海を泳ぐイノシシは，島に泳ぎ着き，イノシシのいなかった島に被害をもたらしたのである。

イノシシは，沖の島付近でどれくらい捕獲されているのだろうか。高知県の猟期は，11月15日から2月末までである。猟期以外にイノシシの被害が出た場合には，捕獲を宿毛市や大月町に申請すると，捕獲が可能になる。捕獲したイノシシについては，全体の写真と尾を提出すると，1頭当たり宿毛市では3,000円，大月町では5,000円の報奨金が出される。宿毛市と大月町においては，猟期以外で捕獲された頭数についての統計があり，それを図2に示した。

宿毛市沖の島では，捕獲頭数が30頭前後で推移している。沖の島より沖合の鵜来島においてもイノシシが捕獲されているが，2006年度の猟期に狩猟グループが入り，駆除の成果を上げたという。そのため，2006年度の猟期以外の捕獲はない。

注目したいのは，四国本島の大月町における捕獲頭数の推移である。沖の島に近い柏島や一切では，2002年度までは捕獲されたが，それ以降はない。少し離れた平山，頭集や鉾土では，捕獲数は減少しており，2004年度以降の捕獲は少なくなっている。

これらのことから，大月町側でイノシシが捕獲されていたが，その後はイノシシが図2中の矢印のような方向に，島伝いに海を渡り，沖の島へ移動したと考えられるのである。

ではなぜ，イノシシが海を渡るのであろうか。近年，強い狩猟犬が導入されることによって，イノシシへの狩猟圧が高まっている。狩猟では，イノシシを追い込むために岬が利用されることが多く，逃げ場を失ったイノシシは，海に飛び込むことになる（高橋，2001）。

山頂付近まで開墾されていた沖の島では，かつての畑の大半は休耕地となっている。休耕地は，臆病なイノシシが身を隠すには好都合であり，集落の近くの畑まで近寄ることができる。生息地を確保し，子だくさんのイノシシが繁殖し，被害が多くなってきたのである。

人口が減少し，高齢化の進む沖の島では，かつてのようにイノシシを撲滅させることは容易ではない。休耕地の草を食べる牛などを放牧できれば，臆病なイノシシが集落の畑に近づくことは少なくなるであろう。

心配されるのは，イノシシだけではない。大月町の頭集ではシカが捕獲されており，2004年度が10頭，2005年度が27頭，2006年度が28頭と増えている。追われたシカが海を渡ることになり，沖の島の鹿垣が再び利用される，そんな日が来ないことを願いたい。

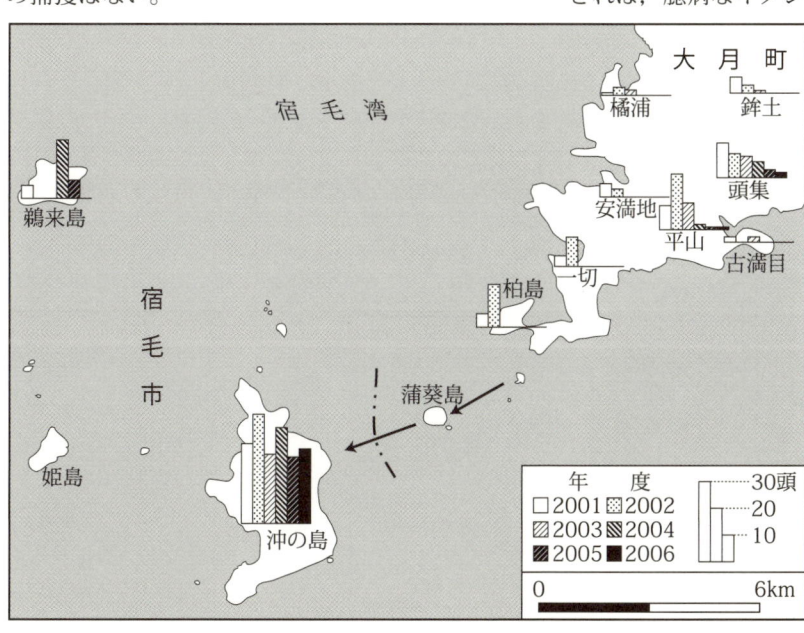

図2 沖の島付近における猟期以外のイノシシの捕獲頭数 (2001～2006年度)
宿毛市と大月町の資料により作成。

（藤塚吉浩）

72 高知市における浸水地域の変化

1 都市型水害

都市型水害の原因には，破堤，内水，土石流，地すべり，急傾斜地崩壊などがある。近年最も被害の大きくなっているのが，内水である。内水とは，本川の水位が上昇し，支流からの排水が不能となり，支流域に浸水が発生するものや，本川の水位が上昇して支流に逆流し，支流域が浸水するものである（山崎，1994）

高度経済成長後，都市とその近郊の中小河川の，溢水や内水による水害が頻発するようになった。背景には，水田，畑地，林地の潰廃と住宅・工業用地への土地利用の変化がある。農地として条件の悪い，低湿地の水田において，市街地の開発が進められた。そのため，遊水池的役割を果たすところがなくなり，浸水域が拡大し，浸水経験のない地域においても浸水被害が起こるようになった。そして，下水道の普及に伴い，河川への出水量が増大し，出水時間が短縮され，洪水が狭い河川に集中して起こるようになった（山崎，1994）。

2 高知市の水害

高知城下町は，鏡川（当時は潮江）と江ノ口川を外堀としたものである。山内氏は1603年に，江ノ口と潮江の両川の間に位置する河中山に城を築き，城下町を建設したが，度重なる水害に悩まされ，河中山の文字を忌み，1610年に高智山と改めた。これが，現在の高知という地名になったのである。このように，高知は大きな水害を経験してきたことがわかる。

第二次世界大戦後，高知市においては，1970年の台風10号による水害では床上浸水23,925棟，床下浸水10,940棟，1975年の台風5号による水害では床上浸水5,407棟，床下浸水9,000棟の被害があった。翌年の1976年の台風17号による水害では，床上浸水が11,720棟，床下浸水が20,433棟に及び，当時の市街地全域に大きな被害があった。当時の市長が，「避難命令，勧告の有無にかかわらず危険を予測される場合は，できるだけ安全な場所に避難してください」と非常事態宣言を出したほど，被害は深刻であった。1976年の水害では，中心市街地と鏡川南岸において広範に浸水した（図1）。鏡川南岸の地域において被害が大きかったのは，城下町（中心市街地）側に被害が少なくなるように，霞堤が設けられるなど，当地が遊水池的な役割を果たしていたためである。

この大水害の後，鏡川では，堤防がコンクリート等により補強整備され，支流の神田川では河道改修が行われた。これにより，70年に1回起こる雨量に対応できるように洪水対策が行われた。中心市街地においては，

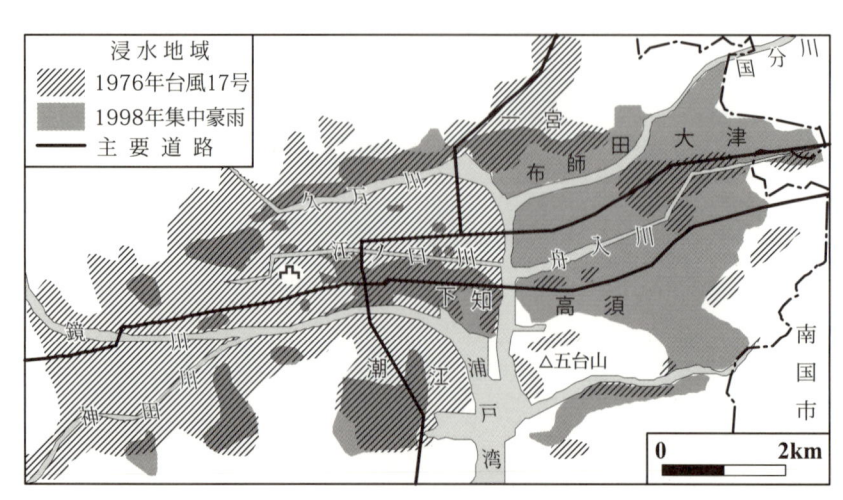

図1 高知市における水害による浸水地域

高知市総務部総務課（2000）により作成。

大規模な雨水道を整備することにより，水害を防ぐ都市整備が行われたのであった。こうした対策が施され，大水害の危険は市民の意識から薄れてしまっていた。

3 新たな水害とその対策

1998年9月24日から25日にかけての高知市付近における集中豪雨は，床上浸水12,684戸，床下浸水7,065戸の被害をもたらした（高知市総務部総務課，2000）。図1をみると，1976年の台風による水害と比べて，浸水地域が大きく変わっていることがわかる。

1998年の集中豪雨は，水流が国分川の堤防を超え，大津，布師田，高須などの東部地域への浸水被害をもたらした。なぜ，このように東部地域で浸水範囲が広かったのであろうか。

紀貫之の『土佐日記』には，「大津よりこぎ出で，浦戸に着く」とある。大津が湊であったことがわかる。また，図2にあるように，葛島，田辺島など，東部市街地には島の付く地名が多い。すなわち，このあたりは，昔は海であり，現在も低地なのである。

東部地域は，図2のようにもとは農業地域であったが，1998年には，図3のように南国バイパス，大津バイパスの開通もあり市街地が拡大した。また，下知や高須では水域の干拓がすすめられ，海抜0メートル以下の土地も利用されるようになった。排水用ポンプは排水能力の劣る農業用であったため，浸水被害が拡大するとともに，土地の低さのために，排水を困難にした。すなわち，遊水池的な役割を果たしていた農地の減少が，被害を拡大させた要因のひとつである。

久万川流域や神田川より南の地域などでは，内水氾濫による浸水被害が広範にみられた。新たに丘陵地に造成された住宅地では，雨水は地下に浸透することなく地表流となり，短時間で下流の地域に達し，河川の傾斜が緩やかになった地域に浸水被害を及ぼしたのである。

高知市では1998年の水害後，国分川堤防の改修をはじめ，この水害を教訓にした水害対策を行うとともに，里山保全条例を制定するなど，周辺市街地における無秩序な市街地開発の制御を進めている。2003年に策定された『高知市都市計画マスタープラン』では，周辺市街地の無秩序な開発を防ぐために，コンパクトなまちづくりを中心的な施策としている。

さらに，高知市では，5年に1度の確率で起こる時間雨量77mmに対応できるように，公共下水路や都市下水路の整備を行った。

しかしながら，排水能力を高めるだけでは，根本的な解決には至らない。高潮時には，水位が上昇し，低い土地では浸水する。緑地を保全し，水田や畑地の改廃を防ぎ，地域の保水能力を高め，低い土地の宅地化を制御することなどの総合的な対策を講じることが，浸水の危険を減らすのである。

図2　高知市東部市街地（1955年）

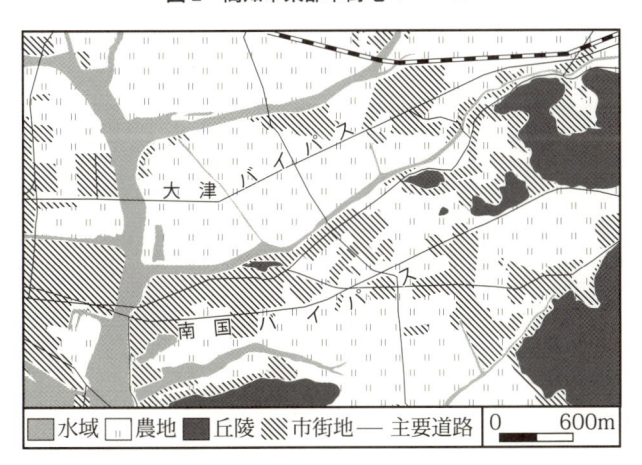

図3　高知市東部市街地（1998年）

（藤塚吉浩）

73 中国地方の過疎・高齢化と限界集落問題

1　中国地方の過疎化

　中国地方は西日本の中央部に位置し，中国山地を分水嶺として，日本海側に面する山陰と瀬戸内海に面する山陽に二分されている。明治維新以降，山陽側は鉄道や道路の整備が早く，工業が集積し，都市が発達した。これに対し，山陰側は平野も少なく，東西交通の発達も遅れたことから，経済集積は極めて低位であった。

　1960年代からはじまった高度経済成長期においては三大都市圏を中心とした労働力不足がプル要因となり，中国地方から短期間に著しい人口流出がみられた。その根底には，中国地方山間部における生活条件・生産条件の不利性がプッシュ要因となっている。このような急激な人口流出により社会生活が困難となる現象は「過疎」と称され，深刻な地域問題となった。

　中国地方における過疎の特徴として，いわゆる挙家離村があげられる。挙家離村とは世帯を単位として住民が転出する状態を示すが，これにより急激な人口減少とともに世帯数も減少し，地域社会を一層脆弱なものにさせた。また，Uターンなど還流移動の可能性も少ないことから，人口の縮小再生産の構造が生じた。その結果，集落が消滅する「廃村」がみられた一方，集落機能の維持が極度に困難な場合には集落単位で条件の良い地区へ移動する「集落移転」も行政主導で行われた。

　しかし，1980年代に入ると人口減少はやや沈静化した。とはいえ，1995年から2005年までの中国地方郡部における人口減少率は6.3％と依然として高い値を示している。

　図1は1995年から2005年までの中国地方における市町村別人口増減率を示したものである。中国山地沿いの県境地帯を中心に10年間で15％以上もの人口が減少している地域が連続している。また，岡山・広島県境，島根・山口県境など中国脊梁山地からはずれる地域や，瀬戸内島嶼地域においても高い減少率を示す市町村がある。

　一方，岡山・倉敷都市圏および広島大都市圏において著しい人口増加がみられる。その他，鳥取，米子，松江，出雲，福山，山口などの各都市圏で人口増加の傾向がみられる。しかしながら，他の中小都市圏も含めた多くの市町村においては軒並み人口減少傾向にある。

　このように，中国地方における過疎化は中国山地沿いの条件不利地域が中心であったものの，今日では中小都市も含む中国地方各地で進展している問題であるといえる。

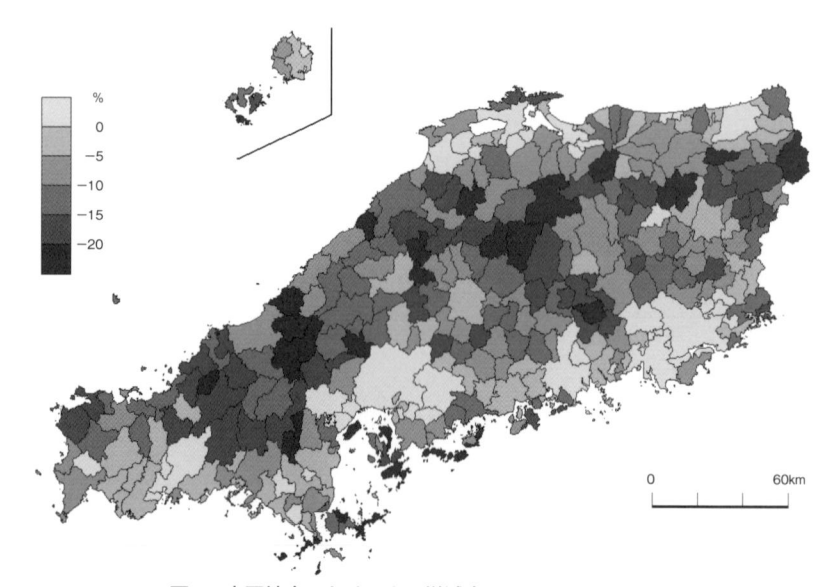

図1　中国地方における人口増減率（1995～2005年）
市町村は1995年時点のものとし，筆者が組み替え集計を行った。　　　　　国勢調査により作成。

2 中国地方の高齢化問題

　中国地方の過疎地域においては，流出すべき人口すら底をついた状態がみられる。今後は，残存人口の高齢化により地域社会の維持は一層困難な時代を迎えようとしている。例えば，中国地方過疎地域において高齢者のみによって構成される世帯は29.8％（2000年）にまで達している。今後もさらなる高齢化が地域力の低下を招くことは確実であるといえよう。

　前述したように，中国地方における過疎・高齢化は全域に及んでいるといってよく，全国で最も進展している（図2）。たとえば，県別の高齢化率は島根県が全国1位（2004年度26.8％），山口県は同5位（24.3％），鳥取県は同10位（23.6％）である。また，高齢化にともない要介護（要支援）割合も全国に比べて極めて高い。その割合は山陽諸県において高く，全国平均が82.8％であるのに対し，広島県は93.4％，岡山県は92.1％に達している。

　しかし，現在の過疎地域を支えているのは，70歳代を構成する昭和一桁生まれ世代である。彼らの存在により地域人口が維持されているのみならず，農業経営や地域運営など様々な面において彼らが主体的に活動している。いわゆる，過疎地域における「団塊の世代」を形成しているといってよい。今後はこうした世代が第一線を退き，やがては自然減少による著しい人口減少がみられるであろう。

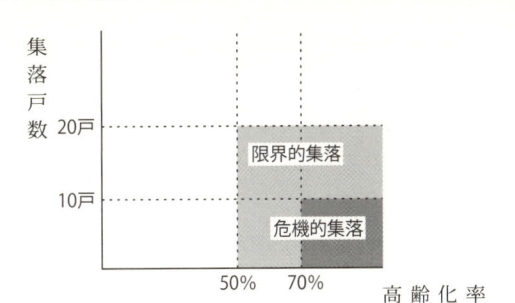

図3　限界的集落・危機的集落の概念
大野（2005）などにより作成。

3 中国地方の限界集落問題

　このように，中国地方における過疎・高齢化の進展と，それに起因とした地域問題は深刻であり，解決の目処が立っていない状況である。そのため，山間集落を中心に集落機能が喪失し，集落の存続すら危ぶまれる限界集落の存在がクローズアップされている。限界集落とは大野（2005）によって定義され，集落の危機的状況を示す一つの指標として考えられている。大野によれば集落の戸数が20戸未満で，集落人口の高齢化率が50％以上の集落を限界（的）集落と定義している。だが，中国地方にはさらに限界化が進んだ集落も多数存在している。島根県中山間地域研究センターでは集落戸数10戸未満，高齢者比率70％以上の集落を危機的集落と定義しており（図3），これらは，中国山地沿いや吉備高原を中心に多数分布している。

　近い将来，一定数の危機的集落や限界的集落の消滅は免れないであろう。一方で，集落によってはUターンやIターンの流入により，集落が再生した例もみられる。今後は集落の置かれた地理的条件のみならず，多様な要素が集落の存廃を左右してくるであろう。

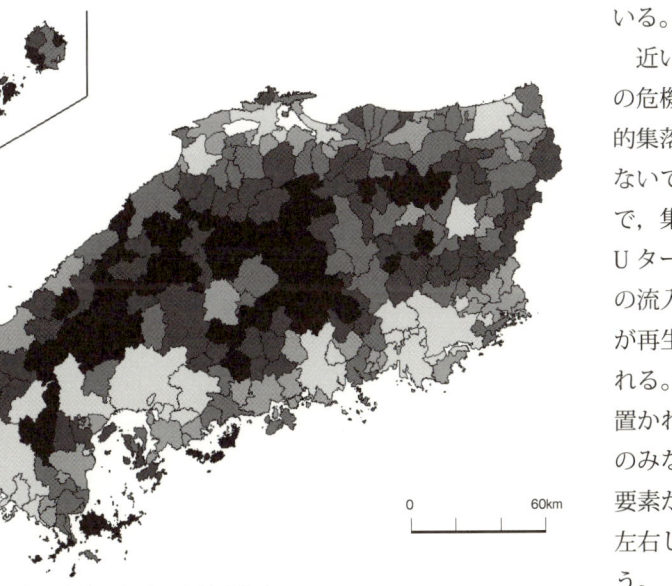

図2　中国地方における高齢者比率（2000年）
国勢調査により作成。

（作野広和）

74 百瀬川扇状地の治水と地下水

1 地下水の利用と集落立地

　滋賀県高島市の百瀬川扇状地付近（図1）では，度重なる氾濫との闘いと同時に豊富な地下水を利用した生活が営まれてきた。

　百瀬川扇状地では扇端の湧水帯を結んで集落が立地している。井戸を掘ることや湧水により生活用水を得やすかったためであろう。扇端の最も南の集落名も「深清水」であり，水との結びつきを物語っている。

　また，天井川下の百瀬川隧道（図1の●地点，写真1）の存在や，桑畑から転作された扇央部の果樹園など，中・高等学校での読図教材としてもよく利用されている。

　現在の河道は，扇状地の北部に偏っており，標高140m以下で天井川が形成されている。土地条件図「竹生島」からは旧河道が推定される。荒れ川であった百瀬川の氾濫を克服するための取り組みは古くから行われ，その歴史は高島市立マキノ中学校の校歌3番にも「いく度か堤あふれし／百瀬川治めし人の／たゆまざるい

写真1　百瀬川隧道
隧道の上を百瀬川が流れる。改修工事の完成後は隧道が撤去され，交通のネック部が解消できる。

さおし学び／現世の苦難に克ちて／いそしまん われらが使命／ああわれらマキノ中学生」とうたわれている。特に，流路の固定や築堤を含め，人為的な関わりの強いことが伺われる。

　明治以降の破堤は，右岸で回数が増加したようだが，近世には百瀬川の北側にも破堤・氾濫が多く，沢～森西集落にも度々被害が及んだようである。

図1　百瀬川扇状地付近の鳥瞰図
数値地図25000分の1「岐阜」及び数値地図50mメッシュ（標高）のデータより作成。

2　1970年代以降の河川改修

　度重なる河川氾濫による被害を防ぐため，天井川を切り下げて河川断面を広げるための改修工事（百瀬川補助広域基幹河川改修工事）が1975年から始まっている。この工事では，北側から百瀬川に迫り並行して流れる生来川を併せて改修が行われている。

　これまでの工事で，国道161号線バイパスより下流部では旧生来川の流路を新百瀬川として改修して安全が確保されたが，現在さらに上流部での安全を確保するため，百瀬川隧道よりも上流地点に新百瀬川への落差工（写真2，図1の◆地点）2基と，下流への土砂流出を防ぐ沈砂池を設ける工事が行われている。これによって交通上のネックであった百瀬川隧道も将来的には不要となる。

写真2　新百瀬川への落差工
2基のうちすでに完成した1基。

写真3　洗い場として利用されるショウズ
写真奥に見えるのは地蔵菩薩。

3　地下水面の低下と水による結びつき

　1970年代には，大規模な河川改修とともに圃場整備も行われた。扇端の集落から琵琶湖岸にかけて広がる水田では，集落付近で自然に湧き出した伏流水を農業用水として利用していたが，圃場整備の影響で地下水面が下がり，湧水が涸れてしまったり，極端に減少したりしたところもある。地下水面の低下は，圃場整備の際に水田下に埋設された排水パイプによると考えられる。現在では，琵琶湖から汲み上げた水を農業用水として利用している。また，家庭にも琵琶湖の水を利用した水道が引かれている。

　扇端部で自然に湧き出す水は「ショウズ」（清水や志水と表記）と呼ばれ，地蔵菩薩がまつられているところもある。ショウズが流れるところは「カワ」と呼ばれる。ショウズやカワの中には，その周りをコンクリートや石で囲い，道路より一段低くして野菜や洗濯物の洗い場として利用しているところもある（写真3）。現在ではその利用は年配の人に限られる。

　また，扇状地北側の沢集落では，多数の自噴井がみられたが，現在では自噴する期間が短くなっている（写真4）。聞き取りによると，圃場整備と上流河川の三面張り改修後に期間が短縮したという。

写真4　沢集落の自噴井
雪のシーズンから夏過ぎまで自噴していたが，現在では夏前に自噴が止まる。

　百瀬川扇状地の集落には，カワを中心とした葬式等の互助組織がある。しかし，人々を結びつけていたカワ自体の利用が少なくなった今，これらの結びつきも弱まっている。様々な形で水を利用し，水の共同利用によって形成されてきた地域の結びつき維持のための有効なてだては難しいようである。

（吉水裕也）

75 Japan 砺波平野の屋敷林の変化
──2004年23号台風被害による消失

1 砺波平野の散村景観

富山県の砺波平野の散村では、農家の家屋が屋敷林で囲まれている（写真1）。屋敷林はスギが主体であり、他にケヤキやカシなどで構成されている。屋敷林の起源には諸説あるが、季節風やフェーンに対する防風林や防火林、夏の日差しを防ぐためともいわれている。この地域では、家屋の南側から西側にかけて樹林が厚く配置される傾向にあった。

人々が大切に守り育ててきた屋敷林も第二次世界大戦時には、軍需用に供木され、次々に姿を消していった（砺波散村地域研究所、2001）。しかし、供木後、早く成長するスギ（通称ボカスギ）が植林され現在の景観となった（新藤、2005）。

現在では、富山県、砺波市、南砺市が田園空間整備事業を実施し、「散居景観を活かした地域づくり協定」が結ばれ、散村の景観保全活動に住民と富山県や砺波市が協働して取り組んでいる。

2004年10月に日本へ上陸した台風23号により、この屋敷林に大きな倒木被害が発生した。

2 2004年23号台風の概要

2004年の台風23号は10月20日の13時過ぎに高知県土佐清水市付近に上陸し、

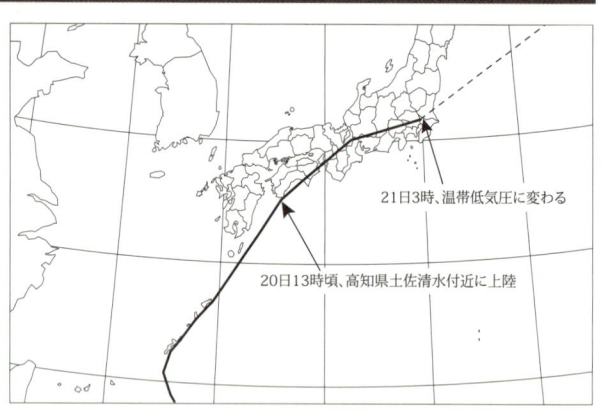

図1　2004年台風23号の経路
気象庁の資料により作成。

15時過ぎには室戸市付近に再上陸、そして18時過ぎに大阪南部を通り、21日午前3時頃に温帯低気圧に変わった（図1）。

この台風の接近に伴い、砺波市では夕方から風速が12m/sを超え、午後9時には最大風速19m/sを記録し、翌日の午前1時ぐらいまで強風が続いた（図2）。最大瞬間風速はおよそ40m/sであったと予想される（由比、2005）。

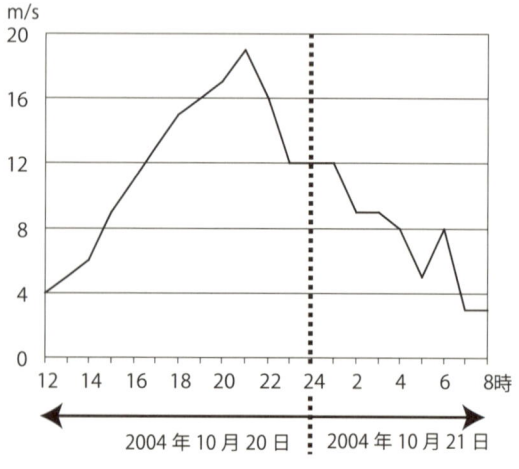

図2　台風接近時の砺波の風速経過
気象庁の資料により作成。

写真1　屋敷林に囲まれた家屋（2006年5月撮影）

3 23号台風による屋敷林被害

台風23号による砺波市の倒木被害は2,206戸、14,236本であり、95%がスギの倒

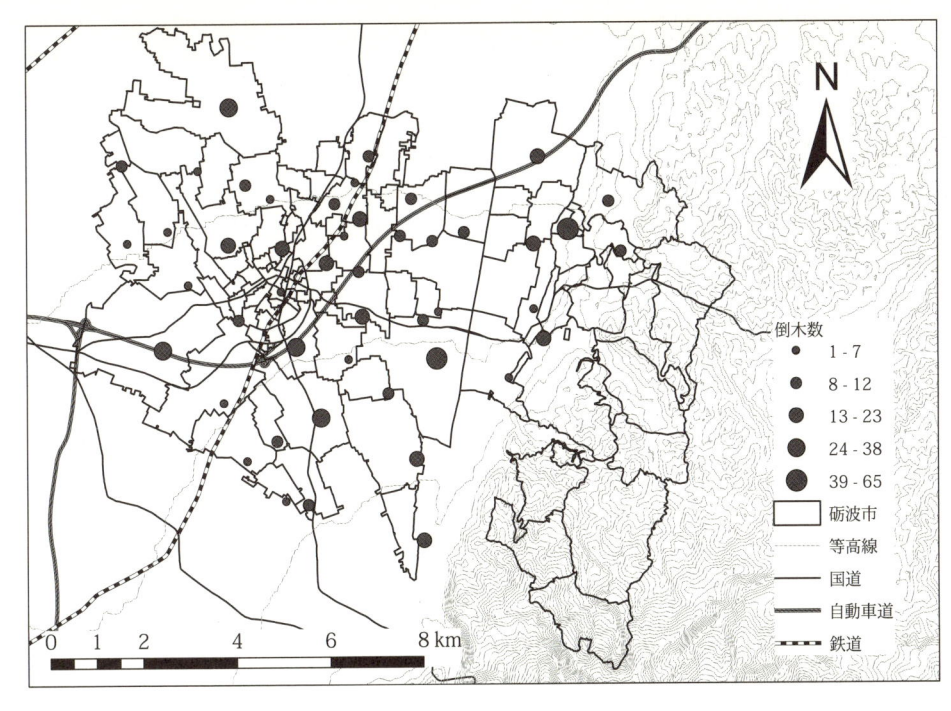

図3　砺波市の神社の倒木被害

堀越（2005）により作成。

木被害だった（村上，2005）。屋敷林はスギが主体であるものの，かつては高木層だけではなく中・低木層の樹木も構成要素の一つであり，強風に耐えることができた。しかし，近年，屋敷林としてスギのみが残されたため，今回の強風に耐えられなかったのではないかと考えられている（新藤，2005）。また，倒木したスギのほとんどは，戦時の供木後に植えられた樹齢60年程度のボカスギであった。

砺波平野に広がる散村の屋敷林被害の詳細について，空間的な広がりがわかるように整理した調査は存在しない。堀越（2005）は神社の倒木調査を行い，砺波平野の倒木被害の空間分布を示した（図3）。その結果，山地や山地の陰になる地域の神社には倒木被害がほとんど見られなかった。また，市街地の樹木のほとんどない神社も被害が少なかった。それに対して，被害が大きかったのは，地域的な傾向よりも，高木の間伐などの手入れの有無が要因となったことを明らかにした。ただ，写真1にみるように，この地域のスギは，本書76図1の指標でいえば，4相当であり，衰退が進んでいることも倒木の要因の一つと考えられる。

4　屋敷林保全の課題

2004年10月の台風23号により，砺波平野の散村景観の特徴である屋敷林は大きな被害を受けた。台風による風水害は自然災害であるものの，屋敷林の倒木の要因をみると，屋敷林の手入れ不足という人災の側面もあることがわかった。

例えば，アルミサッシの普及により，屋敷林の防風林としての機能があまり必要とされなくなり，中低木が取り払われたこと，衰退の進んだスギのみの屋敷林となっていたこと，薪炭を燃料として使わなくなり，屋敷林に枝打ちなどの手入れをしなくなったこと，居住者が高齢化し手入れがままならないことなどがその要因である。これらが複合し，強風に耐えられない屋敷林を生み出した。その結果，台風による倒木被害が拡大してしまった。

現在の生活の中で屋敷林を保全するのは容易ではないことが今回の被害からわかる。しかしながら，砺波の散村の屋敷林は日本の農村を代表する景観の一つであることから，住民と行政の協働による保全活動がこれまで以上に活発に行われていくことを期待したい。

（大西宏治）

76 Japan 関東平野における スギの衰退と大気汚染

1　大気汚染と樹木の衰退

　大気汚染が著しくなったのは，18世紀半ば，イギリスの産業革命が本格的に化石燃料を用いたころからであるとされている。19世紀中頃には，アルカリ性物質が環境を悪化させていると考えられており，当時，アルカリ監視官がおかれていた。しかし，カーテンの退色がおこり，石壁の風化が進み，鉄の窓飾りが酸化することから，酸性物質がこの現象を起こしているのではないかと考えられるようになった。酸性物質への関心が高まり，1872年にR. A. スミスによって酸性雨という用語が初めて使われた（Möller, 1999）。特に北欧や北米では1940年代ごろから，植物学者や土壌学者たちが，酸性雨が樹木や土壌に影響していることを報告しはじめた。

　これをきっかけに，1950年代末には，国境を越えた本格的な酸性雨の調査が国際協力のもとにはじまった。とりわけ，1960年代には旧西ドイツのシュバルツヴァルトの針葉樹が著しい衰退を示し，枯死している様子が世界の注目を浴びた。しかし同じ頃，同様の樹木の衰退は当時の西ドイツばかりでなく，北欧，東欧諸国や，北米大陸でも発生しており，深刻な事態になっていた。

2　日本の樹木の衰退

　日本の大気汚染や酸性雨の調査は，ヨーロッパや北米より遅く，分析や調査が本格化するのは，1970年代以降である。戦後の1950～1970年代の高度経済成長期には，大気汚染は経済成長の証という風潮もあった。しかし，小林（1967）は大気汚染が都市の樹木に被害を及ぼすことにふれ，山家（1978）は，1970年代初めにはケヤキやスギやアカマツやシラカシも大気汚染によって衰退していると報告した。一方，樹木の衰退は都市化による地下水位の低下が原因であるとの論文も出された（川名・相場，1971）。

3　関東地方のスギの衰退

　山家（1978）は都市化に伴う環境悪化の程度を表す指標としてスギを用いて，樹木の外観から衰退の程度を5段階に区分した（図1）。その区分にもとづき1972年から1974年の関東地方において衰退度の調査をし，分布

図1　スギ衰退度のスケール

図にした（図2）。この研究により，関東地方におけるスギの衰退度の面的な広がりが初めて明らかになり，都心から郊外に行くにしたがって衰退が弱まることが示された。この頃，都心の衰退度は5と高いが，都心から40～60kmではスギの木は健全であることが確認されている。

2000～2002年のスギ衰退の実態を，山家（1978）の方法によって漆原ほか（2004）が調査した。衰退度1～5に加えて，さらに倒木のおそれありとして切った樹木を衰退度6とした（図1）。この分布を図3に示した。図2と比較すると，調査範囲内では健全なスギはない。そして，大都市圏中心部からさいたま市方面に衰退度6（枯死または伐採）のスギが分布している。東京とその周辺で，もはやひどいスモッグに悩まされることがなくなった近年でもなお，スギの衰退は進行し続け，広域に拡大していた。

また，霞ヶ浦周辺には衰退度が6の地域が出現した。霞ヶ浦は，1972～74年の分布図では衰退度が1であった地域である。したがって，その後急速に衰退が進行したことがわかる。この原因を知るために1997年の，夏の毎時のSO_2濃度の分布パターンを調べた。その結果，図4に見るように，夏季の15時～17時に，関東平野の千葉県北部，茨城県南部で夏季SO_2濃度が高い大気が停滞するが，この地域は，スギの衰退度の高い地域とほぼ一致している。このように，今なおスギの衰退度を高める環境が改善されていないことがわかった。

4 樹木の悲鳴に耳をかたむけよう

関東平野においては，今日では富士山が都心から望める日が多くなり，1960～1970年代の濃いスモッグはもはや見られず，大気汚染は過去の現象と考えられている。大気汚染も酸性雨も最悪の状況から今は改善された。このように日本は，環境問題改善における先進国とみなされている。しかし，都心からスギが消え，衰退度が増している。都心のケヤキの木も衰退していることが報告されており，どの樹木も悲鳴をあげている。空気は澄んでいてもSO_2が高いという実態を，今後もっと改善していく必

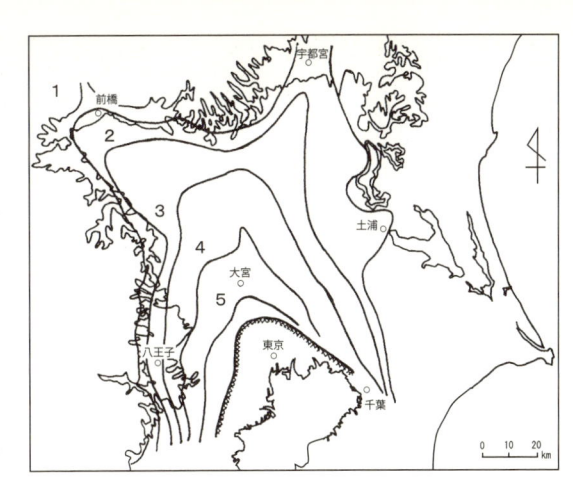

図2 1972年～74年のスギ衰退度の分布
山家（1978）による。

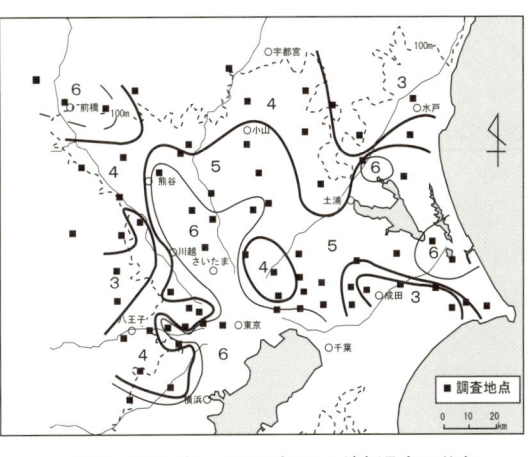

図3 2000年～2002年のスギ衰退度の分布
漆原ほか（2004）による。

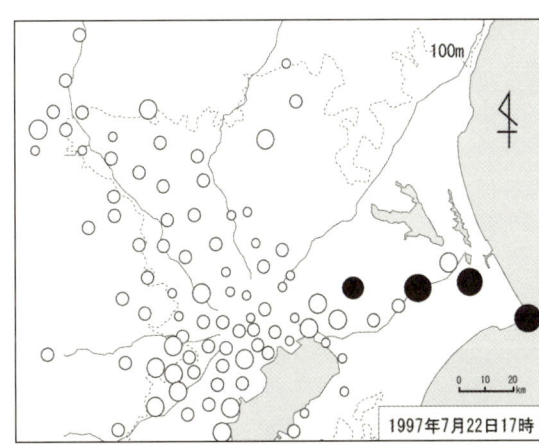

図4 1997年7月22日17時のSO_2濃度
漆原ほか（2004）による。

要があり，より一層SOxやNOxの濃度を低下させる努力が必要である。

（漆原和子）

77 Japan 南房総における耕作放棄地の拡大と棚田の保全

1 耕作放棄地の拡大と分布

今日の日本では，中山間地域を中心に農業人口の流出や高齢化，農業収益の減少などの影響で農地の荒廃が進み，食料生産のみならず，国土保全の観点からも，農地の荒廃は大きな社会問題となりつつある。耕作放棄地率[1]の推移をみると，1980年には1.9％に過ぎなかったが，1980年代後半より増加し始め，1990年には3.3％，2000年には5.1％となっており，同年では経営耕地面積388万haに対して，耕作放棄地は21万haに及んでいる。地方別にみると，四国の比率が9.0％と最も高く，次いで中国が8.5％，関東が7.5％と高い。そして関東を県別にみると，群馬県が10.8％の高率を示すほか，千葉県が8.7％と比較的高い。

図1は2000年における千葉県の旧市町村別[2]の耕作放棄地率を示したものであり，比率が高い地域は，千葉市周辺や野田市周辺などの大都市周辺のほか，南部の房総丘陵において広くみられる。関東地方では，近年耕作放棄地率は，標高，傾斜，都心からの距離という環境条件の影響を強く受けるようになっているとされ（森本，2007），南房総は，耕作放棄地率が高くなる環境条件をもった地域の一つと位置づけられる。

2 棚田の荒廃と保全運動の展開

今日の日本で耕作放棄が進む中山間地域の水田の多くは棚田である。棚田とは傾斜地に開かれた水田のことであるが，定量的には傾斜1/20以上の土地にある水田と捉えることができ，その面積は1988年において約22万haである（中島，1999）。

棚田は1980年代以降，担い手の減少や高齢化に加えて，機械化が困難であることから，経済性の悪い耕地として放棄が進んできた。1990年代前半の調査によると，棚田の耕作放棄地は約12％に及んでいた。

日本の稲作において棚田の果たす役割は，生産規模的には小さいが，棚田は保水や洪水調節機能，土壌侵食防止機能も有しており，その荒廃は国土保全の観点からは重大な問題である。また，棚田はその景観そのものに価値があり，文化資源としても重要である。そこで1990年代半ばから，行政と市民団体が一体となってその保全活動が進められることとなった。1995年には高知県檮原村で，第1回の全国棚田サミットが開催され，全国の市町村や人々の連携活動が始まった。

また，同年には市民団体である棚田支援市民ネットワークが設立され（現NPO法人棚田ネットワーク），ボランティア活動による棚田の保全活動が行われてきている。

3 鴨川市大山千枚田の事例

鴨川市西部の山間部に位置する大山地区は，安房丘陵の嶺岡山塊と上総丘陵の鋸山山塊

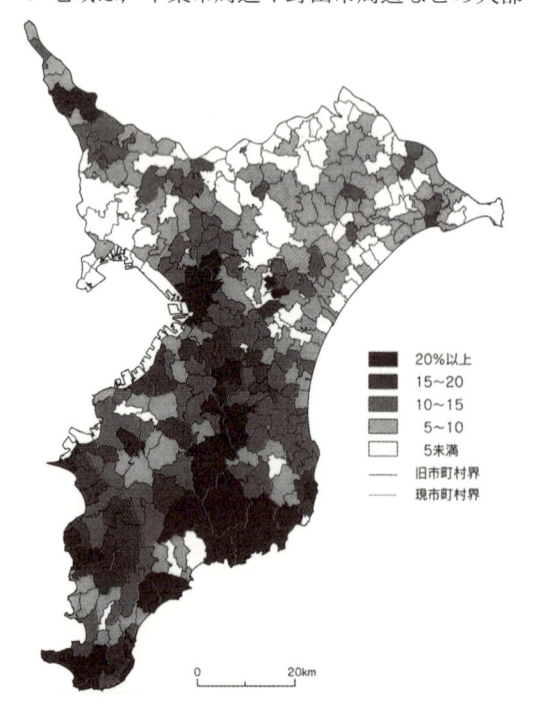

図1 千葉県における耕作放棄地率（2000年）
千葉県史料研究財団編（2002）による。

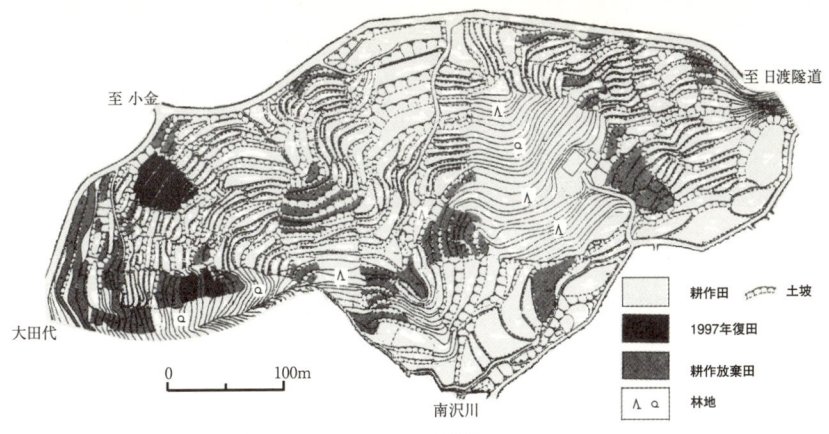

図2 大山千枚田の土地利用（1999年）

山村ほか（1999）による。一部改変。

に挟まれた地すべり地帯に位置し，地すべりで生じた緩傾斜地は棚田造営に好条件であったため，棚田が数多く分布している。大山地区のなかの大字釜沼にある通称「大山千枚田」は，標高80～150m，傾斜1/4～1/6の斜面に広がっており，その景観美から「日本の棚田百選」に選定された棚田である。面積は約3ha，棚田の数は約400枚とされるが，下記の農業構造改善事業の事業区域とされた棚田の数は375枚である。一区画の面積は，平均すると10a程度であり，すべて天水田である。このような大山千枚田での営農に関しては，近年は農業従事者の高齢化が進み，15歳以上の同居後継ぎがいない農家は，全体として半数以上に達している。担い手の減少により，耕作放棄される棚田も増え，1995年の釜沼（農業集落）の田の耕作放棄地率は16.4％に及んだ。そこで，1990年代半ば以降，行政と地域住民が一体となって，棚田の保全活動が本格的に行われることとなった。

鴨川市では，1996年に大山地区の棚田を含む山間部の長狭地区において，農林水産省の農村資源活用農業構造改善事業（リフレッシュ・ビレッジ）が導入され，この事業の柱の一つとして，大山千枚田の保全事業が位置付けられた。この事業費は国，県と市が半分ずつ負担するものであったが，この事業によって，都市と農村の交流拠点となる総合交流ターミナル「みんなみの里」が建設され，千枚田のそばに体験農業参加者用の休憩所や集会所の役割をもつ「棚田倶楽部」も建設された。また，耕作放棄されていた棚田の一部で復田も行われた（図2）。

この事業に呼応する形で，1997年には77名の会員でもって大山千枚田保存会（2003年からNPO法人となる）が結成され，地元住民による活動組織が整えられた。翌1998年には棚田支援市民ネットワークによる農作業支援も行われた。

こうして棚田保存への意識が都市住民へも広がっていくなか，1999年には棚田オーナー制の導入が決まり，2000年からはオーナーによる農作業活動が行われている。大山千枚田のオーナー制度では，鴨川市が農地の貸付を受け，利用者の受付，資格審査，利用料の徴収等を行い，大山千枚田保存会が農地の管理や営農指導に当たっている。募集区画は136区画であるが，近年応募者はそれを上回る状況にあり，2002年以降は農作業をイベント的に手伝う棚田トラスト制度も導入されている。保全活動は順調に行われているといえるが，地区内には耕作放棄状態の耕地は30aほど残されている。また，大山千枚田以外の周辺の棚田の保全に関しては，手付かずの状態で，地域全体では棚田の荒廃は進みつつあるのが現状である。

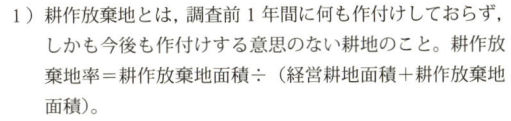

1) 耕作放棄地とは，調査前1年間に何も作付けしておらず，しかも今後も作付けする意思のない耕地のこと。耕作放棄地率＝耕作放棄地面積÷（経営耕地面積＋耕作放棄地面積）。
2) 2000年時点の市町村における旧市町村。

（中西僚太郎）

78 *Japan* 山形市における郊外の商業開発

1 都市の成長

　都市は人口の集住地区であり，都市機能は集積した人口に対応して発達する。都市の規模は集住する人口によって表され，人口増加が都市を成長させる最も大きな要因と考えられている。都市域の高密度化には限界があるため，人口が一定数を超えると，溢れ出る人口を収容するための空間が従前の集住地区の外側に形成される。これが，都市の成長に伴う都市域の空間的拡大であり，郊外化と呼ばれる。このように考えると，都市域の空間的拡大は，都市成長に伴う必然的な現象であるといえる。

　しかしながら，無計画な郊外開発は社会資本整備の遅れを招き，都市を財政的に圧迫する。資本投下量が一定の場合，都市域の拡大は，単位面積当たりの資本投下量の減少を意味し，都市機能の効率的な発達を阻害する要因となるからである。

　人間が物的に豊かな生活を望む限り，都市の成長やそれに伴う都市域の拡大を一方的に否定することはできない。しかし，都市の成長には多くの弊害があることも指摘される。特に，地方都市においては，第1次産業を中心とする既存の産業構造を維持し，農村地域の活性化と都市の成長を同時に達成することが求められており，大都市域では見られない地域問題がそれに付加される場合が多い。

2 山形市の郊外開発

　2000年の国勢調査報告によれば，山形市の人口は255,369人である。市面積は，381.34 km²であるが，市人口のおよそ8割はJR山形駅を中心とする半径5 km圏内に居住しており，同圏域内に実質的な市街地が形成されていると言ってよい（図1）。

　1990年から2000年までにおける市人口の増加率は0.3％であり，人口増加は横這いの状況にある。これを反映し，JR山形駅を中心と

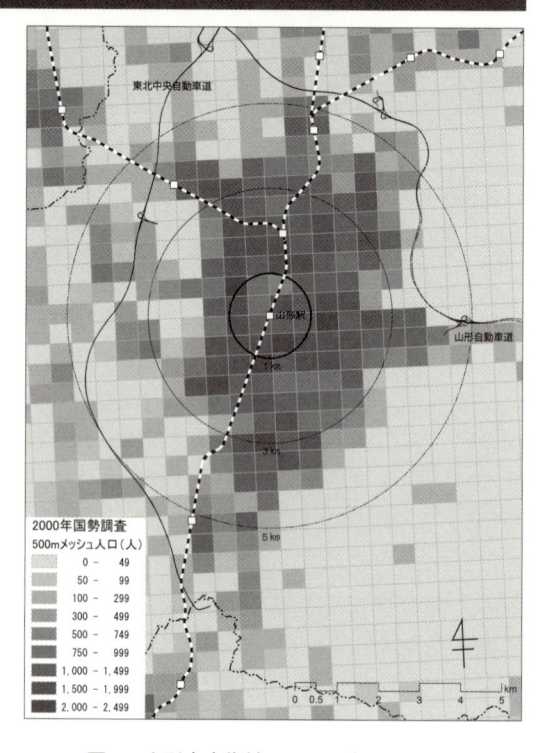

図1　山形市市街地の人口分布（2000年）
国勢調査により作成。

する半径5 km圏内における同期間の人口増加率も0.4％と類似した値を示す。しかし，同圏域を山形駅から1 km圏，1～3 km圏，3～5 km圏に分けてみると，それぞれの人口増加率は，−7.2％，0.1％，2.8％となり，1 km圏内の人口の減少が著しい。これは，人口の郊外化に伴う中心市街地の空洞化を意味している。

　中心市街地の空洞化は，JR山形駅から3～5 km圏の北部で実施された土地区画整理事業によるところが大きい。同計画区域内には，1997年に店舗面積21,822 m²の大型小売店が建設され，周囲にも多数の商業施設が配置された（図2）。同時に大量の宅地分譲がなされた結果，人口の集住地区は急速に北部に拡大した。

　同様な土地区画整理事業は同圏域南部においても計画され，2000年には店舗面積28,782 m²の大型小売店が出店した。そのため，2000

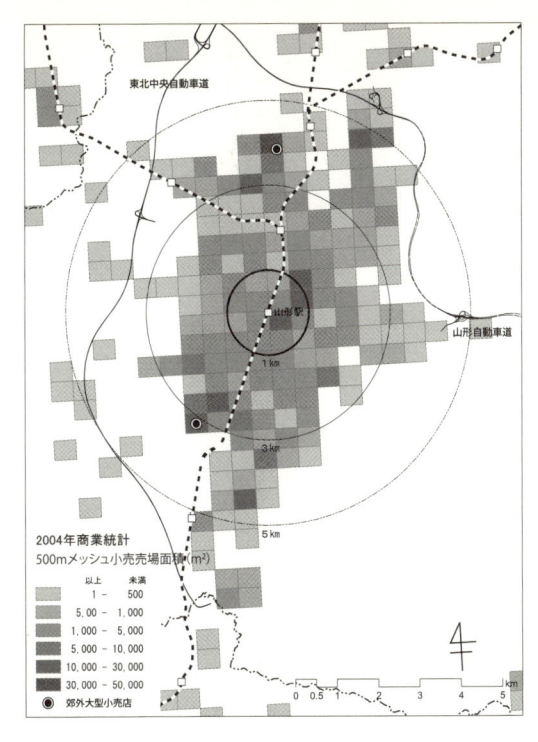

図2 山形市市街地の小売売場面積の分布 (2004年)
商業統計により作成。

年から2005年にかけては，同圏域のさらなる人口増が予測される[1]。

3 中心市街地の衰退とその対策

山形県の調査結果によれば，山形市の中心市街地における空き店舗率は，2004年時点で6.2%に達している。空洞化は都心部の人口減少にとどまらず，既存商業施設の活動にも深刻な影響を及ぼしている。

郊外の土地は中心市街地に比べて安く，商業施設が進出しやすい。加えて，郊外の新しい住宅に移り住んだ人々は，住環境を整えようとするため，家電，家具，装飾品等に対する購買意欲が高い。これは，短期的ではあるが，商業活動を行う大きなメリットとなる。一方，基本的に郊外は中心市街地に比べて人口密度が低く，顧客を集めにくいというデメリットがある。広い商圏設定が可能な大型量販店は，上記のメリットを活かし，デメリットを克服するのに適した形態であるが，山形市の地元小売店にはそれだけの資本力がなく，大型量販店の郊外出店は中央資本によってなされた。

地方における主な交通手段は自家用車であるため，郊外店舗は比較的容易に広範な商圏を設定することができる。それに対し，中心市街地では交通渋滞や駐車場不足といった問題が解消されず，自家用車を利用する顧客を取り込みにくい。さらに，山形市では，山形自動車道の整備によって仙台市への時間距離が大幅に短縮され，山形市民の買物圏が仙台市まで拡大したことが，より広範なレベルで山形市全体の商業活動を低迷させる要因となっている。

郊外の開発を利便性の向上と捉えている山形市民は多い。ただし，それは現状が維持されることを前提にした認識である。都市域の空間的な拡大は，都市人口の増加に伴う必然的現象であるが，人口減少社会になり，今後，人口の大幅な増加が見込めない地方都市において，中心市街地の空洞化や既成商業地区の衰退をもたらす郊外開発は，過度の開発であると言わざるをえない。

設定した商圏内で人口が伸び悩み，利益が上がらなくなった時点で，全国展開している中央資本は，より多くの収益が見込まれる地域に移転していくであろう。そうなった場合，山形市の商業活動を支えていくのは地元小売店しかない。また，高齢者が増加し，自家用車よりも徒歩や公共交通機関による移動が増えてくると，中心市街地の重要性は一層高まっていくと考えられる。

郊外の宅地開発や大型小売店の出店を単に規制するだけでは，これらの問題を解消することにならない。郊外開発が規制されたからといって，そこに投下されるはずの資本が中心市街地に向けられるわけではないからである。中心市街地への資本投下量を増大させるためには，中心市街地自体の魅力を高めていくことが必要である。現状において商圏が競合しているのであれば，中心市街地では地産地消の考えに基づく地元産品で独自の商圏を形成するのも方策の一つとして挙げられよう。競合ではなく，共存を目的とした中心市街地活性化策が望まれる。

---

1) 本稿執筆時点では，2005年の国勢調査結果に基づくメッシュデータが整備されていなかったため，2000～2005年の人口動態に関する分析は行っていない。

（山田浩久）

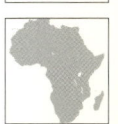

79 山形県酒田市飛島における高齢化

1 過疎化の進行

　隔絶性の高い島嶼部の成長は，本土の成長に比べて遅れる傾向にあり，島嶼部と本土との経済格差は，島嶼部から本土への人口移動を引き起こしてきた。現在，高齢化問題は，全国的レベルでの問題となっているが，島嶼部の高齢化は，過疎問題とも結びつき一層深刻な事態を引き起こしている。

　飛島は，酒田港から北西に約39kmの日本海上に位置し，周囲約12km，面積約2.7km²の山形県唯一の有人島嶼部である（図1）。飛島と本土を結ぶ公共交通機関は，定期連絡船の「ニューとびしま」のみである。定期連絡船は毎日運行されているが，海が荒れる冬季は欠航が多く，同島の隔絶性をさらに高めている。なお，およそ80km南方に位置する粟島と飛島との連絡はない。

図2　飛島の人口と世帯数の推移
世帯数のデータは1960年より記録されている。国勢調査により作成。

2000年の人口は316人となっている（図2）。1960年から2000年までの40年間における人口減少率は78.2％に達する。

　1960年から10年ごとの人口増減数を，年少人口（0～14歳），生産年齢人口（15～64歳），老年人口（65歳以上）に分けてみると，飛島の人口減少は1980年までは年少人口，1980年以降は生産年齢人口の減少数が多く，人口の減少が年齢階層ごとの島外流出によって段階的に進行したことがわかる（図3）。その結果，島では残された老年人口の比率が上昇し，

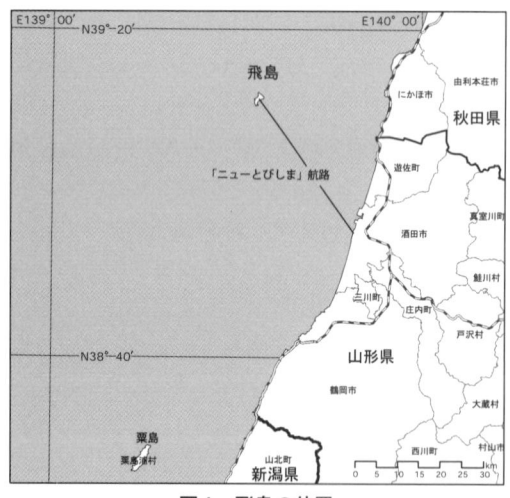

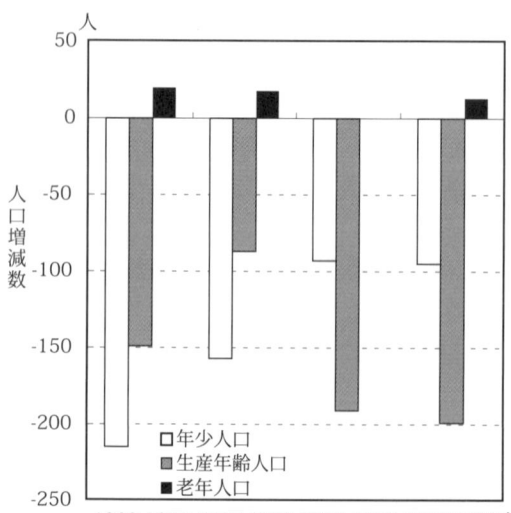

図1　飛島の位置

　このような厳しい自然環境を背景にして，飛島では1950年代から急速な人口減少が観察されている。国勢調査のデータをもとに1940年から2000年までの島内人口の推移を見ると，飛島の人口は，第二次世界大戦中の疎開や戦後の復員によって1950年には1,618人になったが，1960年以降，恒常的に人口が減少し，

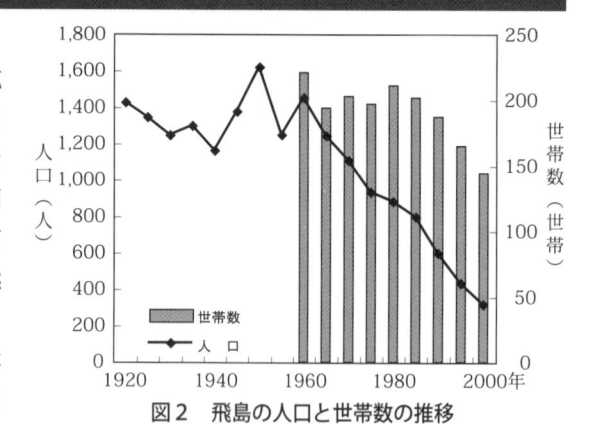

図3　年齢階層別の人口増減数の推移
国勢調査により作成。

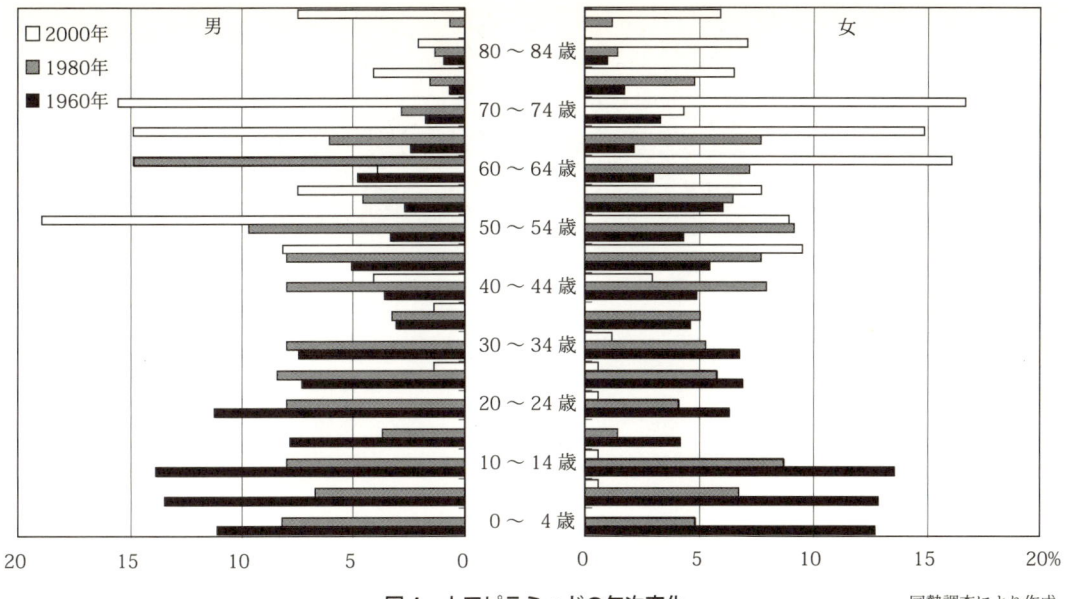

図4　人口ピラミッドの年次変化　　　国勢調査により作成。

2000年のそれは47.8％を示している。

2　高齢化の実態

　1960年，1980年，2000年における同島の人口ピラミッドを描いてみると，1960年の人口ピラミッドの形状は「富士山型」であったのに対し，2000年には20歳未満の年齢階層がほとんどいない極端な「つぼ型」に変移しているのがわかる（図4）。1980年の形状は農山村部に多くみられる「ひょうたん型」であるが，興味深いのは男女ともに「35〜39歳」と「15〜19歳」の二つの階層において人口ピラミッドがくびれている点である。これは，飛島には小中学校はあったものの高校がなかったために，高校への進学率が上昇するにつれて当該年齢の子供を持つ世帯が本土に移り住むようになったことを示している。飛島の人口減少には全国的な高学歴化と島内での教育環境とのズレが大きく作用しており，1980年における人口ピラミッドは当時の飛島の状況を物語るものである。

　飛島の小中学校の歴史は，1876（明治9）年に設立認可された飛島尋常小学校にまで遡り，1940年代後半には300名を超える児童が小中学校で教育を受けていた。しかし，急激な人口減少によって義務教育年齢の子どもが島内にいなくなり，小学校は2000年，中学校は2003年から休校になっている。

3　高齢化が産業に与える影響

　飛島は，1963年に鳥海国定公園に指定され，観光業が新たな主力産業として着目されるようになった。島民の中には，観光客の来島を見込んで，漁業主体の生活から，旅館・民宿業を主体とする生活に転向する者も現れたが，高齢化と後継者不足は観光業の振興にも暗い影を落としている。

　国定公園内では大規模な観光開発が規制されていることもあり，飛島の旅館・民宿業はすべて島民の個人経営である。また，それぞれの旅館や民宿は，新鮮な魚介料理によるもてなしを特色としており，経営者は自らが漁に出て食材を調達している。そのため，旅館・民宿業を主体とする生活に転向したとはいえ，経営者は，漁民としての生活を維持しつつ，宿泊業としてのサービスも提供するといった多くの役割をこなさなければならない。

　高齢化した経営者が，このような生活を続けていくことは困難であり，廃業あるいは休業する旅館・民宿が年々増加している。夏季の繁忙期には，経営者の子どもが本土から手伝いにくる事例も見られるが，子どもも高齢化する傾向にある。現状を維持することは可能かもしれないが，改善する方策を提示することは難しい。

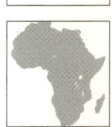

（山田浩久）

80 函館市における中心市街地の空洞化

1 中心の移動

函館の歴史は，函館山の麓からはじまった。開港されて最初に市街地化がすすんだのは，西部地区である。西部地区は陸繋島に位置しているため，新たな市街地は函館山の南西方向ではなく，函館山山麓から離れた北東側に拡大してきた。そのため，函館市の人口重心は，中島町付近から五稜郭の方向へと北東に移動してきた（図1）。これは，港湾関連産業の中心であった西部地区において産業構造の変化により人口が減少したこと，1973年に亀田市が編入合併され市街地が拡大したこと，美原や東山において住宅地が開発されたことなどによる。

外延的な市街地拡大の影響を受けて，中心商業地も移動している。大正期には十字街が中心であり，当時としては早くに鉄筋コンクリート建造物が多数建設されていた。昭和になると函館駅前の大門地区へと移ってきた。

地区別の小売業の年間販売額（図1）では，駅前・大門が最も大きかったが，1988年の青函トンネルの開通と青函連絡船の廃止が大きく影響した。1990年代には，観光地でもある五稜郭で販売額が増加した。北部の昭和・桔梗，富岡・美原，本通・東山においても販売額が増加している。これは，主要街路沿いに大きな駐車場を備えたショッピングセンターなど，ロードサイド型店舗が多く出店したためである。

しかし，2002年になると，これらの地区においても，販売額は減少している。函館市全体の小売業の年間販売額の推移は，1982年には3,252億円，1985年には3,402億円，1988年には3,541億円，1991年には4,279億円，1994年には4,123億円，1997年には4,241億円，2002年には3,595億円である。2002年に各地区で減少したのは，全市の動向と同じである。駅前・大門地区で販売額が減少し，本町・五稜郭など他の地区で増加しても，全市の小売業販売額の総計は大きく変わらない。総計を増やすためには，函館市の魅力を高めて，市外からの顧客を獲得することが重要なのである。

2 中心市街地

函館市の中心市街地とは，どこを指すのだろうか。住宅地の分布からすれば人口重心であり，商業の中心であれば，中心商業地区となる。いずれにしても，時期により移動しているため，特定するのは容易ではない。

函館市は，1999年に中心市街地活性化計画を策定したが，函館駅前の大門地区を中心市街地として指定した。大門地区の小売業販売額は，2002年には1982年の半分程度まで減少している（図1）。陸海交通の大きな結節点であった函館駅は，1988年の青函連絡船の廃止により，かつてのにぎわいはみられなくなった。商業地としては，近年最も衰退していたことが地区指定の背景にあった。

図2は，大門地区における空店舗（建物の

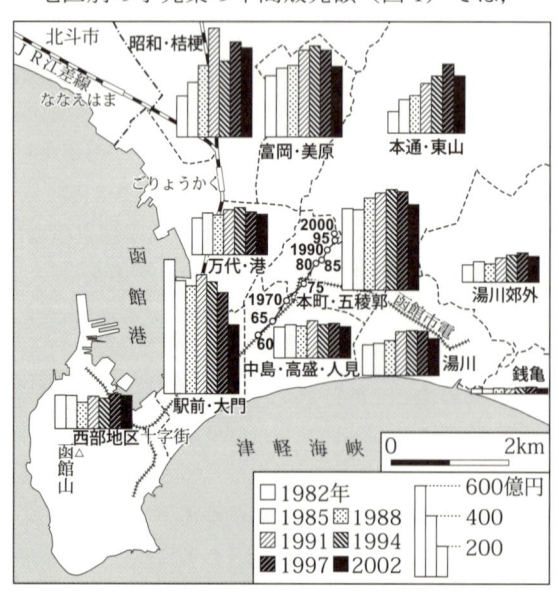

図1 函館市における人口重心と小売業年間販売額の推移
『函館市の人口』と『函館市の商業』により作成。
図中の○印は人口重心，数字は人口重心の年を示している。函館市電の路線は，2007年時点のものである。

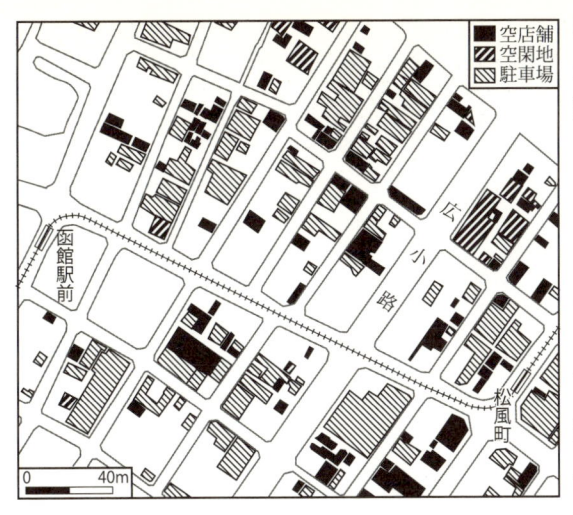

図2　函館市大門地区における低・未利用地（2006年）
函館市中心市街地エリアカルテ作成調査により作成。

一部も含む）と空閑地，駐車場を示している。路面電車のある道路には，函館駅前からのアーケードがあり，店舗が連続しており，低・未利用地は少ない。この通りから離れたところに低・未利用地が多く，なかでも駐車場が広い面積を占めている。駐車場は，新たに建物がつくられるまでの暫定的な土地利用である場合が多い。空閑地は，広小路よりも東にみられるが，多くはない。これは，空閑地として放置されるのではなく，駐車場にされているためである。

　大門地区は，北東部に開発された住宅地からは遠く，地区内の居住者が少なく近隣商業地としての顧客は限られており，商業環境は厳しい。中心市街地活性化計画（函館市，1999）では，定住人口の確保を目標のひとつとしており，借上市営住宅制度等による住宅供給を施策に示している。松風町において，供給事例が1件あるが，それだけでは十分ではない。比較的まとまって存在する低・未利用地を活用して，住宅への転用をはかることが，大門地区にとっては効果的であろう。

3　旧市街地の魅力

　早くに開発された市街地を再生させることは，可能なのだろうか。函館が広域的に人々を惹きつけるのは，洋風建築物や和洋折衷住宅などからなる歴史的な町並みの存在である（藤塚，1997）。第二次世界大戦前，中心地としてにぎわっていた西部地区には，金森倉庫群や元町の重要伝統的建造物群保存地区をはじめ，歴史的建造物が多い。近年では，多くの観光客が訪れるようになっている。

　図1の西部地区の販売額の推移をみると，1997年にはわずかながら販売額が増加している。これは，港湾地区において商業施設が開発されてきたためである。新たな施設の開業だけでは，長期間にわたり中心的な役割を果たすことはできない。

　最近では，西部地区にある飲食店を，一夜で巡り歩くという企画が開催されている。これは，バル街と呼ばれるもので，スペインの旧市街にあるバル（飲食店）をめぐるように，西部地区における企画への参加店を巡り歩けるようにしている。この企画では，3,000円で5枚のチケットが販売され，1枚のチケットでワンドリンクと，ピンチョーというスペイン風おつまみが食べられる。

　バル街は，2004年2月から2006年9月までに6回行われた。参加店の数は，25から50店舗に倍増し，来訪者は，377人から2,338人と6倍を超える増加である。なかには，バル街の際に一夜で600人以上が訪れる店もある。西部地区の魅力を掘り起こしたこの活動は，都市の再活性化の成功事例として中小企業庁からも紹介されている。

　バル街の成功は，旧市街地の魅力を引き出したところにある。前節の大門地区においても，2006年から屋台村の大門横丁で横丁バルを実施している。西部地区の伝統的な町並みの雰囲気の中で行われるバル街の成功を，大門地区に引き込むことができるのだろうか。多くの市民にながく評価されるためには，大門地区特有の魅力を引き出す企画が必要であり，名称も含めたオリジナリティの構築が重要である。

　本来の函館の中心とはどこであるのか，函館の旧市街地の魅力とはどういうものなのか，旧市街地のなかで守り続けるべきものは何なのかをよく考えることが重要である。そして，無秩序な市街地開発を制御して，旧市街地の魅力を活かすことのできる，コンパクトなまちづくりが必要である。

（藤塚吉浩）

あとがき

　本書を企画するにあたっては，編者を含む12名で話し合った。以前に，分野の異なる地理学研究者たちで地理教育について考える機会があり，その際に「世界の地域問題」について話題になった。しかし，「世界の地域問題」は現代社会を考えるうえで重要なテーマであるにもかかわらず，これを体系的に取り上げた書籍は見あたらなかった。地理学の分野からアプローチできるものとしての必要性を強く感じ，主題図を中心にした本書を企画したのである。

　世界の様々な問題を取り扱うためには，様々な分野の方にご執筆いただく必要があった。編者だけではなく，当初相談した方々のご尽力により，本書のようなバラエティに富む執筆陣が揃い，多様なテーマを取り上げることができた。

　地域問題というテーマを取り上げることに関して筆者は，少なからず問題意識を持ち続けてきた。地理学において問題意識を持つことの大切さを，成田孝三先生から学んでいたからである。しかし，地域問題のとらえ方については，編者の間で激論になった。それは，研究対象とする現象の性質上の差異によるものであったが，分野による違いを再認識するとともに，自らの認識の狭さを痛感した。

　「図説」という言葉を使いたかったのは，恩師の故浮田典良先生が，石井素介・伊藤喜栄両先生と共同で編集された『図説日本の地域構造』（1986年）に感銘したからである。浮田先生から的確にテーマを描写する主題図の重要性を教わり，主題図にこだわった書籍を作成したいと思うに至った。的確にテーマを示すために，修正に修正を重ねてできあがった本書の主題図は，完成度の高いすばらしいものに仕上がっており，心より嬉しく思う。

　編集作業では，作図や図の編集を自らかって出ることにした。編集作業の傍らで，様々なテーマを詳しく勉強する機会に恵まれ，また，1テーマずつ仕上がっていくという喜びに浸ることができ，十分に満足している。

　編集委員会では，直接議論するだけでなく，メールによる議論も重ねた。編集作業が深夜にまで及ぶことも多く，作業終了後にメールを送ると，早起きの他の編者から午前5時台に返答が返ってくるという，凄まじい速度で編集作業が進められていった。編者どうしの緊密な連携を通じて，信頼関係を深められたのは嬉しく思う。

　本書の刊行にあたっては，ナカニシヤ出版の中西健夫社長のほか，快くお引き受けくださった編集部の吉田千恵さん，米谷龍幸さんに大変お世話になった。厚く謝意を表したい。

　本書が，地理学を学ぶ方々はもちろん，他分野の多くの方々にご利用いただければ，それは著者たちにとってこのうえもない喜びである。

2007年8月

編者のひとりとして
藤塚吉浩

文献一覧

1

石原照敏・森滝健一郎編 1989．『地域構造と地域問題―四国・中国地方を中心に―』 大明堂．

川島哲郎 1988． 現代世界の地域政策―地域政策とは何か―．川島哲郎・鴨澤巌編『現代世界の地域政策』 1-22．大明堂．

小金澤孝昭 1992． 産業構造の再編成と地域問題．石井素介編『総観地理学講座 14　産業経済地理―日本―』 235-259．朝倉書店．

竹内啓一 1998．『地域問題の形成と展開―南イタリア研究―』 大明堂．

2

佐藤允一 1984．『問題構造学入門 知恵の方法を考える』 ダイヤモンド社．

藤塚吉浩 1990．京都市都心部の空間変容―更新建築物の分析を中心として―．人文地理 42: 466-476．

吉水裕也 2002．「位置と分布」概念に関する問題発見構造―日英教科書分析を通して―．新地理 49(4): 18-31．

Bushell, T. 2003. Key geography skills. Nelson Thornes.

3

モンモニア, M. 1995．『地図は嘘つきである』 晶文社．

4

活断層研究会 1991．『新編日本の活断層』 東京大学出版会．

中田　高・今泉俊文編 2002．『活断層詳細デジタルマップ』 東京大学出版会．

5

気象庁 2005．『異常気象レポート 2005』 気象庁．

水谷武司 2002．『自然災害と防災の科学』 東京大学出版会．

Blake, E. S., Rappaport, E. N., and Landsea, C. W. 2007. The deadliest, costliest, and most intense United States tropical cyclones from 1851 to 2006 (and other frequently requested hurricane facts). NOAA Technical Memorandum NWS TPC-5.

Guha-Sapir, D., Hargitt, D., and Hoyois, P. 2004. Thirty years of natural disasters 1974-2003: The numbers. UCL Presses.

IPCC 2007. Climate Change 2007. The Physical Science Basis. Cambridge University Press.

6

青木賢人 1999．現成氷河の質量収支データに基づく涵養域比 (AAR) 法の検証．地理学評論 72: 763-772．

上田　豊 1983．ネパール・ヒマラヤの夏期涵養型氷河における質量収支の特性．雪氷 45: 81-105．

内藤　望 2001．ネパール・ヒマラヤにおける近年の氷河縮小．雪氷 63: 207-221．

IUGG (CCS) － UNEP － UNESCO 2005. Fluctuations of glaciers 1995-2000 (Vol. VIII), World Glacier Monitoring Service.

IPCC 2001. Climatic change 2001. The scientific basis. Cambridge University Press.

Owen, L. A., Gualtieri, L., Finkel, R. C., Caffee, M. W., Benn, D. I., and Sharma. M. C. 2001. Cosmogenic radionuclide dating of glacial landforms in the Lahul Himalaya, northern India: Defining the timing of late Quaternary glaciation. Journal of Quaternary Science 16: 555-563.

7

渡辺悌二 2005．ジオダイバーシティ保全とバイオダイバーシティ保全．地球環境 10: 207-216．

8

阿部和俊 1991．『日本の都市体系研究』 地人書房．

阿部和俊 1999．『先進国の都市体系研究』 地人書房．

阿部和俊 2005．日本の主要都市間結合の推移とその模式図化の試み．愛知教育大学研究報告 No. 54: 137-145．

阿部和俊・山﨑　朗 2004．『変貌する日本のすがた―地域構造と地域政策―』 古今書院．

9

鈴木洋太郎 1999．『産業立地のグローバル化』 大明堂．

ディッケン，P. 著，宮町良広監訳 2001．『グローバル・シフト―変容する世界経済地図　上・下』 古今書院．

10

井上輝子・江原由美子編 2005．『女性のデータブック〔第 4 版〕』 有斐閣．

瀬地山　角 1996．『東アジアの家父長制』 勁草書房．

ローズ，G. 著，吉田容子ほか訳 2001．『フェミニズムと地理学』 地人書房．

11

アレイ，R. B. 著，山崎　淳訳 2004．『氷に刻まれた地球 11 万年の記憶 温暖化は氷河期を招く』 ソニーマガジンズ．

澤柿教伸・松岡健一 2002．東南極白瀬流域とリュツォ・ホルム湾沿岸における氷床底面に着目した氷河学的研究の可能性と展望．月刊地球 271: 70-75．

Bamber, J. L., Vaughan, D. G., and Joughin, I. 2000. Widespread complex flow in the interior of the Antarctic ice sheet. Science 287: 1248-1250.

Blankenship, D. D., Young, D. A., and Carter, S. P. 2006. The distribution of Antarctic subglacial lake environments with implications for their origin and evolution. 2nd Subglacial Antarctic Lake Environments (SALE) Program Meeting, April 27-28, 2006, Grenoble, France. http://salepo.tamu.edu/

Fairbanks, R. G. 1989. A 17000-year glacio-eustatic sea level record: Influence of glacial melting rates on Younger Dryas event and deep-ocean circulation. Nature 342: 637-642.

Shaw, J. 2002. The meltwater hypothesis for subglacial bedforms. Quaternary International 90: 5-22.
Siegert, M. J., Carter, S. P., Tabacco, I., Popov, S., and Blankenship, D. D. 2005. A revised inventory of Antarctic subglacial lakes. Antarctic Science 17: 453-460.
Yokoyama, Y., Lambeck, K., De Dekker, P., Johnson, P., and Fifield, L. K. 2000. Timing of the Last Glacial Maximum from observed sea-level minima. Nature 406: 713-716.

12
大森博雄 1980. オーストラリアにおける砂丘の再活動とその気候上の意義について. 地学雑誌 89: 157-178.
大森博雄 1990. 人間がひきおこす砂漠化. 斎藤 功・野上道男・三上岳彦編『環境と生態』156-185. 古今書院.
Gentilli, J. 1971. Climatic fluctuations. In Climates of Australia and New Zealand, ed. J. Gentilli, 189-211. Elsevier.
Ohmori, H., Iwasaki, K., and Takeuchi, K. 1983. Relationship between the recent dune activities and the rainfall fluctuations in the southern part of Australia. Geographical Review of Japan 56: 131-150.

13
大森博雄 1986. オーストラリアにおける砂漠化の現状と防止対策. 国際農林業協力 9(3): 68-81.
大森博雄 2002. 沙漠化. 茅 陽一監修『環境ハンドブック』485-497. 産業環境管理協会.
大森博雄 2005. 閾値と人間の活動可能領域. 大森博雄・大澤雅彦・熊谷洋一・梶 幹男編『自然環境の評価と育成』119-140. 東京大学出版会.
武内和彦・大森博雄 1988. 植生からみたオーストラリア半乾燥地域の「砂漠化」現象. 地理学評論 61A:124-142.
Ohmori, H., and Wasson, R. J. 1985. Geomorphology and stratigraphy of dunes in the Murray-Mallee near Loxton, South Australia. In Studies of environmental changes due to human activities in the semi-arid regions of Australia, ed. H. Toya, K. Takeuchi, and H. Ohmori, 220-265. Department of Geography, Tokyo Metropolitan University.
Williams, M. 1978. Desertification and technological adjustment in the Murray Mallee of South Australia. Search 9: 265-268.

14
水産庁 2006. 『国際漁業資源の現況 平成 17 年度』水産庁.
米山秀樹 2005. 『かつお・まぐろ年鑑』水産新潮社.
若林良和 2000. 『水産社会論』御茶の水書房.
Herr, R. 1990. The forum fisheries agency, University of South Pacific.

15
石田 進 2007. 『ツバルよ 不沈島を築け！』芙蓉書房出版.
神保哲生 2004. 『ツバル 地球温暖化に沈む国』春秋社.
JICA 2005. Basic design study report on the project for upgrading of electric power supply in Funafuti Atoll, Tuvalu. JICA.
Moriwaki, H., and Kawai K. 2007. Global warming and Pacific islands, Kagoshima University Research Center for the Pacific Islands.

16
関根政美 2002. オーストラリアの多文化主義とマイノリティ. 宮島 喬・梶田孝道編 『国際社会 4 マイノリティと社会構造』209-234. 東京大学出版会.
ABC (Australian Broad Casting) 2005. ABC Online (Cronulla mob attacks beachgoaers), http://www.abc.net.au/news/newsitems/200512/s1528544.htm
ABS (Australian Bureau of Statistics) 2006. 2006 Year Book Australia, ABS.
CRC (Community Relations Commission for a Multicultural NSW Census Statistics) 2003. The people of New South Wales, section 3 Sydney statistical division. http://www.crc.nsw.gov.au/statistics/sydney.htm
Jupp, J. 1998. Immigration (2nd edition). Oxford University Press.
Kabir, N. 2004. Muslims in Australia: Immigration, race relations, and cultural history. Kegan Paul.

17
Connell, J. ed. 2000. Sydney — The emergence of a world city. Oxford University Press.
O'Connor, K. 2004. International students and global cities. Research Bulletin 161, Global and World City Project, Department of Geography, University of Loughborough.
O'Connor, K., Stimson, R., and Maurice, D. 2001. Australia's changing economic geography: A society dividing. Oxford University Press.
Tsutsumi, J., and O'Connor, K. 2006. Time series analysis of the skyline and employment changes in the CBD of Melbourne. Applied GIS 2(2): 8. 1-8. 12. DOI:10.2104/ag060008. http://publications.epress.monash.edu/toc/ag/2006/2/2

18
Anderson, P.A., Bigsten, A. and Persson, H. 2000. Foreign aid, debt and growth in Zambia. Nordiska Africainstituent, Uppsala, p.13.
Central Bank of Nigeria, 1995 statistical Bulletin, 6: 170.

19
島田周平 2007. 『アフリカ 可能性に生きる農民』京都大学学術出版会.
Bicego, G. R. S., and Johnson, K., 2003. Dimensions of the emerging orphan orisis in sub-Saharan Africa. Social Science & Medicine, 56: 1235-1247.
FAO(Food and Agriculture Organization) 2004. HIV/AIDS, gender inqulality and rural livelihoods:The impact of HIV/AIDS on rural livelihoods in Nothern Province, Zambia. FAO, Rome.
Foster, G., and Williamson, J. 2000. A review of current literature on the impact of HIV/AIDS on children in sub-Saharan Africa. AIDS 14(suppl 3): S275-S284.
Nyambedha, E. O., Wandibba, S., and Aagaard-Hansen, J. 2003. Changing patterns of orphan care due to the HIV epidemic in western Kenya. Social Science & Medicine 57: 301-311.

United Unions Programme on HIV/AIDS, 2006. Epidemic update:December 2006, UNAIDS, Geneva.

20
篠田雅人 2002.『砂漠と気候』成山堂書店.
恒川篤史編 2007.『21世紀の乾燥地科学―人と自然の持続性―』古今書院.

21
池谷和信 2006.『現代の牧畜民―乾燥地域の暮らし―』古今書院.

22
掛谷 誠 1998. 焼畑農耕民の生き方. 高村泰雄・重田眞義編著『アフリカ農業の諸問題』京都大学学術出版会.
杉村和彦 2004.『アフリカ農民の経済―組織原理の地域比較』世界思想社.
平野克己 2002.『図説アフリカ経済』日本評論社.
峯 陽一 1999.『現代アフリカと開発経済学』日本評論社.
米山俊直 1986.『アフリカ学への招待』NHK出版.

23
水野一晴 2005a. 温暖化によるケニア山・キリマンジャロの氷河の融解と植物分布の上昇. 水野一晴編『アフリカ自然学』76-85. 古今書院.
水野一晴 2005b. 近年の洪水減少でクイセブ川流域の森林が枯れていく理由. 水野一晴編『アフリカ自然学』115-129. 古今書院.
水野一晴・中村俊夫 1999. ケニア山, Tyndall 氷河における環境変遷と植生の遷移― Tyndall 氷河より 1997年に発見されたヒョウの遺体の意義―. 地学雑誌 108: 18-30.
Coe, M. J. 1967. The Ecology of the Alpine Zone of Mt. Kenya. The Hague, Junk, 136.
Hastenrath, S. 1984. The glaciers of equatorial East Africa. D. Reidel Publishing Company.
IPCC 2007. Climate Change 2007. The Physical Science Basis. Cambridge University Press.
Spence, J. R. 1989. Plant succession on glacial deposits of Mount Kenya. In Mahaney, W. C. eds.: Quaternary and Environmental Research on East African Mountains. Balkema, Rotterdam, 279-290.
Spence, J.R., Mahaney W.C. 1988. Growth and ecology of Rhizocarpon section Rhizocarpon on Mount Kenya, East Africa. Arctic and Alpine Research 20: 237-242.

24
寺谷亮司 1999. 植民地都市・ナイロビの都市内部構造. 愛媛の地理 14: 33-48.
ドワイヤー, D. J. 著, 金坂清則訳 1984.『第三世界の都市と住宅』地人書房.
松田素二 1996.『都市を飼い慣らす』河出書房新社.
O'Connor, A. 1983. The African city. African Publishing Company.
Southall, A. 1961. Social change in modern Africa. Oxford University Press.
U. N. 1973. Urban land policies and land-use control measures, vol. 1. Africa. United Nations.

25
Christopher, A. J. 1989. Spatial variation in the application of residential segregation in South African cities. Geoforum 20: 253-265.
Christopher, A. J. 1994. The atlas of Apartheid. Routledge.
Davis, R. J. 1981. The spatial formation of the South African city. GeoJournal Supplementary Issue 2: 59-72.

26
小野有五・五十嵐八枝子 1991.『北海道の自然史 氷期の森林を旅する』北海道大学出版会.
Ehlers, J., and Gibbard, P. L. 2004. Quaternary glaciations? Extent and chronology part II: North America. Elsevier.
Heusser, C. J. 2003. Ice age southern Andes, A chronology of paleoecological events. Elsevier.
Stalker, A.M., and Harrison, J.E. 1977. Quaternary glaciation of the Waterton Castle River region of Alberta. Canadian Petroleum Geology Bulletin 25: 882-906.

28
松山 洋 2000. ブラジルからの手紙 (2) SACZ の下で暮らしてみれば. 天気 47: 161-165.
Kodama, Y. 1992. Large-scale common features of subtropical precipitation zones (the Baiu frontal zone, the SPCZ, and the SACZ), Part I: Characteristics of subtropical frontal zones. Journal of the Meteorological Society of Japan 70: 813-836.
Kodama, Y. 1993. Large-scale common features of sub-tropical convergence zones (the Baiu frontal zone, the SPCZ, and the SACZ), Part II: Conditions of the circulations for generating the STCZs. Journal of the Meteorological Society of Japan 71: 581-610.
Xie, P., and Arkin, P. A. 1997. Global precipitation: A 17-year monthly analysis based on gauge observations, satellite estimates, and numerical model outputs. Bulletin of the American Meteorological Society 78: 2539-2558.

29
エコツーリズム推進協議会 1999.『エコツーリズムの世紀へ』エコツーリズム推進協議会.
吉田春生 2003.『エコツーリズムとマス・ツーリズム』大明堂.
Buckley, R. 2003. Case studies in ecotourism. CABI Publishing.
Fennell, D. A. 1999. Ecotourism. Routledge.
Maruyama, H., and Nihei, T. 2005. Ecotourism in the north Pantanal, Brazil: Regional bases and subjects for sustainable development. Geographical Review of Japan 78: 289-310.

30
アルベルト松本 2005.『アルゼンチンを知るための54章』明石書店.
高橋伸夫 1994. アルゼンチンにおける都市システムの特性. 山田睦男・細野昭雄・高橋伸夫・中川文雄『ラテンアメリカの巨大都市―第三世界の現代文明』283-303. 二宮書店.
Ainstein, L. 1996. Buenos Aires: A case of deepening social polarization. In The mega-city in Latin America, ed. A.Gilbert, 133-154.

31
石澤良昭編 1995.『文化遺産の保存と環境』朝倉書店.
河野　靖 1995.『文化遺産の保存と国際協力』風響社.
椎名慎太郎 1994.『遺跡保存を考える』岩波書店.
関　雄二 1996. 盗掘者の論理と発掘者の論理：北部ペルーの遺跡保護をめぐる諸問題. 天理大学学報 183: 197-214.
関　雄二・藤巻正巳・住原則也 1996.『異文化を「知る」ための方法』古今書院.

32
Cockburn, J. C. 2005. La ciudad ilegal Lima en el siglo XX. Universidad Nacional Mayor de San Marcos. (in Spanish)
Mar, J. M. 1977. Las barriadas de Lima 1957. Instituto de Estudios Peruanos. (in Spanish)
Universidad del Pacfico 2005. Sobrecostos para los Peruanos por la falta de infraestructura. Asociacion de Empresas Privadas de Servicios Publicos. (in Spanish)

33
小林博子 1989. 貿易摩擦―日米貿易摩擦を中心に. 地理 34(2): 83-89.
高津斌彰 1991. 日系企業の直接投資とその問題. 地理 36(4): 48-54.
本山義彦編 1987.『貿易摩擦を見る眼』有斐閣.

34
斎藤　功・矢ヶ﨑典隆・二村太郎　1999. カンザス州サンドヒルズにおける土地所有と土地利用の変化. 人文地理 51: 457-476.
矢ヶ﨑典隆・斎藤　功・菅野峰明編著 2003.『アメリカ大平原―食糧基地の形成と持続性』古今書院.
Kromm, D. E., and White, S. E. 1992. Groundwater exploitation in the High Plains. Lawrence, University Press of Kansas.
Saito, I., Yagasaki, N., Nihei, T., Hirai, M., and Futamura, T. 2000. Change of crop combination regions and land use in Kansas High Plains. Science Reports of Institute of Geoscience, University of Tsukuba 21: 107-129.
Sherow, J. 1990. Watering the valley: Development along High Plains Arkansas River, 1870-1950. Lawrence, University Press of Kansas.

35
斎藤　功・矢ヶ﨑典隆 1998. ハイプレーンズにおけるフィードロットの展開と牛肉加工業の垂直的統合―カンザス州南西部を中心として―. 地学雑誌.107: 674-694.
斎藤　功・矢ヶ﨑典隆・仁平尊明 2000. ハイプレーンズにおける企業的養豚業の新展開―シーボードファームズ社を中心として. 経済地理学年報 46: 77-97.
仁平尊明・二村太郎・斎藤　功 2000. カンザス州南西部カーニー郡における環境保全政策 CRP の展開. 季刊地理学 52: 251-271.
Popper, D. E., and Popper, F. J. 1999. The baffulo commons: Metapher as method. Geographical Review 89: 491-510.
Saito, I., Yagasaki, N., Nihei, T., Hirai, M., and Futamura, T. 2000. Change of crop combination regions and land use in Kansas High Plains. Science Reports of Institute of Geoscience, University of Tsukuba 21: 107-129.

36
キャシー, N. 2004. 肥満 私たちはなぜ太るのか. ナショナルジオグラフィック 10(8): 42-57.
グレッグ, C. 著, 竹迫仁子訳 2003.『デブの帝国 いかにしてアメリカは肥満大国になったのか』バジリコ.
ラペル, S. E. 著, 栗木さつき訳 2003.『太りゆく人類　肥満遺伝子と過食社会』早川書房.
Mary, S., and Simone, F. 2004. Food advertising and marketing directed at children and adolescents in the US. International Journal of Behavioral Nutrition and Physical Activity 1: 1-14.

37
Florida Department of Health 2006. Florida vital statistics annual reports. Florida Department of Health. http://www.flpublichealth.com/VSBook/VSBook.aspx
Fox, R., and Fox, B. 1999. Where to retire in Florida. Vacation Publications.
Pillsbury, R. 2006. The new encyclopedia of southern culture, volume 2. geography. The University of North Carolina Press.
Rogers, A. ed. 1992. Elderly migration and population redistribution: A comparative study. Belhaven Press.

38
藤塚吉浩 1994. ジェントリフィケーション―海外諸国の研究動向と日本における研究の可能性―. 人文地理 46: 496-514.
Lees, L. 2003. Super-gentrification: The case of Brooklyn Heights, New York City. Urban Studies 40: 2487-2509.
Smith, N. 1996. The new urban frontier: Gentrification and the revanchist city. Routledge.

39
福田正己・木下誠一 1974. 大雪山の永久凍土と気候環境, 第四紀研究, 12, 192-202.
福井幸太郎・岩田修二 2000. 立山, 内蔵助カールでの永久凍土の発見, 雪氷 62: 23-28.
石川　守・斉藤和之 2006. 気候・水循環に関わる凍土研究―現状と展望―, 雪氷 68: 639-656.
Brown, J., Ferrians, O. J. J., Heginbottom, J. A., and Melnikov, E. S. 1997. International Permafrost Association circum-Arctic map of permafrost and ground ice conditions. Scale 1:10,000,000, U.S. Geological Survey, Washington D.C.
Ishikawa, M., Fukui, K., Aoyama M., Ikeda, A., Sawada, Y., & Matsuoka N. 2002. Mountain permafrost in Japan: distribution, landforms and thermal regimes. Zeitschrift fur Geomorphologie. N. F., Suppl.-Bd. 130: 99-116.
Higuchi, K., Fujii, Y. 1971. Permafrost at the summit of Mount Fuji, Japan. Nature 230: 521.
Serreze, M. C., Bromwich, D. V., Clark, M. P., Stringer, A. J., Zhang, T., Lammers, R., 2003. Large hydro-climatology of the terrestrial Arctic drainage system. Journal of Geophysical Research, 108, D2, 8160, doi:10.1029/2001JD000919.
Smith L. C., Sheng, Y., MacDonald, G. M., and Hinzman, L. D. 2005. Disappearing arctic lakes. Science 308: 1429.
Zhang, T., Barry, R. G., Knowles, K., Heginbottom, J. A., Brown, J. 1999: Statistical and characteristics of permafrost and ground-ice distribution in the Northern Hemisphere. Polar Geography 23: 132-154.

40
Maisch, M., Burga, C.A., und Fitze, P. 1993. Lebendiges Gletschervorfeld. Gemeinde Pontresina und Geographisches Institut der Universität Zürich.

41
木村 汎 2007. シベリアの呪い. 加賀美雅弘・木村 汎編『東ヨーロッパ・ロシア』332. 朝倉書店.
田畑朋子 2004. ロシアの地域別人口動態－1990年代を中心に－. 比較経済体制学会年報 41(2): 31-48.
保坂哲郎 2007. ロシア 第7章 人口. 加賀美雅弘・木村 汎編『東ヨーロッパ・ロシア(朝倉世界地理講座10)』258-269. 朝倉書店.
ロシア連邦国家統計課 2002. 2002年全ロシア人口調査 http://www.perepis2002.ru/
ロシア連邦測地地図課 2002. ノボシビルスク州アトラス.

42
伊東孝之・萩原 直・柴 宣弘・直野 敦・南塚信吾監修 2001.『東欧を知る事典 新訂増補版』平凡社.
加賀美雅弘編 2005.『「ジプシー」と呼ばれた人々—東ヨーロッパ・ロマ民族の過去と現在』学文社.
加賀美雅弘・木村 汎編 2007.『東ヨーロッパ・ロシア』朝倉書店.
小林浩二 2005.『中央ヨーロッパの再生と展望—東西ヨーロッパの架け橋はいま』古今書院.
羽場久美子・小森田秋夫・田中素香編 2006.『ヨーロッパの東方拡大』岩波書店.

43
Urushibara-Yoshino, K., and Mori, K. 2007. Degradation of geoecological and hydrological conditions due to grazing in south Carpathian mountains under the influence of changing social structure in Romania. Geographical Review of Japan 80; 272-289.

44
漆原和子 1996.『カルスト—その環境と人びとのかかわり—』大明堂.

46
Dziewonski,K., 1976. Changes in the Processes of Industrialization and urbanization, Geographia Polonica 33: 39-58.

47
大淵 寛・高橋重郷編著 2004.『少子化の人口学』原書房.
竹中克行 1997. スペインにおける出生力の地域差. 地理学評論 70: 433-448.
中川 功 2000.「銀世界」をめざすマグレブ系労働者のスペイン定住化—南部輸出農業の展開と二国間労働力需給—. 法政大学比較経済研究所・森 廣正編『国際労働力移動のグローバル化』113-149. 法政大学出版局.
西岡八郎 2003. 南欧諸国の低出生率と子育て支援策の展開. 人口問題研究 59: 43-61.
Instituto Nacional de Estadistica. Censo de Poblacion. 1991.
Instituto Nacional de Estadistica. Padron Municipal de Habitantes. 1975, 2006.

48
齊藤由香 2004. スペインにおけるワイン醸造業の発展過程とその地域的差異. 地学雑誌 113: 62-86.
ジョンソン, H., ロビンソン. J. 著, 有坂芙美子ほか訳 2002.『地図で見る世界のワイン』産調出版.
ディオン, R. 著, 福田育弘訳 1997.『ワインと風土—歴史地理学的考察—』人文書院.
Saito, Y., and Takenaka, K. 2004. Development of wine industry in Spain: Three pioneer regions in commercial wine production. Geographical Review of Japan 77: 241-261.

49
成田孝三 2005.『成熟都市の活性化—世界都市から地球都市へ—』ミネルヴァ書房.
リビングストン, K. 2005.『ロンドンプラン グレーター・ロンドンの空間開発戦略』都市出版.
Department of the Environment 1995. Socio-demographic change and the inner city. HMSO.

50
五百澤智也 2007.『山と氷河の図譜』ナカニシヤ出版.
木崎甲子郎 1994.『ヒマラヤはどこから来たか』中公新書.
ハーゲン, T. 著, 町田靖治訳 1989.『ネパール』白水社.
Mool, P. K., Bajracharya, S. R., and Joshi, S. P. 2001. Inventory of glaciers, glacial lakes, and glacial lake outburst flood monitoring and early warning system in the Hindu Kush-Himalayan Region, Nepal. ICIMOD (International Centre for Integrated Mountain Development), Kathmandu.

51
CDE (Centre for Development and Environments) 2005. Synthesis report: Baseline survey on sustainable land management in the Pamir-Alai Mountains. University of Bern.
Safarov, N., Akhmedov, T., Ashurov, A., Asrorov, I., Bardashev, I., Boboradjabov, B., Dustov, S., Ergashev, A., Gafurov, A., Gulmakhmadov, D., Irgashev, T., Ismailov, M., Khairullaev, R., Khaitov, A., Khisoriev, Kh., Khuseinov, N., Kurbanov, Sh., Madaminov, A., Muninov, N., Nazirov, Kh., Novikova, T., Rakhimov, S., and Saidov, A. 2003. First National Report on Biodiversity Conservation. Republic of Tajikistan, Dushanbe.

52
カダル・松山 洋・野上道男 1996. 中央アジアのバルハシ湖流域における水収支の動態. 水文・水資源学会誌 9: 240-251.
福嶌義宏監修, 村上雅博総編集, 水文・水資源学会編集・出版委員会編 1995.『地球水環境と国際紛争の光と影—カスピ海・アラル海・死海と21世紀の中央アジア/ユーラシア』信山社.
松山 洋 2006. バルハシ湖紀行. 天気 53: 69-74.
Kezer, K., and Matsuyama, H. 2006. Decrease of river runoff in the Lake Balkhash basin in Central Asia. Hydrological Processes 20: 1407-1423.
Yang, C. D., and Chao, X. Y. 1993. Recent change in the lakes of Central Asia. Meteorological Publisher. (in Chinese)

53

池谷和信 2006.『現代の牧畜民―乾燥地域の暮らし―』古今書院.
渡辺和之 2007. 流動する羊飼い―ネパールの山地移牧の変化. 地理 52(3): 50-58.

54

押川文子 1992.「家族」の変化と人口―その 1960 年代以降の地域的傾向を手がかりに―. 押川文子編『インド農村の社会政治変容と開発』3-43. アジア経済研究所.
佐藤 宏 1994.『インド経済の地域分析』古今書院.
セン, A. 著, 石塚雅彦訳 2000.『自由と経済開発』日本経済新聞社.
Arokiasamy, P., McNay, K., and Cassen, R. H. 2004. Female education and fertility decline: Recent development in the relationship. Economic and Political Weekly, October 9: 4491-4495.
Bhattacharya, P. C. 2006. Economic development, gender inequality, and demographic outcomes: Evidence from India. Population and Development Review 32: 263-291.
Drèze, J., and Murthi, M. 2001. Fertility, education, and development: Evidence from India. Population and Development Review 27: 33-63.
Guilmoto, C. Z., and Rajan, S. I. 2001. Spatial patterns of fertility transition in Indian districts. Population and Development Review 27: 713-738.

55

岡橋秀典 2007.『インドの新しい工業化―工業開発の最前線から―』古今書院.
北川博史 2005.『日本工業地域論―グローバル化と空洞化の時代―』海青社.
鍬塚賢太郎 2004. インドにおける IT 産業の成長. 地理 49(6): 45-51.
小島 眞 2004.『インドのソフトウェア産業』東洋経済新報社.

56

IGRAC 2005. Saltwater effect of the tsunami. http://www.igrac.nl/
IWMI 2006. Tsunami impact on shallow groundwater and well water supply on the east coast of Sri Lanka. http://www.iwmi.cgiar.org/TSUNAMI/Index. asp
Maddum, C.M. 2005. Impact of the Tsunami of 26 December 2004 in Sri Lanka. 講演資料.

57

海津正倫・Tanavud, C.・Patanakanog, B. 2006. タイ国アンダマン海沿岸 Nam Khem 平野の地形と津波の挙動および津波堆積物の空間的分布. E-journal GEO 1:2-11.
平井幸弘・川瀬久美子・Tanavud, C.・Boonrak, T.・Watana, S.・Northam, T.・Janjirawuttikul, N. 2005. タイ国アンダマン海沿岸平野における津波最大波高分布と被害状況. 日本地理学会 2005 年度秋季学術大会要旨集 68: 102.

59

漆原和子 2001. ジャワ島とバリ島における米生産量に及ぼすエルニーニョイベントの影響. 地球環境 6: 195-205.
吉野正敏 2001. 東南アジアにおける季節風の変動と稲作. 地球環境 6: 169-181.

60

田和正孝 2006.『東南アジアの魚とる人びと』ナカニシヤ出版.
Johnson, D., and Valencia, M. eds. 2005. Piracy in southeast Asia: Status, issues, and responses. Institute of Southeast Asian Studies.

61

田和正孝. 1998.「ハタがうごく―インドネシアと香港をめぐる広域流通」秋道智彌・田和正孝『海人たちの自然誌』33-35. 関西学院大学出版会.
Burke, L., Selig, E., and Spalding, M. 2002. Reefs at risk in southeast Asia. World Resources Institute.
Erdmann, M. V., and Pet-Soede, L. 1996. How fresh is too fresh? The live reef food fish trade in eastern Indonesia. Naga ICLARM Quarterly 19(1): 4-8.
Pet-Soede, L., and Erdmann, M. V. 1998a. Blast fishing in southwest Sulawesi, Indonesia. Naga ICLARM Quarterly 21(2): 4-9.
Pet-Soede, L., and Erdmann, M. V. 1998b. An overview and comparison of destructive fishing practices in Indonesia. SPC Live Fish Information Bulletin 4: 28-36.

62

Hayashi, K., Miyagi T., and Nam V.N. 2004. Bio-geomorphological processes and mangrove ecosystem rehabilitation - Case study of Can Gio mangrove forest, Vietnam-. Proceedings of the International Conference on Environmental Hazards and Geomorpholoy in Monsoon Asia 101-111. Hat Yai, Songkla Thailand.
Hayashi, K., Miyagi, T., Kitaya, Y., and Nam, V. N. 2006. Geo-ecological rehabilitation process of the intensive damaged mangrove forest in Can Gio district, Vietnam. 163-186. ed. M. Ike, and P. H. Viet. Annual Report of FY 2005. Joint Research on Environmental Science and Technology for the Earth.

63

成美堂出版編集部 2007.『今がわかる時代がわかる世界地図 2007 年版』成美堂出版.
Law, C. M. 1993. Urban tourism: Attracting visitors to large cities. Mansell.
Seoul Development Institute 2003. Can Seoul become a world city? Seoul Development Institute.

64

金 枓哲 2006. セマングムについてのアンケート結果（速報）. 淺野敏久編 科学研究費報告書『日本と韓国の大規模干拓事業をめぐる環境問題論争への地理学的アプローチ』: 63-77.
伊藤達也 2006. セマングム干拓問題―韓国の環境問題の現場から―. 水資源・環境研究 18: 117-125.
淺野敏久 2004. 環境問題研究における地域論的視角―日韓の湖沼・干潟開発問題に関する事例比較から―. 環境社会学研究

10:8-24.

平井幸弘 2005. 地理学的視点から見た水辺の自然再生. 溝口常俊・高橋誠編『自然再生と地域環境史』名古屋大学大学院環境学研究科:137-145.

65
石原　潤 2003.『内陸中国の変貌』ナカニシヤ出版.
牛　若峰・李　成貴・鄭　有貴 2004.『中国的三農問題』中国社会科学出版社.
張　貴民 2007. 中国における地域格差の是正と調和社会の構築. 地域創成研究年報 2：63-77.
陳　桂棣・春　桃 2005.『中国農民調査』大地出版社.

66
王　涛 2003. 中国における歴史的町並みの保全と観光利用に関する研究. 千葉大学大学院自然科学研究科博士論文.
王　涛 2006. 中国における歴史的町並み保全と観光利用. 山村順次編著『観光地域社会の構築』197-214. 同文館出版.
西澤泰彦 1996.『図説「満州」都市物語』河出書房新社.

67
小泉武栄 2001.『登山の誕生―人はなぜ山に登るようになったのか―』中央公論社.
小泉武栄・青木賢人 2000.『日本の地形レッドデータブック第1集新装版―危機にある地形―』古今書院.
町田　洋・松田時彦・海津正倫・小泉武栄編 2006.『日本の地形 5 中部』東京大学出版会.

68
中島　茂 1997. 重化学工業の合理化と地域経済. 小杉　毅・辻　悟一編『日本の産業構造と地域経済』166-200, 大明堂.
松永裕己 2004. 重化学工業の集積と環境産業の創出. 経済地理学年報 50: 325-340.
松原　宏編 2002.『立地論入門』古今書院.

69
新崎盛暉 2001.『現代日本と沖縄』山川出版社.

70
町田宗博・都築晶子 1993.「風水の村」序論―『北木山風水記』について―. 琉球大学法文学部紀要 史学・地理学篇 36: 99-213.
村山智順 1931.『朝鮮の風水』朝鮮総督府.

71
朝日新聞社出版事業本部事典編集部編. 高橋伸夫・井田仁康・菊地俊夫・志村 喬・田部俊充・松山　洋 文と監修 2005.『朝日ジュニアブック 日本の地理 21 世紀』朝日新聞社.
漆原和子・勝又　浩・藤塚吉浩・谷口誠一 2005. 高知県宿毛市沖の島における石垣. 漆原和子編『風土がつくる文化―屋敷囲いとしての石垣―』127-144. 法政大学国際日本学研究所.
宿毛市史編纂委員会 1977.『宿毛市史』宿毛市教育委員会.
高橋春成編 2001.『イノシシと人間―共に生きる―』古今書院.

72
高知市総務部総務課 2000.『平成 10 年 9 月集中豪雨災害』高知市.
山崎憲治 1994.『都市型水害と過疎地の水害』築地書館.

73
大野　晃 2005.『山村環境社会学序説―現代山村の限界集落化と流域共同管理―』農文協.
中国地方中山間地域振興協議会 2006.「中山間地域か『持続可能な国のかたち』を考える全国シンポジウム資料集」中国地方中山間地域振興協議会.
農村開発企画委員会 2006.「平成 17 年度限界集落における集落機能の実態等に関する調査」農村開発企画委員会.
山中　進・上野眞也 2005.『山間地域の崩壊と存続』九州大学出版会.

74
野間晴雄 1987. マキノ町扇状地群の開発と土地利用―百瀬川・石庭・牧野扇状地の比較地誌―. 滋賀大学教育学部紀要（人文科学・社会科学・教育科学）No. 37: 69-89.
マキノ町誌編さん委員会編 1987.『マキノ町誌』第一法規出版.

75
新藤正夫 2005. 台風 23 号による砺波市小島集落の屋敷林被害. 砺波散村地域研究所紀要 22: 74-77.
砺波散村地域研究所 2001.『砺波平野の散村』砺波散村地域研究所.
堀越　勝 2005. 台風 23 号による砺波市内社叢の倒木被害について. 砺波散村地域研究所紀要 22: 53-63.
村上朋弘 2005. 屋敷村の被害について. 砺波散村地域研究所 紀要 22:44.
由比栄造 2005. 気象データからみた台風 23 号の特徴. 砺波散村地域研究所紀要 22: 40-43.

76
漆原和子・土方智紀・新川幹郎 2004. 関東平野におけるスギ衰退度の分布. 季刊地理学 56: 81-89.
川名　明・相場芳憲 1971. 都市域における水環境の変化とその影響. 森林立地 13: 17-21.
小林義雄 1967. 大気汚染と都市樹木. 森林立地 9(1): 6-11.
山家義人 1978. 都市域における環境悪化の指標としての樹木衰退と微生物相の変動. 林業試験場研究報告 301: 119-129.
Möller, H. D. 1999. Acid rain –gone? In Atmospheric environmental research - Critical decisions between technological progress and preservation of nature, ed. H. D. Möller, 141-178. Springer.

77
千葉県史料研究財団編 2002.『千葉県の歴史 別編 地誌 3（地図集）』千葉県.
森本健弘 2007. 関東地方における耕作放棄地率分布と環境条件の対応―農業集落カードを利用して―. 人文地理学研究 31: 159-173.
中島峰広 1999.『日本の棚田―保全への取り組み』古今書院.

山村順次・三澤正・中西僚太郎・中山昭則 1999. 鴨川市大山地区における棚田の保全とグリーン・ツーリズムの展開. 千葉大学環境科学研究報告 24: 29-36.

78
岩鼻通明 1990. 開発がすすむ非戦災都市「山形」. 山田安彦・山嵜謹哉編『歴史のふるい都市群・4 ―東北地方日本海側・北海道の都市―』 122-135. 大明堂.
山田浩久 1999.『地価変動のダイナミズム』 大明堂.
山田浩久 2000. 城を中心としない城下町の近代化. 平岡昭利編『東北 地図で読む百年』 107-114. 古今書院.

79
古関良行 2002.『飛島ゆらゆら一人旅』 無明舎出版.
長井政太郎 1973.『山形県地誌』 中央書院.
山田浩久 2005. 飛島の人口減少と住民の生活行動の変容. 平岡昭利編『離島研究』 201-218. 海青社.

80
函館市 1999.『函館市中心市街地活性化基本計画』函館市.
藤塚吉浩 1997. 函館市西部地区における歴史的町並み保全運動の展開. 浮田典良編『地域文化を生きる』188-200. 大明堂.

キーワード一覧 （数字は関連の深い項目番号）

あ 行

IRRI　59
IPPC　5, 6, 23, 30, 39
IT　55
IT産業　55
亜熱帯収束帯　28
アパルトヘイト　25
アメリカ大平原　34
EU（ヨーロッパ連合）　45
イギリス中等地理教科書　2
石垣　71
異常乾燥　28
遺跡保存　31
井戸水　56
稲作　59, 77
イノヴェーション　42
イノシシ　71
移牧　40, 43, 44, 53
移民　16, 30
イリ川　52
インナーシティ　17, 38, 49
インフォーマル・セクター　24
ウインターキル　5
永久凍土　39
HIV／エイズ　19
エコタウン　68
エコツーリズム　29, 50
SOI　59
エスニックマイノリティ　49
M字型就労　10
エルニーニョ　31, 59
沿岸漁業　60
オーバーユース　67
オフショアサービス　55
温暖化　6, 11, 23, 26, 40

か 行

海岸管理　56
海岸浸食　15, 58
階級区分図（コロプレスマップ）　3
外国人　47
海水準面　39
海賊行為　60
ガイドライン　29
海面上昇　11, 15
河川改修　74
過疎化　73
過疎地域　73
過疎問題　79
カタルーニャ　48
家畜　21
カツオ・マグロ　14
活魚　61
活断層　4
活動層　39
活用サービス　55
カトヴィツェ製鉄所　46
寡婦相続　19
貨物取扱量　63
カラード　25
カラコルム（カラコラム）山脈　50
カルスト台地　44
環境修復　27, 62
環境犯罪法　29
環境変化　58
観光　29, 31, 40
観光開発　67, 79
乾燥指数　12
乾燥地　20
干拓事業　64
関東平野　76
干ばつ　5, 20, 21
危機遺産リスト　7
企業城下町　68
旧市街地　80
魚毒漁　61
キリマンジャロ　23
空洞化　78, 80
グローバル　17
クロヌラビーチ　16
経済停滞地域　42
経済的中枢管理機能　8
ケープタウン　25
月降水量残差和　12
結晶片岩　43
ケニア山　23
限界集落　73
原産地呼称　48
現地生産　33
豪雨　5, 28, 72
郊外　78
工業化　9
工業都市　68
工業付加価値額　9
航空路線　63
合計特殊出生率　54
耕作放棄地　71, 77
洪水　5
構造調整政策　18
高度回遊性魚種　14
高齢化　37, 47, 71, 73, 79
国際会議　63
国際分業　9
国土開発　64
国土消失　15
国土保全　77
極貧困　30
国民国家　45
孤児　19
枯死林　27
戸籍制度　65
国境の変化　44
コミュニティ　37
コルディエラ氷床　26

さ 行

コンパクトなまちづくり　72, 80
再活動砂丘　13
最終氷期　67
砂漠化　12, 13, 20
砂漠化対処条約　20
山局図　70
サンゴ礁　61
散村　75
山地災害　40
サンパウロ州　28
ザンビア　19
サンベルト　33
GOP（上シロンスク工業地帯）　46
ジェントリファイアー　38
ジェントリフィケーション　17, 38
シカ　71
閾値　13
識字率　54
資源ナショナリズム　14
資源利用　21
鹿垣　71
地震危険度マップ　4
地震災害　4
自然環境資源　51
自然環境保全　50
自然現象　1
自然史　67
自然的国境　45
質量収支　6
シベリア　41
社会主義的工業化　46
社会保障　47
ジャワ島　59
自由化　18
獣害　71
重化学工業　68
集団地域法　25
集落景観　70
出生率　54
首都　8, 30
樹木の衰退　76
商業的フィードロット　35
少子化　47
小氷期　6
植生遷移　23
食糧基地　34
女性の教育　54
女性労働力率　10
ショバーグ・モデル　24
シリコンバレー　33
シロンスク地方　46
新開地都市　24
新経済政策　55
人口移動　30, 41
人口減少　41, 79

人口増加　54, 78	盗掘　31	フロリダ州　37
人口の自然増加率　54	島嶼部　79	文化遺産　31
人口ピラミッド　79	凍土分布　39	分極化　49
人口問題　41, 54	とうもろこし　34	文物保護　66
人口流入　37	都市間競争　63	分与　22
浸水地域　72	都市システム　8	米軍基地　69
深層海流　11	都市成長　78	ベトナム戦争　62
新ドリアス期　11, 26	都市内部構造　17	辺野古　69
森林保護区　53	都市への人口集中　30	変動地形　4
水位変動　52	都市問題　32	ホームレス　38
水害　72	土地荒廃　43	貿易摩擦　33
スイス・アルプス　40	ドックランズ　49	抱護林　70
垂直移動　53	飛島　79	防災教育　57
スギ　75, 76	ドライファーミング　34	防災システム　57
スケール　1		飽食　36
スペイン　47, 48	**な　行**	暴動　16
スポーツフィッシング　29	内水　72	放牧地　21, 53
スラム　24, 32	内発的発展　22	牧畜民　21, 53
生存維持　22	ナショナリズム　16	
生物多様性　7	南極氷床　11	**ま　行**
世界遺産条約　7	南部アフリカ　19	マス・ツーリズム　29
世界自然遺産　7	200海里漁業水域　14	マラッカ海峡　60
世界文化遺産　66	日　本　2, 14, 23, 28, 31, 33, 63, 67,	マングローブ　27, 62
セグリゲーション　25	68, 69	未固結軟砂層　13
セマングム　64	乳幼児死亡率　54	水資源　52, 56
センターピボット灌漑　34	人間活動　1	水循環　39
	農業　22, 65	南カルパチア山地　43
た　行	農業問題　22, 65	民主化　18
対外債務　18	農村　22	民族　42
大気汚染　76	農地保全留保事業（CRP）　35	モータリゼーション　36
台風　75	農民　65	百瀬川扇状地　74
高潮　5		問題発見　2
多国籍企業化　9	**は　行**	
タジキスタン共和国　51	パートタイム労働　10	**や　行**
タジク国立公園　51	排水　72	屋敷林　75
立ち退き　38	ハイプレーンズ　35	山形市　78
棚田　77	破壊的な漁業　61	ユカタン半島　27
多文化共生都市　17	爆薬漁　61	ヨーロッパ統合　45
多文化主義　16	箱詰牛肉革命　35	
ダム　58	パタゴニア　26, 30	**ら　行**
地域（間）格差　30, 42	ハブ空港　63	ライカ　53
地域感情　64	パミール高原　51	ラクダ飼育　53
地域漁業管理機関　14	バリアーダ　32	裸出カルスト　44
地域問題　1, 2, 3	バルハシ湖　52	ラニーニャ　59
地学的な多様性　7	パンタナール　29	陸地浸水　15
地下水　34, 56, 74	PFC熱量比率　36	リスク　58
地下水位の低下　35	BMI　36	リストラクチャリング　68
地球温暖化　6, 11, 15, 26	東ヨーロッパ　42	リタイアメント　37
地形改変　57	干潟　64	リマ　32
地政学的位置　45	飛砂　12, 13	留学生　17
地生態系　27, 62	避難行動　57	冷害　5
知的登山　67	ヒマラヤ山脈　50	レーニン製鉄所　46
チャイナタウン　17, 38	氷河　6, 23	歴史文化名城　66
中央アジア　51, 52	氷河湖決壊洪水（GLOF）　6, 50	歴史的町並み　66
中央資本　78	氷床下湖　11	連邦制　8
中国地方　73	氷流　11	ローレンタイド氷床　26
中山間地域　77	貧困　30, 32, 49, 51, 54	ロシア　41
中心市街地　78, 80	ファストフード　36	ロマ　42, 43
地理的呼称　48	風水思想　70	
津波　56, 57	プエブロ・ホーベン　32	**わ　行**
伝統的な町並み　80	複数政党制　18	ワイン産業　48
問いの構造　2	普天間飛行場　69	ワッケーロ　31

英文タイトル一覧

1 Regional problems in the world
2 The viewpoints for finding regional problem
3 Map presentation and regional problems
4 Earthquake disaster and risk mitigation
5 Meteorological disasters in the world
6 Decreasing of glaciers in the world
7 Crisis in World Natural Heritage sites
8 On the urban systems of the world
9 Industrialization in the world
10 Women's labor in the world
11 Melting of the Antarctic ice sheet and global see-level rise
12 Natural conditions recently accelerating desrtification in Australia
13 Desertification progressing in Australia
14 The management and use of bonito and tuna resources in the Pacific Area
15 Tuvalu suffering damage for the global warming
16 Multiculturalism and immigration issues in Australia
17 Rapid increase of international students in Melbourne, Australia: The emergence of a global city in a particular way
18 Influence of market liberalization and democratization in Africa
19 The impact of HIV/AIDS on African society
20 Drought, desertification, and humans in the African Sahel
21 Lifestyles of pastoralists in Africa and ethnic conflicts
22 The issue of African agricalture
23 Glacial recession and vegetation succession on high mountains of Africa
24 Slum problem in Nairobi, Kenya
25 Apartheid city in South Africa
26 Glacial fluctuations in the North / South America
27 Large scale degraded mangrove forest and the rehabilitation in semi-arid area, Mexico
28 Subtropical convergence zone formed in Brazil : Simultaneous appearance of wild fire and heavy rainfall
29 Development of ecotourism and subjects for sustainable development in the Pantanal, Brazil
30 Concentration of population in urban area and regional disparity in Argentina
31 The coexistence with the grave robbing and destruction of the ruins in Peru
32 The expansion of slum (pueblo joven) in Lima
33 Japanese affiliation firms' location spreading in U.S.A: For avoiding trade conflict
34 Development of center pivot irrigations and formation of global food producing areas
35 Development of large scale feedlots and crisis of Ogalalla aquifers
36 Obesity problems in the United States
37 Aging population in Florida
38 Gentrification in New York City
39 Some issues due to permafrost degradation
40 Transformation of the Swiss Alps induced by the global warming
41 Regional problems in Russian population
42 Roma in stagnating regions of Eastern Europe
43 Land degradation in the south Carpathian Mts. after the revolution
44 Changes of bare Karst and grass land regions on the Karst plateau
45 Geopolitics of the Poland's border: Three aspects of the eastern border
46 The upper Silesian industrial region under the sway of changing political milieu
47 Increasing foreign population in low-fertility Spain
48 Wine industry and geographical indications in Spain
49 Inner city problems in London
50 Natural environments and their problems in the Himalaya and Karakorum
51 Natural environments and their problems in the Pamir, Central Asia
52 Water problems of the Lake Balkhash basin in Central Asia
53 Pastoralists in South Asia and nature reserves
54 Population growth and women's education in India
55 The development of IT industry in India
56 Tsunami disaster and its impact to coastal underground water in Sri Lanka
57 Tsunami disaster and people's behavior in southern Thailand
58 Coastal erosion and the social problem of the region in Vietnam
59 Weakness of paddy production on the Java islands
60 Piracy and inshore fishery
61 Destructive fishing in Southeast Asia: Poison fishing and blast fishing
62 Mangrove ecosystem rehabilitation in Southeast Asia
63 Cities' competition in East Asia
64 Controversy on the tideland reclamation project and regional disparity in South Korea
65 The problems facing agriculture, farmers and rural areas in China
66 Conservation of historical townscapes in Harbin
67 Glacial landforms in Japan
68 Restructuring of the heavy and chemical industries and the trends of industrial cities in Japan
69 Uneven distribution of U.S. military bases in Japan
70 'Feng-shui' settlement landscape and its collapse
71 Wild boars going across the sea: The case of Okinoshima, Sukumo city, Kochi prefecture
72 Change of flooded area in Kochi city
73 Regional problems of depopulation, aging and marginal settlements in Chugoku region
74 River improvement and groundwater at Momose alluvial fan
75 Decrease of trees surrounding houses in Tonami plane – after typhoon No.23 in 2004
76 Degradation of Japanese cedars and air pollution in the Kanto plains
77 Culutivation abandonment and conservation of rice terrace in the southern part of the Boso peninsula
78 Commercial development of suburban area in Yamagata city
79 Increasing in people of advanced age in Tobishima
80 Decline of central city area in Hakodate city

執筆者一覧 （五十音順・*印は編者）

青木賢人　Aoki Tatsuto
　　金沢大学文学部
阿部和俊　Abe Kazutoshi
　　愛知教育大学教育学部
池谷和信　Ikeya Kazunobu
　　国立民族学博物館民族社会研究部
石川　守　Ishikawa Mamoru
　　北海道大学地球環境科学研究院
梅原隆治　Umehara Takaharu
　　四天王寺国際仏教大学人文社会学部
*漆原和子　Urushibara Kazuko
　　法政大学文学部
大城直樹　Oshiro Naoki
　　神戸大学人文学研究科
*大西宏治　Ohnishi Koji
　　富山大学人文学部
大森博雄　Ohmori Hiroo
　　東京大学名誉教授
加賀美雅弘　Kagami Masahiro
　　東京学芸大学教育学部
影山穂波　Kageyama Honami
　　椙山女学園大学国際コミュニケーション学部
鹿嶋　洋　Kashima Hiroshi
　　三重大学人文学部
川瀬久美子　Kawase Kumiko
　　愛媛大学教育学部
菅野峰明　Kanno Mineaki
　　埼玉大学教養学部
北川博史　Kitagawa Hirofumi
　　岡山大学文学部
金　枓哲　Kim Doo-Chul
　　岡山大学環境学研究科
隈元　崇　Kumamoto Takashi
　　岡山大学理学部
斎藤　功　Saito Isao
　　長野大学環境ツーリズム学部
作野広和　Sakuno Hirokazu
　　島根大学教育学部
澤柿教伸　Sawagaki Takanobu
　　北海道大学地球環境科学研究院
篠田雅人　Shinoda Masato
　　鳥取大学乾燥地研究センター
島田周平　Shimada Shuhei
　　京都大学アジア・アフリカ地域研究研究科
杉村和彦　Sugimura Kazuhiko
　　福井県立大学学術教養センター

高柳長直　Takayanagi Nagatada
　　東京農業大学国際食料情報学部
竹中克行　Takenaka Katsuyuki
　　愛知県立大学外国語学部
田和正孝　Tawa Masataka
　　関西学院大学文学部
張　貴民　Zhang Gui-Min
　　愛媛大学教育学部
堤　　純　Tsutsumi Jun
　　愛媛大学法文学部
寺谷亮司　Teraya Ryoji
　　愛媛大学法文学部
中西僚太郎　Nakanishi Ryotaro
　　千葉大学教育学部
春山成子　Haruyama Shigeko
　　東京大学新領域創成科学研究科
*藤塚吉浩　Fujitsuka Yoshihiro
　　高知大学教育学部
松本　淳　Matsumoto Jun
　　首都大学東京 都市環境科学研究科
*松山　洋　Matsuyama Hiroshi
　　首都大学東京 都市環境科学研究科
丸山浩明　Maruyama Hiroaki
　　立教大学文学部
水野一晴　Mizuno Kazuharu
　　京都大学アジア・アフリカ地域研究研究科
宮城豊彦　Miyagi Toyohiko
　　東北学院大学教養学部
森　日出樹　Mori Hideki
　　松山東雲女子大学人文科学部
山田志乃布　Yamada Shinobu
　　法政大学文学部
山田浩久　Yamada Hirohisa
　　山形大学人文学部
山本　茂　Yamamoto Shigeru
　　法政大学文学部
吉田道代　Yoshida Michiyo
　　摂南大学外国語学部
吉水裕也　Yoshimizu Hiroya
　　兵庫教育大学学校教育研究科
若林良和　Wakabayashi Yoshikazu
　　愛媛大学農学部
渡辺悌二　Watanabe Teiji
　　北海道大学地球環境科学研究院

図説 世界の地域問題
Regional Problems in the World

2007年10月20日　初版第1刷発行　（定価はカバーに表示しています）

編者　漆原和子・藤塚吉浩
　　　松山　洋・大西宏治

発行者　中　西　健　夫

発行所　株式会社　ナカニシヤ出版
〒606-8161 京都市左京区一乗寺木ノ本町15
TEL (075) 723-0111
FAX (075) 723-0095
http://www.nakanishiya.co.jp/

Ⓒ Kazuko URUSHIBARA 2007（代表）　印刷／製本・ファインワークス
落丁・乱丁本はお取り替えいたします
Printed in Japan
ISBN978-4-7795-0204-0 C1025

■ 好評既刊

実践 地理教育の課題 —魅力ある授業をめざして—
小林浩二 編
今日問題になっている地理教育における、興味深いさまざまなトピックを分かりやすく解説します。授業の切り口を見つけたい現場の地理教師や、教職を志す学生に最適です。　　　　　　　　　　　　　　A5判 上製 272頁 2520円

小学生に教える「地理」 —先生のための最低限ガイド—
荒木一視・川田 力・西岡尚也
子どもを「地理嫌い」にさせないために。地理の面白さを子どもに伝えるにはどうすればよいか、その基本と応用を考えます。親と先生と、先生をめざす学生に贈る明解テキスト。　　　　　　　　　　　　四六判 並製 120頁 1575円

地域調査ことはじめ —あるく・みる・かく—
梶田 真・仁平尊明・加藤政洋 編
フィールドの入り口でとまどうあなたへ。テーマ決定から論文完成まで、なかばブラックボックスと化した地域調査のプロセスを、気鋭の研究者たちが自身の率直な経験談を交えながら具体的に解説する。　　　　B5判 並製 208頁 2940円

文化地理学ガイダンス —あたりまえを読み解く三段活用—
中川 正・森 正人・神田孝治
身近な文化・社会現象をとりあげ、わかりやすく分析・考察、その応用までを丁寧に解説。知識そのものではなく、知識をどう活かすかを教える、地理学の面白さと使いかたが身につく入門書。　　　　　　　A5判 並製 208頁 2520円

地図表現ガイドブック —主題図作成の原理と応用—
浮田典良・森 三紀
あらゆる分野に欠かせない「説得力のある」地図を描くために。手描きでもデジタルでも変わらない主題図作成の基本をビジュアルに解説します。デジタルマッピングや色覚障害にも対応。　　　B5判 並製 140頁 口絵・図版多数 2520円

< 表示は2007年10月現在の税込価格です。>